GAZİ MUSTAF

N

(SC

CW01669857

Assos
Kapak tasarımı: Cebrail Okcu
Sertifika No: 12407
ISBN: 978-975-6706-34-3
© Özgür Yayın Dağıtım Ltd. Şti., 2010
Assos Yayınları birinci basım: Eylül 2010
Sekizinci Basım Mart 2017
Dizgi ve ofset hazırlık: Özgür Yayınları

Basım: Avcı Ofset
Davutpaşa Cad. İpek İş Hanı No: 6/13-14
Topkapı - Zeytinburnu/İSTANBUL
Sertifika No: 12001

Cilt: Evren Mücellit
Davutpaşa Cad. İpek İş Hanı No: 6
Topkapı - Zeytinburnu/İSTANBUL

Assos, Özgür Yayın-Dağıtım Ltd. Şti.'nin bir kuruluşudur

ÖZGÜR YAYINLARI
Ankara Cad. 11/2 Cağaloğlu - İstanbul
Tel: (0212) 528 13 30 - 526 25 13 - 526 35 01
Fax : 527 57 78
www.ozguryayinlari.com
info@ozguryayinlari.com

Gazi Mustafa Kemal Atatürk

İlköğretim öğrencileri için

NUTUK
(SÖYLEV)

Yüz Temel Eser kapsamında basıma hazırlayan:
İbrahim Şimşek

ASSOS

Bu kitap, Kültür Bakanlığı'nın bilimadamlarına hazırlatıp, 1995 yılında yayımladığı "NUTUK" kitabı, ana öge olarak ele alınmış, yeni bölümler eklenerek basıma hazırlanmıştır.

İbrahim Şimşek

İÇİNDEKİLER

ÖZEL BÖLÜM

Mustafa Kemal Atatürk'ün Yaşamı

BİRİNCİ BÖLÜM

İKİNCİ BÖLÜM

ÜÇÜNCÜ BÖLÜM

ÖNSÖZ

NUTUK, M.Kemal Atatürk'ün yazdığı ölümsüz ve destansı bir kitaptır. Nutuk'ta Ulu Önder Mustafa Kemal Atatürk, emperyalist devletler tarafından işgal edilmek istenen yurdumuzun, ulusal güçler tarafından nasıl kurtarıldığını ve Türkiye Cumhuriyeti Devleti'nin nasıl kurulduğunu anlatır.

M. Kemal Atatürk'ün yazdığı Nutuk'a, Türkiye Cumhuriyeti Devleti'nin yazılı ilk tarihsel belgesi diye bakılıyor.

Mustafa Kemal Atatürk'ün yazdığı Nutuk, aslında üç ciltten oluşuyor. Bunların son cildi, belgeleri içeriyor; öteki iki cilt ise, yaşanan olayların anlatımıdır.

*"Yüz Temel Eser" kitapları içinde değerlendirilen Nutuk, ilk ve ortaöğretim öğrencilerinin okumaları için kısaltılarak, yalnız öğrencilerin değil, herkesin kullanımına sunulmuştur. Kısaltılmış olarak yayına hazırladığım bu Nutuk'ta ben, M. Kemal Atatürk'ün yaşamını, "**Özel Bölüm**" olarak yazdım. Nutuk'un tümünü ise, üç bölümde özetlemeye çalıştım:*

***

Birinci Bölüm: *"Kuvayı Milliye ve Örgütlenme Dönemi" olarak, Mustafa Kemal'in önderliğinde hareket eden ve birlikte Anadolu'ya geçen yürekli Türk yiğitlerinin, Samsun'dan başlayan ve yurt düzeyine yayılan, ulusal mücadelenin örgütlenme hareketini içerir.*

İkinci Bölüm: *"Büyük Millet Meclisi Dönemi" olarak, dört yıl kadar süren Kurtuluş Savaşı"nın zafere nasıl dönüştürüldüğünü, ülkemizi işgal etmek isteyen düşmanların perişan bir şekilde Türk ordusuna nasıl yenildiklerini ve denize döküldüklerini anlatır.*

Üçüncü Bölüm: *"Türkiye Cumhuriyeti'nin Kuruluşu Dönemi" olarak bilinen ve yıkılan Osmanlı İmparatorluğu'nun yerinde ulusal bir Türk Devleti'nin, çağdaş ölçütler içerisinde nasıl kurulduğunu ve büyük devrimlerin* *nasıl yapıldığını öz olarak okurlara sunar.*

Nutuk'ta yazılan olayları Mustafa Kemal Atatürk, Cumhuriyet Halk Partisi'nin 15-20 Ekim 1927 tarihleri arasında toplanan, İkinci Büyük Kongresi'nde otuz altı saatten fazla bir sürede okumuştur.

Mustafa Kemal Atatürk'ün Nutuk'ta anlattığı olaylar, yalnız Anadolu'da özgür bir Türk Devleti kurmakla kalmamış, Batı sömürgesi altında yaşayan, özellikle Afrika'daki yoksul ulusların özgürlüklerine kavuşmalarına da bir örnek olmuştur.

Ayrıca Mustafa Kemal Atatürk, Nutuk'u yazmakla Türk halkına bir hesap da vermiştir. Büyük Önder, Türk halkının malını, canını cephelerde boşa harcamadığını başarılan zaferlerle ve yeni kurduğu çağdaş Türk Devleti'yle de kanıtlamıştır.

Mustafa Kemal Atatürk, kurduğu Cumhuriyet yönetiminde, Türk halkını, dinci hurafelerden uzak tutmayı ve yaptığı devrimlerle çağın içinde yaşatmayı, hatta çağın düzeyinin önüne geçirmeyi hedeflediğini halkına içtenlikle ve abartısız olarak anlatmıştır.

Böyle bir kahramanın varlığından ve böyle bir yapıtın gelecek kuşaklara bırakılmasından Türk halkının büyük gurur duyması gerekir. Özellikle Türk çocuklarının, yeni kuşak olarak Atatürk Sevgisi'nin bilincinde olmaları, O'na saygı duymaları ve bu saygının ödenmesi zorunlu bir borç olduğunu bilmeleri gerekir...

Değerli okurlar, sözlerime son vermeden önce, bir konunun okurlarca da bilinmesinin gerekli olduğuna inanıyorum. O da şudur:

Bir yazar için bir kitabı özetlemek pek kolay olmayan bir iştir. Hele o kitap, Atatürk gibi dünya ölçeğinde en önde bulunan bir liderin kaleminden çıkmışsa, yapılacak iş daha da zordur.

Ben de zorlanmadım diyemem. Bir öğretmen olarak öğrencilere sunacağım bu temel yapıtın; anlaşılır olması, konular arasında bir kopukluğun bulunmaması, hatta paragraflar arasında bile konuya uygun bağlantının bulunması gerektiği bilinciyle, bu ulusal görevi yerine getirmem, beni bir hayli yordu, ama istediğim biçimde bir yapıt ortaya çıkınca da beni mutlu etti...

Ancak, eşim felsefe öğretmeni **Yurdanur şimşek'***in bu konuda yaptığı yardımları da göz ardı edemem. Ona, bu yardımlarından dolayı en içten teşekkürlerimi sunmadan geçemeyeceğim.*

Sonuçta sevgili öğrencilere ve okurlara yararlı olabildimse bu yorgunluğum sevince dönüşecek ve kendimi daha da mutlu sayacağım.

Sevgi ve mutluluklar sizlerin olsun sevgili çocuklar...

İbrahim Şimşek
Feneryolu/ İstanbul

ÖZEL BÖLÜM
MUSTAFA KEMAL'İN ÖZGEÇMİŞİ

T. C.

NÜFUS HÜVİYET CÜZDANI

No. 51

Aile ismi, yani lâkap ve şöhreti	Atatürk
Adı	Kamâl
Babasının adı	Ölmüş Ali Rıza
Anasının adı	Ölmüş Zübeyde
Doğum yeri	Selânik
Doğum tarihi	1881

No. 993·815 a B.

Aile Kökü:

Mustafa Kemal'in babası Ali Rıza Bey, annesi Zübeyde Hanım'dır. Mustafa Kemal'in anne tarafından dedesinin, Hacı Sofu ailesinden, İbrahim Feyzullah Efendi olduğu biliniyor. Daha öncelere dayanan nüfus kütüğü bilgilerine ne yazık ki pek rastlanamıyor. Çünkü o dönemde kral ya da padişah gibi soylu aileler dışındakilerin nüfus kütük sicilini tutmak pek olağan değilmiş...

Tarihsel belgelerin verilerine göre, Zübeyde Hanım'ın ataları, Anadolu'dan gelmişler, Rumeli'nin Türkleştirilmesi döneminde, Makedonya'nın Vodin ilçesine bağlı Sarıgöl bucağına yerleştirilmişler.

Bazı tarih yazarları, Zübeyde Hanım'ın atalarının; Rumeli'ye Konya'nın Karaman yöresinden göç ettiklerini söylerken, bazıları da, Aydın yöresinde oturan Türkmen boylarından olduklarını ve Rumeli'ye oradan göç ettiklerini yazıyorlar...

Ancak, her iki olasılığı da göz önüne aldığımız zaman, değişmeyen gerçek: Mustafa Kemal'in aile kökünün, Rumeli'ye Anadolu'dan göç etmiş olmasıdır.

Ayrıca, tarih kitapları bize, o dönemde Anadolu'dan göç eden daha başka Türk ailelerinin de, Makedonya'nın çeşitli yörelerine yerleştiklerini göstermektedir...

Mustafa Kemal'in baba tarafından dedesi, Kırmızı Hafız Ahmet Efendidir. Onun, Selanik'in yerlisi olan bir aileden geldiği söyleniyor.

Ali Rıza Bey ile, Zübeyde Hanım Selanik'te görücü yoluyla evlenirler. O günlerde Ali Rıza Bey, gümrük dairesinde gümrük kolcusu olarak çalışmaktadır. Zübeyde Hanım ise, okuryazar, genç ve güzel bir aile kızıdır.

Mustafa Kemal'in Çocukluğu

1881 yılında Mustafa, Selanik'in Subaşı Mahallesindeki pembe boyalı ve üç katlı bir evde doğar. *(Bu ev bugün Atatürk Müzesi olarak kullanılıyor)* Zübeyde Hanım, daha önce ölen üç çocuğundan sonra Mustafa'nın doğumuna çok sevinir, daha sonra Makbule adında bir de kız çocuğu dünyaya getirir Zübeyde Ana.

Mustafa, altı yaşına gelinceye kadar anne-baba sevgisiyle büyür. Mustafa'yı annesi Zübeyde Hanım, eski sistemde öğretim yapan, Fatma Mollakadın mahalle okuluna göndermek ister, Mustafa iyi bir imam olursa, Zübeyde Ana çok sevinecektir. Ne var ki, Ali Rıza Bey, Mustafa'nın çağdaş bir okulda okumasını arzu etmektedir.

Ali Rıza Bey, Zübeyde Hanı'mı kırmamak için, Mustafa'yı önce mahalle okuluna yazdırır, sonra da yeni bir yöntemle eğitim-öğretim yapan Şemsi Efendi Okulu'na kaydını yaptırır.

Mustafa, okulda çok çalışkan bir öğrencidir. Onun çalışkanlığı, sınıf arkadaşları arasında kıskançlıkla karşılanır.

Ali Rıza Bey, bir ara gümrük kolculuğundan ayrılır, bir süre tekel idaresinde memur olarak çalışır. Ne var ki bir süre sonra oradan da ayrılır ve kereste tüccarlığı yapmaya başlar.

Ali Rıza Bey hoşa gitmeyen bazı nedenlerden dolayı kereste ticaretini de bırakır ve işsiz kalır. İşsizlik demek, aynı zamanda parasızlık da demek olunca, Ali Rıza Bey bu duruma dayanamaz, genç yaşında ölür.

Zübeyde Hanım, kocasız kaldığı gibi, ne yazık ki parasız da kalır. Geçinme derdine düşen Zübeyde Hanım, iki çocuğunu da yanına alarak Selanik yakınlarında Rapla Çiftliği'nde kâhya olarak çalışan üvey kardeşi Hüseyin Ağa'nın yanına gider. Zübeyde Hanımın amacı; bir süre orada kaldıktan sonra gene Selanik'e dönmektir.

Hüseyin Ağa, Mustafa ile Makbule'yi bakla tarlasına gelen kargaları kovalamak için görevlendirir. İki kardeş görevlerini o kadar iyi yaparlar ki; dayıları onları hem över hem sever.

İsterseniz gelin o günleri bir de Mustafa Kemal'in kendisinden dinleyelim:

"Babam vefat etti. Annemle beraber dayımın yanına yerleştik. Dayım köy hayatı yaşıyordu. Ben de bu hayata karıştım. Dayım bana ödevler veriyordu, ben de onları yapıyordum. Başlıca ödevim, tarla bekçiliği idi. Kardeşimle beraber bakla tarlasının ortasındaki kulübede oturduğumuzu ve kargaları kovmaya uğraştığımızı hiç unutmam...

Çiftlik hayatının diğer işlerine de karışıyordum. Böylece biraz vakit geçince annem, okulsuz kaldığım için endişe etmeye başladı. Nihayet Selanik'te bulunan teyzemin

yanına gitmeye ve okula devam etmeye karar verdik. (Kaynak: Tek Adam, S.54)

Böylece küçük Mustafa Selanik'teki teyzesinin yanına döner ve ortaokula başlar. Mustafa gene çalışkandır, eskiden olduğu gibi verilen ödevleri hiç aksatmadan yapar.

Bir gün Mustafa yarım kalmış ödevini bitirmek isterken, yaramaz bir arkadaşı *"şimdi yazı yazmanın sırası mı?"* diyerek onu rahatsız eder. Mustafa, arkadaşını birkaç kez uyarır. Ne var ki, ondan kurtulamaz. Bu arada itişip kakışırken hokka devrilir, Mustafa'nın ödev defteri ve yazdığı ev ödevinin tümü mürekkep olur. Sabrı iyice tükenen Mustafa, yerinden kalktığı gibi yaramaz arkadaşını hırpalamaya başlar.

Bu olaylar olurken, okulda sert ve hoşgörüsüz olarak bilinen, Arapça öğretmeni Kaymak Hafız girer kapıdan. Çocuklara sormadan, suçun kimde olduğunu araştırmadan, o da Mustafa'yı azarlar ve yüzüne bir de tokat atar.

Ne var ki Mustafa, onurlu bir çocuktur, hocasının yaptığı bu haksızlığı onuruna yediremez ve okulu terk eder.

Akşam olunca Mustafa olup bitenleri teyzesine anlatır ve okula bir daha kesin olarak gitmeyeceğini söyler.

Bu olaylar olurken, Mustafa'nın annesi Zübeyde Hanım çiftlikte bulunmaktadır. Küçük Mustafa'nın okuldan ayrıldığını duyan Zübeyde Hanım, acele olarak çiftlikten Selanik'e döner, oğlunu yeniden dayakçı öğretmenin okuluna göndermek ister. Ne var ki, Mustafa kendisini haksız yere döven bir öğretmenden artık ders almak istemediğini annesine de anlatır.

Küçük Mustafa'nın gözü, gönlü askeri okuldadır. Çünkü askeri okul hem yatılıdır, hem de komşuları Kadri Bey'in oğlu Ahmet de askerî okulda okumaktadır. Ayrıca, askeri okul giysileri Mustafa'nın hoşuna da gitmektedir.

İsteyerek girdiği sınavları başaran küçük Mustafa, Selanik Askeri Rüştiyesi'ne (*Askeri Ortaokul*) kaydını yaptırır.

Mustafa Kemal Askeri Okulda

Mustafa, askeri ortaokulda derslerine büyük bir istekle çalışır. O, gene okulun çalışkan öğrencileri arasına girer ve öğretmenlerin ilgisini çekmeye başlar.

Okulun matematik öğretmeni Yüzbaşı Mustafa Bey'dir. O, sınıfını matematik konusunda istediği düzeye getiremediği için üzgündür. Çünkü tahtaya yazdığı işlemleri çözmek için öğrenciler bir hayli zorlanırlar.

Gene bir gün tahtadaki matematik işlemini öğrenciler çözemeyince, Yüzbaşı Mustafa Bey, çok üzülerek şöyle söylenir: "Emeklerime yazık oluyor. İçinizde yok mu bu işlemi çözecek birisi?" deyince, Mustafa hemen yerinden kalkar. "Var yüzbaşım, ben çözerim" diye atılır ileriye.

Mustafa, işlemi çözünce, Yüzbaşı Mustafa Bey, denemek için bir iki işlem daha yazdırır; Mustafa onları da çözer. Sonuçtan çok mutlu olan Yüzbaşı Mustafa Bey; "Bak oğlum der, senin adın da Mustafa, benim adım da... Bundan sonra senin adın *Mustafa Kemal* olsun!"

O günden sonra öğrenci Mustafa'nın adı, hep *Mustafa Kemal* olarak çağrılacaktır.

Mustafa Kemal, 14 yaşındayken Selanik Askeri Ortaokulu'nu (Rüştiye) bitirerek, Manastır Askeri Lisesi'ne girer. O zaman adına "Askeri İdadi" dedikleri lise, subay adaylarını Harp Okulu'na hazırlayan bir okuldur.

Mustafa Kemal, Manastır Askeri Lisesi'nde Ömer Naci adında bir gençle tanışır ve onunla arkadaş olur. Ömer

Naci'nin edebiyat dersleri çok iyidir. O, Mustafa Kemal'e edebiyat sevgisini aşılar. Ayrıca, güzel konuşma üzerine birlikte çalışırlar.

Mustafa Kemal'in Manastır Askerî Lisesi'ndeki bir başka arkadaşı; Makedonyalı Ali Fethi'dir. O da Mustafa Kemal'e Fransızca öğrenmesi için yardım eder. Bu yolla Mustafa Kemal, Fransız edebiyatının ünlü yazarlarını tanır ve onlardan seçme kitaplar okur.

Mustafa Kemal Harp Okulunda

Mustafa Kemal, Manastır Askeri Lisesi'ni 1898'de bitirir oradan İstanbul'a gelir. 13 Mart 1898'de Harbiye Okulu'na **1283** apolet numarası ile kaydını yaptırır.

Küçük bir kentten İstanbul'a gelen genç subay adayını, büyük kentin yaşamı çok etkiler. Okulda Ali Fuat *(Cebesoy)* ile tanışır ve iki subay adayı arkadaş olurlar.

Bu arkadaşlık onun soylu bir İstanbul ailesiyle yakınlık kurmasına neden olur. Çünkü Ali Fuat; Osmanlı komutanlarından Mehmet Ali Paşa'nın torunu ve İsmail Fazıl Paşa'nın da oğludur.

Mustafa Kemal, Harbiye Okulu'nda hem Fransızca dilini geliştirir, hem de o günün ünlü şairi Namık Kemal'in şiirlerini gizli gizli okuyarak ondan etkilenir.

Mustafa Kemal, Harbiye Okulu'nu 10 şubat 1902 yılında bitirir ve Harp Akademisi'ne girer, burada kendisini tarih konularına kaptırır. O dönemde Napolyon konusunda bulduğu bütün kitapları okur.

Mustafa Kemal, sayısız kaynaklardan edindiği vatan, ulus ve özgürlük fikirlerini bütün öğrencilere yaymak ister. Bu yönde arkadaşlarıyla birlikte çıkardıkları, el yazması gazeteye siyaset ve özgürlük konularında etkili yazılar yazar.

Ama bir gün bu el yazması gazeteyi hazırlarken arkadaşlarıyla birlikte suçüstü yakalanırlar. Ancak, okul komutanı Ali Rıza Paşa olayı örtbas eder...

Mustafa Kemal Orduda

Mustafa Kemal, 11 Ocak 1905 yılında Harp Akademisi'ni bitirir ve 24 yaşında kurmay yüzbaşı olarak orduya katılır. Okuldan ayrıldıktan sonra kiraladığı bir evde kendisi gibi birlikte çalıştıkları arkadaşlarıyla siyasi çalışmalar yaparken, bir ihbar üzerine yakalanırlar.

Mustafa Kemal ve arkadaşları günlerce sorgulanırlar. Okul müdürünün, olayın pek önemli olmadığını söylemesi üzerine, Mustafa Kemal'le Ali Fuat, İstanbul'dan uzakta bir yerde görevlendirilmeleri kaydıyla sürgün cezası alırlar.

Bu ceza gereğince Mustafa Kemal, Şam'da bulunan 15. Orduya sürgün edilir ve 1907'de kıdemli kurmay yüzbaşılığa terfi eder. Genç Yüzbaşı Mustafa Kemal, aynı yıl Manastır'da bulunan 3. Ordu'da göreve başlar.

Bu arada bazı siyasal olaylar yaşanır: 13 Nisan 1909'da tarihe "***31 Mart Olayı***" adıyla geçen dincilerin, İstanbul'da ayaklandığı haberi duyulur. Ayaklanmayı bastırmak için, Selanik'te bulunan, Mahmut Şefket Paşa kumandasındaki "***Hareket Ordusu***"nda Mustafa Kemal de görev alır.

Hareket Ordusu, İstanbul'a gelir, ayaklanmayı bastırır ve Padişah Abdülhamit, tahtından indirilerek Selanik'e sürgüne gönderilir.

Aradan bir yıl geçer, 1912'de "***Balkan Savaşı***" başlar. Savaşta yenilen Osmanlılar, Balkanlardaki topraklarını ve Ege Denizi'ndeki adalardan pek çoğunu karşıt devletlere tek etmek zorunda kalır. Bu arada elden giden Edirne kenti bile sonradan geri alınır.

Ne var ki, daha Balkan Savaşı'nın acıları geçmeden, bu kez de, 1914'te "***Birinci Dünya Savaşı***" patlak verir.

O gün yönetimde söz sahibi olan, Enver, Cemal ve Talat Paşalar birer Alman hayranı oldukları için, iyi bir hesap yapamazlar ve bir oldubitti ile Türk ordusunu Almanların yanında savaşa sokarlar.

Mustafa Kemal Çanakkale'de

O günlerde, Selanik'ten arkadaşı olan Fethi Bey'in büyükelçilik yaptığı Sofya'da, Mustafa Kemal'de Askeri Ataşe olarak görev yapmaktadır. Ne var ki, Birinci Dünya Savaşı başlayınca Mustafa Kemal, Sofya'dan İstanbul'a döner ve yetkililere cephede görev almak istediğini bildirir.

Sonunda istediği olur, Kurmay Yarbay Mustafa Kemal, 2 Şubat 1915'te Tekirdağ'da kurulacak olan 19. Tümen Komutanlığına atanır.

Bu sırada 18 Mart günü İngiliz ve Fransız deniz birlikleri Çanakkale'yi geçip, İstanbul'u işgal etmek için, donanmalarını Çanakkale Boğazı'na getirirler.

Ama, bizim Nusret Mayın Gemisi, Çanakkale Boğazı'nı mayınlamıştır. Öte yandan da kara birliklerimizin etkin top atışları, İngilizlerin en büyük gemilerinden birisini boğazın azgın suları içine gömer. İngilizler geri çekilmek zorunda kalırlar.

Ne var ki, bu kez de 25 Nisan sabahı İngiliz birlikleri karadan Gelibolu Yarımadası'na saldırırlar. Bu kez de karşılarında Mustafa Kemal'i bulurlar.

Türk askerleri öyle çarpışırlar ki, siperde biri ölürken, öteki onun yerini doldurur. Çok kanlı savaşlar olur gece, gündüz demeden...

Sonunda İngiliz birlikleri dayanamazlar, çıkartmaya son verirler. Çanakkale'yi geçemeyeceklerini anlayarak ülkelerine dönerler.

Ne var ki, Çanakkale Savaşı'nda, on binlerce Türk yiğidi şehit olur.

Hatta bu savaşta Mustafa Kemal'in göğsüne isabet eden bir kurşun, göğüs cebindeki saatini parçalar, kendisine zarar vermez.

Sonunda, Mustafa Kemal'in cephede gösterdiği savaş dehası ve Türk askerinin kahramanlığı, ***"Çanakkale geçilmez"*** sözünü yazdırır tarihe...

Çanakkale Savaşı'ndan sonra Mustafa Kemal, 19 Aralık 1915'te kurmay albaylığa terfi eder. Savaşta hem yorgun düştüğü, hem de böbrek rahatsızlığı çektiği için, Mustafa Kemal, bir süre Almanya'ya tedaviye gider.

Almanya dönüşünde Mustafa Kemal, Edirne'deki 16. Kolordu Komutanlığına atanır; ama kısa bir süre sonra, Nisan 1916'da rütbesi tuğgeneralliğe yükseltilerek, Muş ve Bitlis yöresinde kurulacak başka bir kolorduda görev alır.

Mustafa Kemal, bir asker olarak, aldığı her görevi eksiksiz ve üstün bir başarıyla yerine getirir. Ülkenin neresinde olursa olsun O'nun, halk arasında, askerler arasında yenilmez bir asker olduğu dillerde dolaşır durur.

Ne var ki, Türk askerleri her cephede kıyasıya savaşırken, bizimle müttefik olan, başta Alman orduları ve Bulgar orduları savaştan çekildiklerini bildirirler. Bu durum karşısında Osmanlı orduları da daha fazla dayanamazlar ve silah bırakırlar.

30 Ekim 1918'de yapılan Mondros Antlaşması'nda *(Mondros; Yunanistan'ın Limni adasında bir sahil kentidir)* yenilmiş taraf olarak, yurdumuz, galip devletler tarafından işgal edilmeye başlanır 13 Kasım 1918'de düşman gemileri İstanbul'a gelirler.

Çanakkale'de yenilerek geri çekilen İngiliz gemileri, bu kez elini kolunu sallaya sallaya girerler güzel İstanbul'a.

O günlerde Mustafa Kemal Paşa da cepheden ayrılarak İstanbul'a gelir. Düşman gemilerini Dolmabahçe rıhtımında görünce üzgün ve kızgın olarak şöyle söyler: ***"Geldikleri gibi giderler."***

O günler Türk ulusunun kara günleridir. İstanbul'da düşman zulmü son hızıyla artar. Başta İngilizler ve öteki emperyalist ülkeler, Türkleri ortadan kaldırmak için, her türlü desteği Yunan ordularına verirler. 15 Mayıs 1919'da Yunan orduları İzmir'e çıkarlar.

Türk ulusunu savaşa sokan, İttihat ve Terakki Partisi'nin Enver, Cemal ve Talat Paşaları ülkeden kaçarlar. Padişah Vahdettin artık düşmanların elinde bir kukla gibidir. İşgal kuvvetleri generalleri onu istedikleri sahnede, istedikleri gibi oynatırlar...

İstanbul'da bunlar yaşanırken, Anadolu'daki halk açlık, perişanlık içinde olmalarına karşın, yer yer çeteler kurarak düşmana karşı gelmeye çalışırlar. Özellikle Ege ve Karadeniz yörelerinde halk gruplara ayrılarak, düşman işgaline karşı dururlar.

Mustafa Kemal Anadolu'da

İstanbul'a geldiğinden beri huzursuz olan, buna karşı hiçbir şey yapamayacağını düşünen Mustafa Kemal Paşa, Anadolu'ya geçmenin yollarını araştırır. Hatta yaveri Cevat Abbas'ı Bilecik'e gönderir, birtakım araştırmalar yaptırır. Bunun dışında Mustafa Kemal, İstanbul'da güvendiği arkadaşlarına düşüncelerini anlatır, onlardan da destek ister.

Bu arada İstanbul Hükümeti ve başta Padişah Vahdettin, Mustafa Kemal'in İstanbul'daki varlığından kuşku duymaya başlar. Bazı Osmanlıcı çevrelerin de önerileriyle Mustafa Kemal'i bir şekilde İstanbul'dan uzaklaştırmanın yollarını ararlar...

Sonunda Mustafa Kemal Paşa, Anadolu'da bulunan 9. Ordu Müfettişi olarak atanır.

Tarih 16 Mayıs 1919, Mustafa Kemal Paşa, bazı yurtsever arkadaşlarıyla beraber, Dolmabahçe rıhtımında bekleyen Bandırma Vapuru'na biner, gecenin karanlığında Samsun'a doğru yol alır.

Üç gün süren zorlu bir yolculuktan sonra, Mustafa Kemal ve arkadaşları, **19 Mayıs 1919'**da, sabaha karşı Samsun'a ayak basarlar.

O gün halkımızın kurtuluşu için savaş hazırlıkları başlar. Samsun'dan Amasya'ya geçen heyet, Amasya'da Türk ulusuna bir bildiri yayınlar. :

Mustafa Kemal Paşa, bu bildiriyle, ülkemizin durumunu, padişahtan bir şey beklemenin yararı olmayacağını, çünkü padişahın düşmanların elinde bir kukla olduğunu açıklar...

O nedenle Mustafa Kemal ülkemizi kurtarmak için, yeniden örgütlenmenin gereğini duyurur. İlerde doğabilecek bir savaşı bu örgütün yönetmesinin gereğine inandığını bildirir. "***Amasya Bildirisi***" ile Mustafa Kemal Paşa her türlü olasılığa karşın Türk halkının temsilcilerinin vakit geçirmeden hemen Sivas'ta toplanmasını ve gerekli kararları almasını ister...

Özenle hazırlanan bu genelge, hiç vakit geçirmeden, Mustafa Kemal'in direktifleriyle Amasya'dan, ordu birliklerine ve bütün illere telgrafla bildirilir.

Amasya'dan yola çıkan Mustafa Kemal ve yanındaki yurtseverler, Tokat üzerinden Sivas'a varırlar, orada kısa bir süre kalırlar. Mustafa Kemal, kendisini karşılamaya gelen halkla ve bazı askeri çevrelerle görüşür. 28 Haziran günü Sivas'tan ayrılan Mustafa Kemal ve yurtseverler, 3 Temmuz 1919'da Erzurumlular'ın büyük sevgi gösterileri arasında Erzurum'a gelirler.

Ne var ki, Mustafa Kemal, Erzurum'da İstanbul hükümetinin kendisini görevden aldığını ve İstanbul'a dönmesi gerektiğini öğrenir. Bu konuda bazı bilgiler edindikten sonra Mustafa Kemal Paşa, 8 Temmuz gecesi, askerlikten istifa ettiğini, İstanbul'a dönmeyeceğini bir telgrafla İstanbul hükümetine bildirir.

Mustafa Kemal Erzurum'da

Daha önce planlandığı gibi, Erzurum Kongresi, 23 Temmuz 1919 günü açılır. Erzurum Kongresi'ne çeşitli illerden gelen 56 yurtsever katılır. Padişahın "İstanbul'a dön" çağrısına uymayan Mustafa Kemal Paşa, askerlik görevinden istifa ettiği için, kongreye sivil giysileriyle gelir. Çanakkale Savaşı'ndan beri ünü her yerde duyulan Mustafa Kemal Paşa, konuşmalarıyla herkesin güvenini kazanır ve Kongre Başkanı seçilir.

14 gün süren Erzurum Kongresi, üyeler arasında hayli tartışmalı geçer, sonunda ülkemizin sorunları üzerine birçok kararlar alınır.

Bu kararlar arasında, "***Amasya Bildirisi***" ile istenen, "***Ulusal Hareket***"***i*** yönetecek olan "***Temsil Kurulu***" seçilir ve başkanlığına Mustafa Kemal Paşa getirilir

Bu Kurul, Büyük Millet Meclisi açılıncaya kadar, düşmanlara karşı yapılacak eylemleri organize edecek ve Anadolu'da oluşturulan "**Ulusal Hareket"in** meclisi gibi çalışacaktır.

Erzurum Kongresi'nde delegeler, yurt topraklarının düşmandan nasıl kurtarılacağı doğrultusunda birçok kararlar alırlar. Erzurum Kongresi'nde alınan bu kararlar, ulusal direnişimizin temelini oluşturur.

Mustafa Kemal Sivas'ta

Erzurum Kongresi'nde, Sivas'ta da bir kongrenin toplanması kararlaştırılır. O nedenle Temsil Kurulu üyeleri, bir süre sonra Sivas'a hareket ederler.

Sivas Kongresi 4 Eylül 1919 günü, öğleden sonra, 32 üyenin katılmasıyla açılır ve 11 Eylül'e kadar sürer.

Sivas Kongresi'nde de çok önemli kararlar alınır. Delegelerden birçokları, "Bir savaşı daha göze alamayız, ya Amerika'nın, ya da İngiltere'nin mandasına girelim" diye dayatırlar.

Ama, Mustafa Kemal Paşa, tam bağımsızlık için "***Ya istiklal ya ölüm***" sözleriyle onların tezlerini çürütür.

Düşmanların Anadolu'yu adım adım işgal etmeleri karşısında, bir daha savaşa tutuşmanın kaçınılmaz olduğu herkesin kafasında yer eder. Sivas Kongresi'nde de ülkemizin düşman işgalinden kurtarılması doğrultusunda ayrıntılı kararlar alınır. Bunlar arasında, Anadolu'nun değişik yerlerinde kurulan direniş örgütlerinin birleştirilmesi ve Temsil Kurulu tarafından yönetilmesi de karar altına alınır.

Ayrıca, yapılması kaçınılmaz olan savaşta, Türk ordularının Anadolu'nun ortalarında bir kentten yönetilmesi kararlaştırılır. O kent ise, Ankara'dan başkası değildir. Çünkü Ankara, hem ülkemizin ortalarında bir konuma sahiptir, hem de İstanbul'dan Bağdat'a kadar uzanan demiryolu Ankara'dan geçmektedir...

Mustafa Kemal Ankara'ya Geliyor

Temsil Kurulu, 18 Aralık 1919 günü karlı bir havada, Sivas'tan Ankara'ya doğru yola çıkar. Dokuz gün süren zorlu bir yolculuktan sonra 27 Aralık günü Ankara'ya ulaşırlar.

Ankaralılar, Temsil Kurulu'nu Dikmen sırtlarında büyük bir coşkuyla karşılarlar. Mustafa Kemal Paşa, onlara ülkemizin durumunu anlatan bir konuşma yapar.

Temsil Kurulu, bugün Karargâhtepe dedikleri, Keçiören'e yakın yerde bulunan Ziraat okuluna yerleşir. Bundan sonraki çalışmalar oradan yürütülecektir.

O günlerde ülkemizin durumu çok kötüdür. Düşman tarafını destekleyen azınlık çeteleri, her yerde kol gezmekteler. Düşman tarafını destekleyen çetelerle ulusal çeteler arasında çıkan çatışmalarda silah sesleri Karargâhtepe'den de duyulur.

İstanbul'da da durum hiç iyi değildir; 9 Mart günü İngilizler Türkocağı'nı basarak bütün kenti işgal etmeye başlarlar. Bu arada İngilizlere direnen pek çok Türk askeri şehit edilir.

İngilizler bununla da kalmazlar, *Osmanlı Mebusan Meclisi*'ni de dağıtırlar. Mustafa Kemal Paşa yanlısı milletvekillerinden pek çoğunu tutuklarlar ve sürgüne gönderirler.

Bütün bu durumları, telgraf başında görevli Manastırlı Hamdi Efendi Mustafa Kemal Paşa'ya telgrafla bildirir. İstanbul'daki Meclis'in kapatılması üzerine Mustafa Kemal Paşa, Ulusal Meclis'in Ankara'da toplanması için bütün illere bir genelge gönderir.

Büyük Millet Meclisi Açılıyor

Mustafa Kemal Paşa'nın talimatı doğrultusunda, çeşitli yörelerden seçilen 285 milletvekili ile İstanbul'dan kaçabilen 78 milletvekili Büyük Millet Meclisi'ni oluşturması beklenirken ancak Ankara'ya 115 milletvekili ulaşabilir.

Türkiye Büyük Millet Meclisi'nin ***(23 Nisan 1920)*** günündeki ilk açılışına 115 milletvekilinin katılmasıyla toplanabilir. Ötekiler, yollardaki gecikmeler nedeniyle zamanında yetişemezler toplantıya...

Yapılan ilk toplantıda gene Mustafa Kemal Paşa, oy birliğiyle Türkiye Büyük Millet Meclisi Başkanı olarak seçilir. Erzurum'dan beri sorumluluk üstlenen Temsil Kurulu da görevini yeni Meclis'e devreder. Ne var ki, gene de Ulusal Hareket'in büyük sorumluluğu Mustafa Kemal Paşa'nın omuzlarında bulunacaktır.

Yunan Orduları Anadolu'ya Yayılıyor

O günlerde Yunan orduları, İngilizlerin desteğiyle Ege bölgesini istila ettikten sonra, Anadolu'ya yayılmayı sürdürürler.

Büyük Millet Meclisi, Mustafa Kemal Paşa'ya güvenmektedir. Ancak, İstanbul'da padişah, Sadrazam Damat Ferit Paşa'nın teklifi üzerine Mustafa Kemal'i asi bir paşa olarak ilân eder, Şeyhülislâm Dürrüzade Abdullah'ın Mustafa Kemal Paşa için verdiği ölüm fetvasını Padişah Vahdettin İngiliz uçaklarıyla her yere attırır...

Bu arada Yunanlılar, işgallerini sürdürürler; Anadolu'yu yaka yıka ilerlerken, karşılarında daha önce kurulan düzenli bir Türk ordusunu bulurlar. Ordunun komutasını İsmet Paşa üstlenmiştir.

Yunan ordusuyla Türk ordusu Eskişehir'e yakın İnönü'nde karşılaşırlar, Yunanlılar büyük bir yenilgiye uğrarlar. Bu durumu İsmet Paşa bir telgrafla Mustafa Kemal Paşa'ya bildirir.

Mustafa Kemal, Batı Cephesi Komutanı İsmet Paşa'ya çektiği telgrafta ***"Siz orada yalnız düşmanı değil, Türk ulusunun makus talihini de yendiniz"*** diyerek yanıtlar İsmet Paşa'yı.

Ne var ki, düşman kısa zamanda toparlanır, bir kez daha Türk cephesine saldırır. İnönü'nde ikinci kez de yenilen Yunan ordusu, moralini yitirir; Türk ordusundan öç almak için büyük bir hazırlık yapmaya başlar...

Aradan bir yıl kadar geçer. İngilizlerin de yardımıyla kendisini iyice toparladığını sanan Yunan orduları, kesin bir sonuca kavuşacağı günü beklemektedir.

Bu durumdan kuşku duyan Büyük Millet Meclisinin muhalif üyeleri, Mustafa Kemal Paşa'yı göreve çağırırlar. "Mademki ülkeyi savaşa soktunuz, haydi kurtarın bakalım" derler.

Mustafa Kemal Sakarya'da

İnönü'de iki kez yenilmesinin öcünü almak isteyen Yunan ordusu, 23 Ağustos 1921 günü Türk mevzilerine saldırıya geçer. Onlara direnen Türk orduları çok büyük bir meydan savaşı verirler.

Başlangıçta bozguna uğrayacakmış gibi geri çekilen Türk ordularına Mustafa Kemal Paşa, tarihe geçen şu meşhur komutunu verir; ***"Hattı müdafaa yoktur, sathı müdafaa vardır. O satıh bütün Türkiye'dir."***

Yirmi gün kadar süren bu kanlı savaşta Yunan orduları bir .kez daha yenilirler ve Sakarya Irmağı'nın batısına atılırlar.

Büyük Millet Meclisi, Sakarya Zaferi'nden sonra moral bulur ve Mustafa Kemal Paşa'ya, ***(Mareşal)*** rütbesi ile ***(Gazi)*** unvanı verilmesini kararlaştırır. O günden sonra Mustafa Kemal Paşa, imzasını hep ***"Gazi Mustafa Kemal"*** diye atacaktır yazdığı bütün yazılara.

Aradan bir yıl kadar geçer, bu zaman dilimi içerisinde Gazi Mustafa Kemal, düşmana son darbeyi vurabilmek için, cephede büyük bir hazırlık yapar. Yunanlılar da boş durmazlar, onlar da iyi bir cephe tutarlar ve etrafını tel örgülerle çevirirler.

Mustafa Kemal Dumlupınar'da

Mustafa Kemal Paşa, düşmana son darbeyi indirmek için, bir gün Ankara'dan bir gece gizlice Akşehir'e gelir. Hiç vakit geçirmeden bütün ordu komutanlarını çevresine toplar, son kez birlikte savaş plânlarını gözden geçirirler.

Tarih 22 Ağustos 1922. Dumlupınar Savaşı, sabaha karşı top atışlarıyla başlar. O saatte Yunan ordusunun komuta heyeti, gece yaptıkları eğlencede hepsi sarhoş oldukları için uyuyup kalmışlardır. Türklerin top atışlarıyla uyanan Yunanlılar, panik içinde ne yapacaklarını şaşırırlar; sağa sola koşmaya başlarlar Biraz sonra da Türk askerlerinin hücumuna uğrarlar.

Yunan kuvvetleri çil yavrusu gibi kaçmaya başlar. Ölenler dışında, yüzlerce Yunan askeri esir düşer. Yunan ordu komutanı da esir olanlar arasındadır.

Mustafa Kemal'in ***"Ordular ilk hedefiniz Akdeniz'dir. İleri!"*** komutunu alan askerlerimizin önünde kaçan düşman askerleri, bir daha cephe tutturmazlar.

Ordularımız, dokuz günde İzmir'e varırlar. Düşman askerlerinin bir bölümü kaçmayı başarırken, bir bölümü de Ege'nin soğuk sularında boğularak can verirler.

Böylece, 15 Mayıs 1919 günü başlayan ve üç yıldan fazla süren Yunan ordularının İzmir'e çıkarma yapma eylemleri, 9 Eylül 1922'de sona erer.

11 Ekim 1922'de Bursa'nın Mudanya sahil kentinde yapılan "Ateşkes Antlaşması"yla çok kanlı geçen ölüm kalım savaşı, başta Mustafa Kemal Paşa'nın büyük dehası, sonra da Türk askerlerinin sabırlı ve kahramanca özverileriyle sona ermiş olur.

Mudanya'daki görüşmelerde ayrıca, İsviçre'nin dünyaca ünlü Lozan kentinde kalıcı bir barış antlaşmasının toplanması kararlaştırılır.

Türk ordusunun kazandığı zaferden sonra başlayan Mudanya Antlaşması'nda alınan kararlar gereğince, İstanbul'daki işgal kuvvetleri yurdumuzdan çekilip giderler. Onlar giderken Padişah Vahdettin de yaşamından korktuğu için onlarla birlikte bir İngiliz savaş gemisine binerek ülkemizden kaçar...

Ankara'da olanlar:

Savaş bitmiş, ülkemizin sınırları Lozan'da çizilmişti. Ancak savaş yıllarında yakılan, yıkılan ülke varlıkları ortadan kalkmış değildi. Artık dış düşmanlarla değil, içteki ayrılıkçılarla savaşmak gerekiyordu.

Bu işlerin üstesinden ancak, savaş yıllarında olduğu gibi Mustafa Kemal Paşa gelebilirdi. O nedenle de Türkiye Büyük Millet Meclisi'nin Başkanlığını sürdüren Mustafa Kemal Paşa, aynı zamanda devletimizin de başkanı olarak görev yapıyordu.

Devletimizin yönetimi her ne kadar halk iradesine dayanan bir yönetim gibi görünse de, artık rejimin adının konması gerekiyordu. Ayrıca hükümet Büyük Millet Meclisi tarafından seçildiği için, ülkeyi yönetecek hükümetin kuruluşunda bir takım istenmeyen durumlar ortaya çıkıyordu... Bu istenmeyen durumların bir şekilde sağlam temeller üzerine oturtulması gerekiyordu...

Cumhuriyet İlan Ediliyor

28 Ekim 1923 günü Mustafa Kemal Paşa, yakın arkadaşlarını Çankaya Köşkü'ne yemeğe davet eder. Onlara, daha önce yaptığı hazırlıkları anlatır ve *"Yarın Cumhuriyet'i ilân edeceğiz"* der. Gerekli hazırlıklar bir daha gözden geçirilir, Anayasanın birinci maddesinin sonuna değişikliği içeren ***"Türkiye Devleti'nin yönetim şekli hükümeti Cumhuriyettir"*** sözü eklenir.

Ertesi günü yani 29 Ekim 1923'te Mustafa Kemal Paşa Meclise gelir. Orada bir konuşma yapar, Cumhuriyetin ne demek olduğunu anlatır milletvekillerine. Sonra da Anayasanın birinci maddesinde yapılan değişiklik oylanarak kabul edilir.

Mustafa Kemal Paşa, ilk ***Cumhurbaşkanımız*** olarak seçilir. Bundan sonra Cumhuriyetin ilânı bütün yurda duyurulur ve top atışlarıyla selâmlanır. Her yerde şarkılı, türkülü eğlenceler düzenlenir.

Böylece, başımızda padişahların bulunduğu ve şeriat düzeniyle yönetilen, Osmanlı Devleti, 600 yıl yaşadıktan sonra tarih sahnesinden silinir gider...

Cumhurbaşkanımız Mustafa Kemal

Türkiye Cumhuriyeti kurulmuş, ilk Cumhurbaşkanımız Mustafa Kemal Paşa olmuştu. Ne var ki halkımızın yaşantısı eski düzende sürüp gidiyordu. Giyim kuşamdan tutun da, günlük yaşamın her alanında, hâlâ ilkellik yaşanıyordu...

Bugünkü Afganistan'da, Pakistan'da ve İran'da olduğu gibi, kadınlarımız, simsiyah çarşafa bürünmüş, yüzlerinde siyah peçelerle dolaşıyorlardı. Erkeklerin kimisi fesli, kimisi kavuk gibi ilkel giysileri taşıyorlardı başlarında...

Okullar, mahkemeler, tartılar, ölçüler, hiçbirisi de dünyanın kullandığı sisteme uymuyordu...

Önderimiz Mustafa Kemal Atatürk, Türkiye Cumhuriyeti'ni kurarken onun "***Çağdaş bir devlet olmasını***" düşünmüş, düşüncelerini değişmez bir ilke olarak kabul etmiştir...

Mustafa Kemal Atatürk, sürdürdüğü 15 yıllık Cumhurbaşkanlığı döneminde, kafasına koyduğu çağa uygun, değişmez ilkelerini, dünyanın övgüyle karşıladığı büyük devrimlerini, çok kısa bir sürede birer birer gerçekleştirdi.

Biz, Mustafa Kemal Atatürk'ün Cumhuriyet yönetiminde ortaya koyduğu her türlü tartışmanın dışında sayılan çağdaş davranış kurallarına **"Atatürk İlkeleri";** o ilkelerin toplumun çağdaşlaşması için yaşama geçirilenlerine de "**Atatürk Devrimleri**" diyoruz. Atatürk Devrimleri'ni saymakla tüketemeyiz. Onları kısaca şöyle sıralamak olanaklıdır:

Atatürk Devrimleri

*) Hilâfet kaldırıldı, onun yerine Anadolu'da halk iradesine dayanan Cumhuriyet kuruldu.

*) Yeni anayasa yapıldı, egemen, özgür ve çağdaş bir toplumun temelleri atıldı.

*) Lâiklik ilkesi kabul edilerek, din ve dünya işleri birbirinden ayrılmış oldu.

*) Okullardan Arap harfleri kaldırıldı, onun yerine Türk alfabesi kabul edildi.

*) Din esaslarına göre eğitim yapan okullar kapatıldı, onun yerine ileri toplumların uyguladığı çağdaş eğitim yapan okullar açıldı.

*) Kadınlarımıza, erkeklere eş değerde haklar verildi. Onlara seçme ve seçilme hakkı yasalarla tanındı.

*) Giyimde kuşamda değişiklik yapılarak, çarşaf, peçe fes ve kavuk gibi giyseler atıldı, yerine modern giysiler getirildi. *(Ne yazık ki bugün ülkemizde çarşafa, peçeye dönüşün sinyalleri veriliyor)*

*) Saat, takvim, arşın, okka gibi ölçüler kaldırıldı, yerine, uygar dünyanın kullandığı ölçü birimleri kondu.

*) Hukuk sistemimiz değiştirildi, şeriat mahkemeleri, kaldırıldı, yerine, soran ve sorgulayan, suçluyu ve suçsuzu ayıran Cumhuriyet mahkemeleri kuruldu.

*) Soyadı Yasası çıkarılarak, herkese bir soyadı verildi, nüfus kütük defterleri tutuldu. Bu yasayla Mustafa Kemal de ***"Atatürk"*** soyadını aldı.

*) Kapitülâsyonlar kaldırıldı, ticaret sistemimiz ulusallaştırıldı.

*) Türk Dil Kurumu kurularak, Türklerin eski kök dilleri bulundu, dilimiz zenginleştirildi.

*) Türk Tarih Kurumu kuruldu, eski tarihimiz araştırıldı ve Türk tarihi yeniden yazıldı. *(Üzülerek söylemeliyim ki bu iki özgün kuruluş da Kenen Evren döneminde, Atatürk'ün vasiyeti çiğnenerek devlet kurumu haline getirildi).*

***

Büyük Önder Mustafa Kemal Atatürk 57 yıl yaşadı, 15 yıl yaptığı Cumhurbaşkanlığı döneminde, sayısız devrimler yaptı.

Ne var ki Mustafa Kemal Atatürk daha çok yaşasaydı kim bilir daha hangi devrimleri yapacak ve halkımızın yararına sunacaktı?

Ama ne yazık ki bir süreden beri çektiği rahatsızlık artmış, çaresi bulunamayan bir hastalığın pençesine yakalanmıştı Mustafa Kemal Atatürk...

Mustafa Kemal Atatürk Hasta

Mustafa Kemal'in bedeni, önce savaşlar, sonra da Türk Devleti'ni kısa sürede uygar bir devlet yapma çabalarına dayanamadı. 1938 yılının başlarında hastalığı ortaya çıktı. Doktorlar O'na bir süre istediği bir şekilde dinlenmesini önerdiler.

Ne var ki Mustafa Kemal ele avuca sığacak bir lider değildi. Devlet işlerini en titiz bir şekilde yürütmeyi sürdürürken, yaz sonlarına doğru iyice halsiz düştü. Doktorların da önerileriyle nihayet Dolmabahçe Sarayı'nda dinlenmeye çekildi.

Yapılan araştırmalara göre, Mustafa Kemal'in hastalığının siroz olduğu söylendi. Ünlü Türk doktorlarından başka, Almanya'dan, Fransa'dan getirtilen doktorlar da, bütün uğraşılarına karşın, Atatürk'ü hastalıktan kurtaracak bir ilâcı bulamadılar.

Böyle olunca Mustafa Kemal'in hastalığı her geçen gün daha da ağırlaşıyordu. Her yıl Cumhuriyet Bayramı törenlerine katılan Mustafa Kemal Atatürk, ne yazık ki, o yıl katılamadı...

Kara Günümüz Mustafa Kemal'in Ölümü

Kasım ayının başlarında Mustafa Kemal'den umut kesildi. Derin bir komaya giren Atamız, bir ara gözlerini açtı, *"**Saat kaç?**"* diye sordu. O anda Tarih; 10 Kasım'dı, saat 9'zu beş dakika geçiyordu. Mustafa Kemal Atatürk, Türklerin babası, dünyanın en büyük lideri ve insanlık idealinin büyük insanı bir daha gözlerini açmamak üzere kapattı.

O'nun naaşı önünde generaller birkaç gün nöbet tuttular. Nihayet 19 Kasım günü İstanbul'da yapılan görkemli bir törenle Atatürk'ün tabutu, gözyaşları arasında Ankara'ya uğurlandı. O gün gözyaşı dökenler yalnız O'nu uğurlayanlar değildi, O'nun öldüğünü duyan Türk halkı kadın erkek hepsi de göz yaşı döktüler...

Atatürk'ün cansız bedeni, Anıtkabir yapılıncaya kadar Ankara'daki, Etnografya Müzesi'nde, mermerden yapılmış bir mezarda tutuldu.

Ankara'nın Bahçelievler mahallesinin doğusunda, Rasattepe denilen yerde yapılmasına başlanan **"Anıtkabir"** bitince, 10 Kasım 1953 günü Atamızın naaşı, yeniden bir törenle Anıtkabir'e taşındı. Bu törende Türk ulusu O'nun ardından bir kez daha gözyaşı döktü.

Biz Türk ulusu olarak, her 10 Kasım günü geldiği zaman Atatürk'ü tekrar anmak, O'nun Türk ulusu için yaptıklarını bir kez daha anımsamak ve Atatürk Devrimleri'nin bekçisi olduğumuzu söylemek için Anıtkabir'e koşuyoruz.

Anıtkabir

Yurdumuzun kurtarıcısı, devletimizin kurucusu Yüce Atatürk'e, katıksız şükran duygularımızın bir ifadesi olan Anıtkabir, Ankara'nın merkezindeki Anıttepe'dedir.

Yapımına 1944 yılın-da başlanan Anıtkabir 9 yılda ancak tamamlanabilmiştir. Anıtkabir'de gönüllü olarak yüzlerce Türk insanı çalış-mıştır.

Dünyaca ünlü Anıtkabir'in çizim projesine, çeşitli ülkelerden 166 proje katılmış, değerlendirme sonunda, Ord. Prof. Dr. Emin Onat'la Doçent Dr. Orhan Arda'nın birlikte çizdikleri proje yetkili kurul tarafından birinci olarak seçilmiştir.

Anıtkabir'in yapımında Çankırı taşı ile Bilecik mermeri kullanılmış, ayrıca çelenklerin konduğu kırmızı mermer lâhit, tek parça olarak, Osmaniye ilimizden getirtilmiştir. 42 ton ağırlığında olan bu kırmızı mermer, Türk ustaları tarafından tek parça olarak işlenmiş ve yerine konmuştur.

Tören alanında yükselen bayrak direğini, Amerika'da yaşayan ve demir çelik ticareti yapan bir Türk vatandaşımız, hiçbir bedel almadan gemiye yükleyerek göndermiştir.

Atatürk'ün naaşı, 1938 yılının Kasım ayında İstanbul'dan Ankara'ya getirtilmiş, geçici olarak konduğu Etnografya Müzesi'nden 10 Kasım 1953 tarihinde alınarak, görkemli bir törenle Anıtkabir'e konmuştur. Bu törende Türk ulusu, bir kez daha Yüce Atamızın ardından gözyaşı dökmüştür.

ATATÜRK GÖNÜLLERDE

Sonbahar rüzgârları,
Kasımda yaman esti.
Kör yaptı damarları,
Yürekten kanı kesti...

Ünlü Dolmabahçe'de
Lambalar hep yanardı.
Gündüzler sanki gece...
Atam, her gün yatardı...

Doktorlar çevresinde,
Dört döner dururlardı...
O çakmak gözlerinde,
Bir yaşam ararlardı...

Yapılan tüm çabalar,
Önce hepsi bir gizdi...
Günlerce uğraşmalar,
Hepten boş, çaresizdi...

Korkulan şey duyuldu,
Yürekler bir an durdu...
Gözler yaşlarla doldu,
Yitirdik Yüce Türk'ü...

***

Liderden çok öteye...
Bir babaydı O bize...
Bütün ömrünü verdi,
Bu canım ülkemize...

Yastayız ülkemizde...
Yangın var içimizde...
Atatürk ölmez lider...
O'nun benzeri nerde?

O, artık gönüllerde...
Devrimleri dillerde...
Anıtkabir'de yatar;
O yaşıyor her yerde...

İbrahim Şimşek

Mondros Antlaşması:

Birinci Dünya Savaşı'nda (1914 – 1918) yenilgiye uğrayan Osmanlı Devleti'nin, İtilaf Devletleri'ni temsil eden İngiltere ile yaptığı ateşkes antlaşmasıdır. (30 Ekim 1918)

Bu antlaşma, Ege Denizi'ndeki Limni Adası'nın Mondros Limanı'nda yapıldı. Antlaşmaya imza atanlar, Osmanlı Devleti Bahriye Nazırı Hüseyin Rauf Orbay, İtilaf Devletleri adına İn-giliz amirali Arturr G. Calthorpe'dir. 30 maddeden oluşan antlaşmanın önemli maddeleri şöyledir:

** Çanakkale ve İstanbul Boğazları'ndaki istihkâmlar ile Toros tünelleri İtilaf askerlerince işgal edilecek.*

** Sınır ve iç güvenlik dışında bütün Osmanlı ordusu terhis edilecek, bunların silah, cephane ve teçhizatı İtilaf kuvvetlerine teslim edilecek.*

* *Osmanlı Devleti'nin bütün limanlarıyla demiryolları İtilaf subaylarının denetimine verilecek.*

* *Hükümet haberleşmeleri dışındaki tüm telsiz, telgraf ve kablo istasyonları İtilaf devletlerince denetlenecektir.*

* *İtilaf devletleri, güvenliklerini tehlikede gördükleri yerleri ve stratejik bölgeleri asker çıkararak işgal edecek.*

* *Türk kuvvetleri, Kafkasya ve İran'ın kuzey batısındaki eski yerlerine geri çekilecek, gerekirse bu bölgede bir Ermenistan devleti kurulacak.*

* *Askeri veya ticari kara ve deniz araçları tahrip edilmeyecek, İtilaf devletlerine teslim edilecek.*

* *Ülkenin ihtiyacından fazla olan kömür, akaryakıt ve deniz levazımatı İhtilaf devletleri tarafından satın alınacak.*

NOT: *Bu antlaşma yürürlüğe girdikten sonra, İtilaf devletleri, Yunanistan'ı tetikçi olarak kullanmışlar, Anadolu'yu tümden işgale başlamışlardır. İşte bu duruma dayanamayan Mustafa Kemal Paşa 19 Mayıs 1919'da Samsun'a çıkmıştır.*

NUTUK
BİRİNCİ BÖLÜM

Kuvayı Milliye ve Örgütlenme Dönemi

Samsun'a Çıktığım Gün Ülkenin Durumu

1919 yılı 19'uncu günü Samsun'a çıktım. Genel durum ve görünüş:

Osmanlı Devleti'nin içinde bulunduğu topluluk, *(Almanya, Avusturya-Macaristan ve Bulgaristan)* Genel Savaşta yenilmiş, Osmanlı Ordusu her yanda zedelenmiş, koşulları ağır bir ateşkes anlaşması imzalanmış. (*Mondros Antlaşması)* Büyük Savaşın uzun yılları boyunca ulus, yorgun ve yoksul bir durumda. Ülkeyi Genel Savaşa sürükleyenler kendi yaşamlarının kaygısına düşerek, yurttan kaçmışlar. Padişah ve Halife olan Vahdettin, soysuzlaşmış, kendini ve yalnız tahtını koruyabileceğini umduğu alçakça önlemler araştırmakta. Damat Ferit Paşa'nın başkanlığındaki hükümet güçsüz, onursuz, korkak, yalnız padişahın isteklerine uymuş, onunla birlikte kendilerini koruyabilecek herhangi bir duruma boyun eğmiş.

Ordunun elinden silâhları ve cephaneleri alınmış ve alınmakta...

İtilaf Devletleri, (*İngiltere, Fransa ve İtalya*) ateşkes anlaşması hükümlerine uymayı gerekli görmüyorlar. Birer uydurma nedenle, İtilaf Devlet donanmaları ve askerleri İstanbul'da. Adana ili Fransızlar; Urfa, Maraş, Antep İngilizlerce işgal edilmiş. Antalya ve Konya'da İtalyan birlikleri, Merzifon'la Samsun'da İngiliz askerleri bulunuyor. Her yörede yabancı devletlerin subay ve görevlileri ve özel adamları çalışmakta. Daha sonra, sözümüze başlangıç olarak aldığımız tarihten dört gün önce, 15 Mayıs 1919'da İtilaf Devletleri'nin uygun bulmasıyla Yunan ordusu İzmir'e çıkarılıyor.

Bundan başka, yurdun dört bir bucağında Hıristiyan azınlıklar, gizli, açık özel istek ve amaçlarının elde edilmesine, devletin bir an önce çökmesine çaba harcıyorlar.

Sonradan elde edilen güvenilir bilgi ve belgeler, İstanbul Rum Patrikliği'nde kurulan **Mavri Mira Kurulu**'nun ilerde çeteler kurmak ve yönetmekle, gösteri toplantıları ve propagandalar yaptırmakla uğraştığını doğruladı. Yunan Kızılhaçı, Resmi Göçmenler Komisyonu, **Mavri Mira Kurulu**'nun çalışmalarını kolaylaştırmaya yardım ediyor, **Mavri Mira Kurulu**'nca yönetilen Rum okullarının izci örgütleri, yirmi yaşını aşmış gençleri de içine alarak her yerde geliştiriliyor.

Ermeni Patriği Zaven Efendi de, **Mavri Mira Kurulu** ile düşünce birliği içinde çalışıyor. Trabzon, Samsun ve bütün Karadeniz kıyılarında kurulan ve İstanbul'daki merkeze bağlı **Pontus Cemiyeti** kolaylıkla ve başarıyla çalışıyor.

Düşünülen Kurtuluş Yolları

Durumun korkunçluğu ve ağırlığı karşısında her yerde, her bölgede bir takım kişilerce kurtuluş yolları düşünülmeye başlanmıştı. Bu düşünceyle girişilen çalışmalar, bir takım örgütler doğurdu. Örneğin: Edirne ve çevresinde **Trakya-Paşaeli** adlı bir dernek vardı.

Doğu'da Erzurum ve Elazığ'da, genel merkezi İstanbul'da olmak üzere **Vilâyet'i Şarkiye Müdafa-i Hukuk-u Milliye Cemiyeti** kurulmuştu. Trabzon'da **Muhafaza-i Hukuk** adlı bir dernek bulunduğu gibi İstanbul'da da, **Trabzon ve Havalisi Ademi Merkeziyet Cemiyeti** vardı. Bu dernek merkezinin gönderdiği delegeler, Of ilçesi ve Lazistan livasında şubeleri açmışlardı.

Yunanlıların İzmir'e gireceğinin belirtilmesini gören İzmir'de bir takım genç yurtseverler, 14 Mayıs gecesi büyük bir gösteri düzenlemişlerdi. Bu gösteride, **Redd-i İlhak** ilkesini ortaya atmışlardır. Bu ilkenin yayılması için aynı gece İzmir'de Yahudi Maşatlığı'na toplanabilen halk arasında bir gösteri toplantısı yapılmışsa da ertesi gün sabahleyin Yunan askerlerinin rıhtımda görülmesiyle bu toplantıdan umulan ölçüde sonuç alınamamıştır.

Ulusal Kuruluşlar

Bu derneklerin kuruluş amaçları ve siyasal gerekleri üzerine kısaca bilgi vermek uygun olur düşüncesindeyim.

Trakya Paşaeli Cemiyeti'nin ileri gelenlerinden kimileriyle daha İstanbul'da iken görüşmüştüm. Onlar, Osmanlı Devleti'nin çökeceğini kesinliğe yakın bir olabilirlik içinde görüyorlardı. Osmanlı yurdunun parçalanacağı korkusu karşısında Trakya'yı, olabilirse, Batı Trakya'yı da birleştirerek, İslâm ve Türk topluluğunu bir bütün olarak kurtarmayı düşünüyorlardı. Bu amaca ulaşmak için İngiltere'nin, olmazsa Fransa'nın yardımını sağlamak istiyorlardı. Amaçlarının bir **Trakya Cumhuriyeti** kurmak olduğu anlaşılıyordu.

Vilâyeti Şarkiye Müdafaa-i Hukuku Milliye Cemiyeti'nin kuruluş amacı ise, doğu illerindeki bütün halkın dinsel ve siyasal haklarının özgürce gelişmesini sağlayacak yasal yollara başvurmak; adı geçen illerdeki Müslüman halkın tarihsel ve ulusal haklarını, gerektiğinde, uygar toplumlar önünde savunmak, doğu illerinde yapılan zulüm ve cinayetlerin nedenleriyle etmenleri ve bunları yapanlar ve yaptıranların cezalandırılmasın istemek; Türkler'e azınlıklar arasındaki anlaşmazlıkların giderilmesi ve eskisi gibi iyi bağların pekiştirilmesine çaba göstermek; doğu illerindeki, savaştan doğma yıkım ve yoksulluğu gidermek yollarını aramaktı.

Vilâyet-i Şarkiye Müdafa-i Hukuku Milliye Cemiyeti'nin İstanbul'daki yönetim merkezinin, bilim ve uygarlık yöntemlerinin amacı sağlayabileceği konusunda çokça iyimser olduğu anlaşılıyor. Gerçekten bu yolda çaba göstermekten geri durmuyor. Doğu illerinde Müslüman halkın haklarını savunmak için **Le Pays** *(Yurt)* adında bir gazete yayınlanıyor. Hadisat gazetesinin sahipliğini üzerine alıyor. Bir yandan da İtilâf Devletleri başkanlarına ve İstanbul'daki temsilcilerine birer muhtıra veriyor. Avrupa'ya bir kurul yollamaya girişiyor.

Bu açıklamalardan kolayca anlaşılacağını sanırım ki, **Vilâyeti Şarkiye Müdafaa-i Hukuku Milliye Cemiyeti**'nin kurulmasına yol açan önemli neden ve kaygı, doğu illerinin Ermenistan'a verileceği olasılığına dayanıyor.

Karadeniz kıyılarındaki bölgelerde de bir Rum Pontus hükümeti kurulacağı korkusu vardı. Müslüman halkı Rumların boyunduruğu altında bırakmayıp yaşama haklarını ve varlıklarını koruma amacıyla Trabzon'da da bir takım kişiler ayrıca **(Muhafaza-i Hukuk)** adında bir dernek kurmuşlardı.

Merkezi İstanbul'da bulunan "**Trabzon ve Havalisi Adem-î Merkeziyet Cemiyeti**"nin siyasal düşüncesi adından da anlaşıldığı gibi her durumda merkezden ayrılmak amacını güdüyor.

Ulusal Varlığa Düşman Kuruluşlar

Kurulmaya başlayan bu örgütlerden başka, ülke içinde daha bir takım girişimler ve kuruluşlar ortaya çıkmıştı. Özellikle Diyarbakır, Bitlis Elâzığ illerinde İstanbul'dan yönetilen **Kürt Teali Cemiyeti** (*Kürt Yükselme Derneği*) vardı. Bu derneğin amacı, yabancı devletlerin koruyuculuğu altında, bir Kürt hükümeti kurmaktı.

Konya ve dolaylarında, İstanbul'dan yönetilen **Teali-i İslâm Cemiyeti** *(İslâm* Yükselme *Derneği)* kurulmasına çalışılıyordu. Ülkenin hemen her yanında **İtilâf ve Hürriyet, Sulh ve Selâmet Cemiyetleri** de vardı.

İstanbul'da çeşitli amaçlarla gizli ve açık olmak üzere de bir takım parti ya da dernek adı altında kuruluşlar vardı.

İngiliz Muhipler Cemiyeti

İstanbul'da önemli sayılacak kuruluşlardan biri, **İngiliz Muhipler Cemiyeti** idi. Bu addan İngilizleri sevenlerin kurdukları bir dernek olduğu anlaşılmasın. Bence, bu derneği kuranlar, kendilerini ve kişisel çıkarlarını sevenler ve kendi varlıklarıyla çıkarlarının dokunulmazlık çaresini **Lloyt George** *(İngiliz Başbakanı)* hükümeti aracılığıyla İngiliz desteğini sağlamakta arayanlardır. Bu zavallıların İngiltere Devleti'nin, bütünüyle, bir Osmanlı Devleti bırakmak ve korumak isteğinde olup olamayacağını bir kez düşünüp düşünmedikleri üzerinde durmak gerekir.

Bu derneğe girenlerin başında Osmanlı Padişahı ve Yeryüzü Halifesi sanını taşıyan Vahdettin, Damat Ferit Paşa, Dahiliye Nazırı Ali Kemal, Adil ve Mehmet Ali Beyler ve Sait Molla bulunuyordu. Dernekte İngiliz ulusundan kimi serüvenciler de vardı. *(İngiliz ajanı)* Rahip Fru (Frew) gibi. Yapılan iş ve işlemlerden anlaşıldığına göre derneğin başkanı Rahip Fru idi.

Bu derneğin iki görünüşü ve niteliği vardı. Biri, dış görünüşü ve uygarca girişimlerle İngiliz desteğini istemeye ve sağlamaya yönelen niteliği idi. Ötekisi, gizli yönü idi. Asıl çalışma bu yöndeydi. Yurt içinde örgütler kurarak ayaklanma ve başkaldırmalara yol açmak, ulusal bilinci işlemez kılmak, yabancı devletlerin işe karışmalarını kolaylaştırmak gibi haince girişimler, derneğin bu gizli kolunca yönetilmekteydi. Sait Molla'nın, derneğin açık girişimlerinde bulunduğu gibi ondan daha çok gizli işlerinde de rol oynadığı *(ileride)* görülecektir. Bu dernek için söylediklerim, sırası geldikçe yapacağım açıklamalar ve gerektiğinde göstereceğim belgelerle daha iyi anlaşılacaktır.

Amerikan Güdümünü İsteyenler

İstanbul'da kadın erkek bir takım ileri gelen kişiler de, gerçek kurtuluşu Amerika'nın Güdümünü *(Amerikan mandasını)* istemek ve sağlamakta görüyorlardı. Bu görüşte olanlar, düşüncelerini kanıtlamak için çok çaba harcadılar.

Ordumuzun Durumu

Genel durumu saptamak için ordu birliklerinin nerelerde ve ne durumda olduklarını açıklamak isterim. Anadolu'da, başlıca iki ordu müfettişliği kurulmuştu. Ateşkes anlaşması yapılır yapılmaz birliklerin savaşçı erleri terhis edilmiş, silâh ve cephanesi elinden alınmış; bu birlikler, savaş gücünden yoksun kadrolar durumuna getirilmişti.

Merkezi Konya'da bulunan İkinci Ordu Müfettişliği'ne bağlı birliklerin durumu şöyleydi:

Bir tümeni Konya'da ve bir tümeni Afyonkarahisar'da bulunan 12. Kolordu, karargâhıyla Konya'da bulunuyordu. İzmir'de düşman eline düşen 17. Kolordu'nun, Denizli'de bulunan 57. Tümeni de bu kolorduya bağlanmıştı.

Bir tümeni Ankara'da ve bir tümeni Niğde'de bulunan 20. Kolordu, karargâhıyla Ankara'da idi.

İzmit'te bulunan 1.Tümen, İstanbul'daki 25. Kolordu'-ya bağlanmıştı. İstanbul'da 10. Kafkas Tümeni vardı.

Balıkesir ve Bursa yöresinde bulunan 61. ve 56. Tümenler, karargâhı Bandırma'da bulunan İstanbul'a bağlı 14. Kolordu'yu meydana getiriyorlardı.

Üçüncü Ordu Müfettişi olarak, karargâhımla Samsun'a çıkmış bulunuyordum. Buyruğum altında iki kolordu bulunacaktı. Biri, merkezi Sivas'ta bulunan 3. Kolordu, komutanı Albay Refet Bey, öbürü ise, merkezi Erzurum'da bulunan 15. Kolordu idi. Komutanı Kâzım Karabekir Paşa idi.

Tümenlerinden birinin merkezi Erzurum'da, Komutanı Rüştü Bey; ötekinin merkezi ise Trabzon'da idi. Komutanı, Yarbay Halit Bey'di.

Diyarbakır yöresinde bulunan iki tümenli 13. Kolordu bağımsızdı, İstanbul'a bağlıydı. Bir tümeni Siirt'te, öbür tümeni de Mardin'de idi.

Müfettişlik Görevimin Geniş Yetkileri

Benim yetkim, bu iki kolorduyu doğrudan doğruya buyruğum ve komutam altında bulundurmaktan daha genişti. Müfettişlik bölgeme yakın birliklere de bildirim yapabilecektim. Bu arada bölgemde bulunan ve bölgeme yakın olan valiliklere de bildirimde bulunabilecektim.

Bu yetkiye göre Ankara'da bulunana 20. Kolordu ve bunun bağlı olduğu müfettişlik ile ve Diyarbakır'daki kolordu ile ve hemen bütün Anadolu'da sivil örgütlerin başında bulunan yöneticilerle yazışabilecek ve ilişkiler kurabilecektim.

Bu geniş yetkiyi, beni İstanbul'dan sürmek ve uzaklaştırmak amacıyla Anadolu'ya gönderenlerin bana nasıl verdiklerine şaşabilirsiniz. Hemen söylemeliyim ki, bana bu yetkiyi onlar bilerek ve anlayarak vermediler. Her ne olursa olsun benim İstanbul'dan uzaklaşmamı isteyenlerin buldukları gerekçe, *"Samsun ve yöresindeki güvensiz-*

liği yerinde görüp önlemek için Samsun'a değin gitmek" Ben, bu işin başarılmasının, makam ve yetki verilmesine bağlı olduğunu ileri sürdüm. Bunda hiçbir sakınca görmediler. O günlerde Genelkurmay'da bulunan ve benim amacımı bir dereceye kadar sezinleyen kişilerle görüştüm. Müfettişlik görevini buldular ve yetkiliyle ilgili yönergeyi (talimatı) de ben kendim yazdırdım. Dahası, Harbiye Nazırı (Milli Savunma Bakanı) olan Şakir Paşa bu yönergeyi okuduktan sonra imzalamaktan çekinmiş, anlaşılır anlaşılmaz bir biçimde mührünü basmıştır.

Genel Durumun Değerlendirilmesi

Bu açıklamadan sonra genel durumu, daha dar bir çerçeve içine alarak, çabucak bir gözden geçirelim:

Düşman devletler Osmanlı Devleti'ne ve ülkesine maddi ve manevi bakımdan saldırmışlar; yok etmeye ve paylaşmaya karar vermişler. Padişah ve Halife olan kişi, hayat ve rahatını kurtarabilecek çareden başka bir şey düşünmüyor. Hükümeti de aynı durumda. Farkında olmadığı halde başsız kalmış olan ulus, karanlık ve belirsizlik içinde, olup bitecekleri bekliyor. Felâketin korkunçluğunu ve ağırlığını anlamaya başlayanlar, bulundukları çevreye ve sezebildikleri etkilere göre kurtuluş çaresi saydıkları yollara başvuruyorlar. Ordu, adı var kendi yok bir durumda. Komutanlar ve subaylar, Genel Savaşın bunca sıkıntı ve güçlükleriyle yorgun, yurdun parçalanmakta olduğunu görmekle yürekleri kan ağlıyor; gözleri önünde derinleşen karanlık felâket uçurumunun kıyısında kafaları çıkar yol, kurtuluş yolu aramakta...

Burada pek önemli olan bir noktayı da belirtmeli ve açıklamalıyım: Ulus ve ordu, Padişah ve Halifenin hainliğinden haberli olmadığı gibi, o makama ve o makamda bulunana karşı yüzyılların kökleştirdiği din ve gelenek bağlarıyla bağlı ve uysal. Ulus ve ordu, kurtuluş yolu düşünülürken bu atadan gelen alışkanlık dolayısıyla kendinden önce yüce halifeliğin ve padişahlığın kurtuluşunu ve dokunulmazlığını düşünüyor. Halifesiz ve padişahsız kurtuluşun anlamını kavrama yeteneğinden yoksun. Bu inançla bağdaşmaz oy ve düşüncelerini açığa vuracakların vay haline! Hemen dinsiz, vatansız, hain, istenmez olur.

Bir başka önemli noktayı da söylemek gerekir. Kurtuluş yolu ararken, İngiltere, Fransa, İtalya gibi büyük devletleri gücendirmemek, temel ilke gibi görülmekteydi. Bu devletlerden yalnız biriyle bile yalnız başa çıkılamayacağı kuruntusu, hemen bütün kafalarda yer etmişti. Osmanlı Devleti'nin yanında, koskoca Almanya, Avusturya-Macaristan varken hepsini birden yenen, yerlere seren İtilâf kuvvetleri karşısında, yeniden onlarla düşmanlığa varabilecek durumlara girmekten daha büyük mantıksızlık ve akılsızlık olamazdı.

Bu anlayışta olan yalnız halk değildi; özellikle, seçkin denilen insanlar bile öyle düşünüyordu.

Öyleyse, kurtuluş yolu ararken iki şey söz konusu olmayacaktı; ilkin İtilâf devletlerine karşı düşmanlık durumuna girilmeyecekti, sonra da Padişah ve Halifeye canla başla ve sadık kalmak temel koşul olacaktı.

Düşünülen Kurtuluş Yolları

Bu durum ve koşullar karşısında üç türlü karar ortaya atılmıştı:

Birincisi, İngiltere'nin koruyuculuğunu istemek.

İkincisi, Amerika'nın güdümünü istemek.

Bu iki türlü karara varmış olanlar Osmanlı Devleti'nin bir bütün olarak kalmasını düşünenlerdir. Osmanlı ülkesinin çeşitli devletler arasında paylaşılmasından ise, bu ülkeyi bütün olarak bir devletin koruyuculuğu altında bulundurmayı yeğleyenlerdi.

Üçüncü karar, **Bölgesel kurtuluş yollarına yönelikti.**

Örneğin: Bazı bölgeler, kendilerinin Osmanlı Devleti'nden koparılacağı görüşüne karşı ondan ayrılmak yollarına başvuruyor; bazı bölgeler de Osmanlı Devleti'nin ortadan kaldırılacağına, Osmanlı ülkelerinin paylaşılacağına oldubitti gözüyle bakarak kendi başlarını kurtarmaya çalışıyorlar.

Güdüm - Manda: Birinci Dünya Savaşı sonrasında ortaya çıkmış bir yönetim biçimidir. Özgür olmayan bir ülkenin kendi kendini yönetecek düzeye gelinceye kadar, gelişmiş bir ülkenin yönetimi altında bulunmasıdır.

Benim Kararım

Baylar, ben bu kararların hiçbirini yerinde bulmadım. Çünkü bu kararların dayandığı bütün kanıtlar ve mantıklar çürüktü. Gerçekte içinde bulunduğumuz o günlerde Osmanlı Devleti'nin temelleri çökmüş, ömrü tükenmişti. Osmanlı ülkeleri bütün bütüne parçalanmıştı. Ortada bir avuç Türk'ün barındığı bir **Ata yurdu** kalmıştı. Onu da paylaşmaya uğraşıyorlardı. Osmanlı Devleti padişah, halife hükümet bunların hepsi anlamını yitirmiş birtakım sözlerdi.

Neyin ve kimin dokunulmazlığı için kimden ve ne gibi yardım istemek düşünülüyordu?

Öyleyse sağlam ve gerçek karar ne olabilirdi?

Baylar, *bu durum karşısında bir tek karar vardı. O da ulus egemenliğine dayanan, tam bağımsız yeni bir Türk devleti kurmaktı.*

İşte, daha İstanbul'dan çıkmadan önce düşündüğümüz ve Samsun'da Anadolu topraklarına ayak basar basmaz uygulamaya başladığımız karar, bu karar olmuştur.

Ya Bağımsızlık ya Ölüm!

Bu kararın dayandığı en sağlam düşünüş ve mantık şu idi:

Temel ilke, Türk ulusunun onurlu ve şerefli bir ulus olarak yaşamasıdır. Bu, ancak tam bağımsız olmakla sağlanabilir. Ne denli zengin ve gönençli olursa olsun, bağımsızlıktan yoksun bir ulus, uygar insanlık karşısında uşak durumunda kalmaktan öteye gidemez.

Yabancı bir devletin koruyuculuğunu ve kollayıcılığını istemek insanlık niteliklerinden yoksunluğu, güçsüzlüğü ve beceriksizliği açığa vurmaktan başka bir şey değildir. Gerçekten bu aşağılık duruma düşmemiş olanların, isteyerek bağlarına yabancı bir efendi getirmeleri hiç düşünülemez.

Oysa, Türkün onuru, kendine güveni ve yetenekleri çok yüksek ve büyüktür. Böyle bir ulus, tutsak yaşamaktansa yok olsun daha iyidir.

Öyleyse, ya bağımsızlık, ya ölüm!

İşte gerçek kurtuluşu isteyenlerin parolası bu olacaktır.

Bir an için, bu kararın uygulanmasında başarısızlığa uğranılacağını düşünelim. Ne olacaktı? Tutsaklık.

Peki efendim, öteki kararlara uymakla da sonuç bu olmayacak mıydı?

Şu ayrımla ki bağımsızlığı için ölümü göze alan ulus, insanlık onur ve şerefinin gereği olan her özveriye başvurduğunu düşünerek avunur ve kuşkusuz tutsaklık zincirini kendi eliyle boynuna geçiren uyuşuk, onursuz bir ulusla karşılaştırılınca, dost ve düşman gözündeki yeri çok başka olur.

Sonra, Osmanlı soyunu ve saltanatını sürdürmeye çalışmak, elbette Türk ulusuna karşı en büyük kötülüğü istemekti. Çünkü ulus, her türlü özveriye başvurarak bağımsızlığını sağlasa da, padişahlık sürüp giderse, bu bağımsızlığa güvenle bakılamazdı. Artık yurtla, ulusla hiçbir vicdan ve düşünce bağı kalmamış bir sürü delinin, devlet ve ulus bağımsızlığının ve onurunun koruyucusu durumunda bulundurulması nasıl uygun görülebilirdi?

Halifeliğin durumuna gelince, bilim ve tekniğin ışığa boğduğu gerçek uygarlık dünyasında gülünç sayılmaktan başka bir durumu kalmış mıydı?

Görülüyor ki verdiğimiz kararın uygulanmasını sağlamak için ulusun daha alışmadığı sorunlara el atmak gerekiyordu.

Osmanlı Padişahına ve Müslümanların halifesine başkaldırarak bütün ulusu ve orduyu ayaklandırmak gerekiyordu.

Uygulamayı Evrelere Ayırarak Amaca Varmak

Türk ata yurduna ve Türk'ün bağımsızlığına saldıranlar kimler olursa olsun, onlara bütün ulusça silâhlı olarak karşı çıkmak ve onlarla savaşmak gerekiyordu. Bu önemli kararın bütün gereklerini ve zorluklarını ilk gününde açıklamak ve söylemek, elbette yerinde olamazdı. *Uygulamayı bir takım evrelere ayırmak ve olaylardan yararlanarak, ulusun duygu ve düşüncelerini hazırlamak ve adım adım ilerleyerek amaca ulaşmaya çalışmak gerekiyordu.* Nitekim öyle olmuştur. Ancak dokuz yılda yaptıklarımız bir mantık dizisiyle düşünülürse, ilk günden bugüne dek izlediğimiz genel gidişin, *ilk kararın çizdiği çizgiden ve yöneldiği amaçtan hiç ayrılmamış olduğu kendiliğinden anlaşılır.*

Burada, zihinlerde yer tutabilecek bazı duraksama düğümlerinin çözülmesini kolaylaştırmak için bir gerçeği hep birlikte gözden geçirmeliyiz.

Beliren ulusal savaşın tek amacı, yurdu dış saldırıdan kurtarmak olduğu halde bu savaşın, başarıya ulaştıkça, ulusal iradeye dayanan yönetimin bütün ilkelerini ve şekillerini evre evre bugünkü döneme değin gerçekleştirmesi olağan ve kaçınılmaz bir tarih akışı idi. Bu kaçınılmaz tarih akışını, gelenekten gelen alışkanlığı ile, hemen sezinleyen hükümdar soyu, ilk andan başlayarak ulusal savaşın amansız bir düşmanı oldu. Bu kaçınılmaz tarih akışını ilk anda ben de gördüm ve sezinledim. Ama, baştan sona bütün evreleri kapsayan sezgilerimizi ilk anda bütünüyle açığa vurmadık ve söylemedik. İlerde olabilecekler üzerine çok konuşmak, giriştiğimiz gerçek ve maddesel savaşa boş kuruntular niteliği verebilirdi; dış tehlikenin yakın etkileri karşısında üzüntü duyanlar arasında ise, geleneklerine, düşünme yeteneklerine, ruhsal durumlarına uymayan olası değişikliklerden ürkeceklerin ilk anda direnmelerine yol açabilirdi. Başarı için pratik ve güvenilir yol, her evreyi zamanı geldikçe uygulamaktı. Ulusun gelişmesi ve yükselmesi için esenlik yolu bu idi. Ben de böyle yaptım. Ancak bu pratik ve güvenilir başarı yolu, yakın çalışma arkadaşım olarak tanınmış kişilerden kimileriyle aramızda, zaman zaman görüşlerde, davranışlarda, yapılan işlerde beliren temelli ve ikinci derecede anlaşmazlıkların, kırgınlıkların da nedeni ve açıklaması olmuştur. Ulusal savaşa birlikte başlayan yolculardan kimileri, ulusal yaşamın bugünkü cumhuriyete ve cumhuriyet yasalarına kadar uzayan gelişmelerinde, kendi düşünce ve psikolojilerinin kavrama sınırı bittikçe bana direnmeye ve karşı çıkmaya başlamışlardır. Bu noktaları, aydınlanmamız için, kamuoyunun aydınlanmasına yardımcı olmak için, sırası geldikçe birer, birer göstermeye çalışacağım.

Bu son sözlerimi özetlemek gerekirse, diyebilirim ki ben, ulusun vicdanında ve geleceğinde sezdiğim büyük gelişme yeteneğini bir **"Ulusal Sır"** gibi vicdanımda taşıyarak yavaş yavaş bütün toplumumuza uygulatmak zorundaydım.

Ordu ile Kurulacak İlişkiler

Şimdi Baylar, ilk iş olmak üzere bütün orduyla ilişki kurmak gerekliydi. Erzurum'da Onbeşinci Kolordu Komutanı'na 21 Mayıs 1919' da yazdığım bir şifreli telgrafta: "Genel durumumuzun almakta olduğu korkunç şekilden pek üzgün olduğumu; ulusa ve yurda olan borcumuzu birleşik çalışmayla, ödeyebileceğimizi düşünerek kabul ettiğimi; bir an önce Erzurum'a gitmek istediğimi" bildirdim.

Gerçekten, Samsun ve yöresinde Rum çetelerinin Müslüman halka saldırması öteden beri araçsız bırakılmış olan bu bölge yöneticilerinin yabancı devletlerin işe karışmaları yüzünden hiçbir önlem alınmaması, durumu güçleştirmişti.

Tanıdığımız ve kendisinden büyük çaba umduğumuz bir kişinin Samsun'a mutasarrıf olarak atanmasını sağlamaya girişmekle birlikte, Üçüncü Kolordu Komutanı'nı geçici olarak Canik Mutasarrıflığı'na atadım. Elden gelen bölgesel önlemlerin alınmasına ve özellikle halkın gerçek durum üzerinde aydınlatılmasına ve orada bulunan yabancı birlik ve subaylardan çekinmeye yer olmadığının anlatılmasına önem verildi ve hemen o bölgede ulusal örgütler kurmaya girişildi.

23 Mayıs 1919'da Ankara'da bulunan 20. Kolordu Komutanı'na, " Samsun'a geldiğimi ve kendisiyle daha sıkı ilişki kurmak istediğimi ve İzmir yöresinden daha kolaylıkla alabileceği bilgileri öğrenmek istediğimi" bildirdim. Bir iki güne değin Samsun'dan karargâhımla, bir süre için Havza'ya gideceğimi ve her halde Samsun'dan ayrılmadan önce beni aydınlatacak bilgileri beklediğimi" yazdım.

Trakya'da bulunan kuvvet ve komutan durumunu bilmiyordum. O bölge ile de ilişki kurmak gerekti. Bu düşünceyle, İstanbul'da Genelkurmay Başkanı Cevat Paşa'dan 16 Haziran 1919'da özel şifre ile (Cevat Paşa ile, İstanbul'dan ayrıldığım gün gizli bir şifre kararlaştırmıştık)

Edirne'de Kolordu komutanının kim olduğunu ve Cafer Tayyar Bey'in nerede bulunduğunu sordum. Cevat Paşa 17 Haziranda yanıt verdi. "Cafer Tayyar Bey'in Birinci Kolordu Komutanı olarak Edirne'de bulunduğunu" öğrendim.

Amasya'dan 18 Haziran 1919 günü Edirne'de Birinci Kolordu Komutanı Cafer Tayyar Bey'e şifre ile verdiğim yönergede başlıca şunları bildirdim:

"Ulusal bağımsızlığımızı boğan ve yurdun bölünmesi tehlikesini hazırlayan İtilâf Devletleri'nin yaptıklarını ve İstanbul Hükümeti'nin tutsak ve güçsüz durumunu biliyorsunuz.

Ulusun kaderini böyle bir hükümetin eline bırakmak, çöküşe boyun eğmektir. Trakya ve Anadolu'daki ulusal örgütleri birleştirecek ve ulusun sesini dünyaya duyuracak bir yer olan Sivas'ta bir kurul toplanmasına karar verilmiştir.

Ben İstanbul'da iken Trakya Cemiyeti üyelerinden kimileriyle görüşmüştüm. Şimdi zamanı geldi. Gerekenlerle gizlice görüşerek hemen örgütler kurunuz ve benim yanıma da delege olarak değerli bir iki kişi gönderiniz. Onlar gelinceye değin Edirne ili halkının savunucusu olmak üzere beni vekil ettiklerini belirten, imzalı bir belgeyi kendi imzanızla ve şifre ile bildiriniz. "

Bağımsızlığa ulaşıncaya değin, bütün ulusla birlikte, özveriyle çalışacağıma kutsal inançlarım adına ant içtim. Artık benim için Anadolu'dan ayrılmak söz konusu olamaz."

Trakya'nın direnme gücünü artırmak amacıyla bu yönergeye şu bilgileri de ekledim: "Anadolu halkı baştan aşağı bölünmez bir bütün haline getirildi. Kararlar, ayrılıksız bütün komutanlar ve arkadaşlarımızla birlikte alınıyor. Vali ve mutasarrıfların hemen hepsi bizden yanadır. Anadolu'daki ulusal örgütler ilçe ve bucaklara dek genişledi. İngiliz koruyuculuğu altında bir bağımsız Kürdistan kurulması ile ilgili propaganda ve bu amacı güdenler saf dışı edildi. Kürtler, Türklerle birleşti."

Mutasarrıf: Osmanlı İmparatorluğunda ülke, vilayet, sancak, kaza, nahiye olarak yönetim ünitelerine ayrılmıştı. Vilayet'in başında vali, sancakın başında mutasarrıf, kazanın başında kaymakam, nahiyenin başında da nahiye müdürü bulunuyordu. Mutasarrıflık sonradan kaldırıldı.

Ulusal Örgütlerin Kurulması

Bir hafta kadar Samsun'da ve 25 Mayıs'tan 12 Haziran'a dek Havza'da kaldıktan sonra Amasya'ya gittim. Bu süre içinde bütün yurtta ulusal örgütler kurulması gerektiğini bir genelge ile bütün komutanlara ve sivil örgütlerin baş yöneticilerine bildirdim.

Dikkate değer ki İzmir'i ve Manisa'yı ve Aydın'ı düşmanın ele geçirdiğinden ve yapılan her türlü saldırı ve zulümden ve ulusal varlığa vurulan bu korkunç darbeden açıkça hiçbir üzüntü duyulmuyordu. Ulusun bu haksız darbe karşısında sessiz ve durgun kalması elbette ulusun iyiliğine yorumlanamazdı. Bundan dolayı, ulusu uyarıp harekete geçirmek gerekli idi. Bu amaçla 28 Mayıs 1919 günü, valilere ve bağımsız mutasarrıflıklara, Erzurum'da Onbeşinci Kolordu, Ankara'da Yirminci Kolordu ve Diyarbakır'da Onüçüncü Kolordu Komutanlıklarına, Konya'da Ordu Müfettişliğine genelge ile şu yolda bildirimde bulundum:

İzmir'e ve daha sonra ne yazık ki Manisa'ya ve Aydın'a düşmanın girişi, gelecek tehlikeyi daha açık olarak sezdirmiştir. Ülke bütünlüğümüzün korunması için, ulusal tepkilerin daha canlı olarak gösterilmesi ve sürdürülmesi gerekir. Ulusal yaşayışı ve bağımsızlığı bozan düşmanın yurda giriş ve yurt parçalarını koparıp alması gibi olaylar, bütün ulusa kan ağlatmaktadır. Üzüntüler önlenemiyor. Katlanılamayacak ve dayanılamayacak bu olayların hemen önlenmesi bütün uygar uluslarla büyük devletlerin adaletinden ve etkisinden sabırsızlıkla beklendiği yolunda, önümüzdeki hafta içinde ve çeşitli illere göre, pazartesi başlayıp çarşamba gününe dek gerekli işlemlerin arkası alınarak, yapılacak büyük ve coşkun toplantılarla ulusal gösterilerde bulunulması ve bunun köylere varıncaya dek bütün çevrede yapılması ve bütün büyük devletlerin temsilcileriyle Bâbıâlî'ye etkili telgraflar çekilmesi ve yabancıların bulunduğu yerlerde bunlara da etki yapmakla birlikte, ulusal gösterilerde düzenin son derece korunması ve Hıristiyan halka karşı bir saldırıya ve düşmanlık gösterisine, kırıcılığa benzer davranışlarda bulunulmaması çok gereklidir. Bu konularda duyarlı ve etkili olduğunuzdan sizinle bu işin iyi yönetileceğine ve başarılacağına tam güvenim vardır. Sonucun bildirilmesini rica ederim.

Ulusal Gösteriler Başlıyor

Verdiğim yönerge üzerine ülkenin her yerinde gösteriler yapılmaya başlandı. Yalnız sayılı yerlerde, bazı kuruntular yüzünden, duraksamalar olduğu anlaşıldı. Örneğin: Onbeşinci Kolordu Komutanı'nın Trabzon'dan gönderdiği 9 Haziran 1919 tarihli kapalı telden: "Gösteri toplantısı sırasında Rumların uygunsuz davranışlarda bulunabilecekleri ve hiç yoktan kötü bir olay çıkabileceği düşünülerek, gösteri toplantısına karar verilmiş iken bu kararın uygulanmadığı, gösteriyi düzenleyen kurulun toplantısında "İstrati ve Polidis'in de *(iki Rumun)* bulunduğu" anlaşılıyordu.

Trabzon Karadeniz kıyısında önemli bir merkez olduğundan, orada ulusal girişimler ve çalışmalarda kararsızca davranış ve Yunanlılara karşı yapılacak ulusal gösterilerle ilgili görüşmelerde İstrati ve Polidis *(iki Yunanlı)* efendileri bulundurmak gibi, *(ulusal)* girişimin ciddi olmadığını gösterecek gevşeklikler, elbette İstanbul ve düşmanlar için pek değerli belirtiler sayılırdı.

Verdiğim yönergedeki görüşü kötüye kullanacak kadar ustalık gösterenler de oldu. Örneğin: Sinop'a yeni atanan bir mutasarrıf, orada yapılan gösterileri kendisi yönetiyor ve gösteri kararlarını kendisi yazıp halka imza ettirdiğini söylüyor ve bize de bir örneğini gönderiyor. Bu adamın zavallı halka gürültü patırtı arasında imza ettirdiği uzun yazılar içinde şu satırlar gizleniyordu:

"Türkler ilerleyip gelişemediyse ve Avrupa'nın uygarlık ilkelerini kabul edip sindiremediyse bu, şimdiye değin iyi bir yönetime kavuşamadığından ileri gelmiştir. Türk ulusu, ancak kendi padişahının buyruğu ve egemenliği altında olmak koşuluyla Avrupa'nın gözetim ve denetiminde kurulacak bir yönetim örgütü ile yaşayabilir."

Baylar, Sinop halkı adına İtilâf Devletleri temsilcilerine verilen 3 Haziran 1919 günlü bu andırının altındaki imzalara göz gezdirirken müftü vekili efendinin imzasının yanında gördüğüm imza, bilginize sunduğu satırları yazan ve yazdıran ruhu bulup çıkarmama yaradı. O imza, **Hürriyet ve İtilâf Fırkası** ikinci başkanı olan kişinin imzasıydı.

İstanbul'a Geri Çağrılışım

Bu tarihten beş gün sonra, yani 8 Haziran 1919'da Harbiye Nazırı'nın beni İstanbul'a çağırdığını ve gizli olarak sormam üzerine kimlerin isteğiyle ve niçin çağrıldığımı, devlet büyüklerinden bir kişinin bildirdiğini daha önce yaptığım bir açıklama sırasında söylemiştim. O devlet büyüğü, Genelkurmay Başkanlığı görevinde bulunan Cevat Paşa idi. Bunun üzerine, İstanbul ile yapılmış yazışmaların bir bölümü herkesçe öğrenilmiştir. Bu yazışmalar, Erzurum'da görevimden çekildiğim güne değin değişik Harbiye nazırlarıyla ve doğrudan doğruya saray ile süregelmiştir.

Anadolu'ya geleli bir ay olmuştu. Bu süre içinde bütün orduların birlikleriyle ilişki ve bağlantı sağlanmış ve ulus elden geldiğince aydınlatılarak uyarılmış, ulusal örgütleşme düşüncesi yayılmaya başlamıştı. Durumu artık bir komutan kimliği ile yürütüp yönetmeye olanak kalmamıştı. Yapılan çağrıya uymamak ve gitmemekle birlikte, ulusal örgütleri ve eylemi yönetmeyi sürdürdüğüme göre, başkaldırır duruma girdiğim kuşku götürmezdi. Bundan başka ve özellikle uygulamaya karar verdiğim ve yürütümlerin köklü ve sert olacağını tasarlamak güç değildi. Bundan dolayı girişim ve yürütümlerin bir an önce kişisel olmak niteliğinden çıkarılması ve bütün ulusun birlik ve dayanışmasını sağlayacak ve temsil edecek bir kurul adına yapılması çok gerekli idi.

Sivas'ta Genel Bir Ulusal Kongre Toplanması

Bu nedenle 18 Haziran 1919 günü Trakya'ya verdiğim yönergede işaret ettiğim bir noktanın uygulanması zamanı gelmiş bulunuyordu. Hatırınızdadır ki o nokta, Anadolu ve Rumeli ulusal örgütlerini birleştirerek bunları bir merkezden yönetmek ve adlarına iş görmek üzere Sivas'ta genel bir ulusal kurultay toplamaktı. Bu amaçla emir subayım Cevat Abbas Bey'e 21 Haziran 1919 gecesi Amasya'da söyleyip yazdırdığım genelgenin başlıca noktaları şunlardı:

Amasya Bildirgesi

1- Yurdun bütünlüğü, ulusun bağımsızlığı tehlikededir.

2- İstanbul'daki hükümet üzerine aldığı sorumluluğun gereklerini yerine getirememektedir. Bu durum ulusumuzu yok olmuş gibi göstermektedir.

3- Ulusun bağımsızlığını yine ulusun kesin kararı ve direnişi kurtaracaktır.

4- Ulusun durumunu ve davranışını göz önünde tutmak ve haklarını dile getirip bütün dünyaya duyurmak için her türlü etkiden ve denetimden kurtulmuş ulusal bir kurulun varlığı çok gereklidir.

5- Anadolu'nun her yönden en güvenli yeri olan Sivas'ta bir kongrenin tez elden toplanması kararlaştırılmıştır.

6- Bunun için bütün illerin her sancağından, halkın gü-

venini kazanmış üç delegenin olabildiğince çabuk yetişmek üzerehemen yola çıkarılması gerekmektedir.

7- Her olasılığa karşı, bu iş ulusal bir sır gibi tutulmalı ve delegeler gereken yerlere kimliklerini gizleyerek gelmelidirler.

8- Doğu illeri adına 10 Temmuz'da Erzurum'da bir kurultay toplanacaktır. O güne değin öteki il delegeleri de Sivas'a ulaşabilirse Erzurum kongresinin üyeleri de Sivas'ta yapılacak genel toplantıya katılmak üzere yola çıkarlar.

Görüyorsunuz ki bu yazdıklarım aslında çoktan vermiş ve dört gün önce Trakya'ya bildirmiş olduğum bir kararın Anadolu'ya da genelge ile bildirilmesinden başka bir şey değildir. Bu kararın 21 Haziran 1919 gecesi, karanlık bir odada alınmış korkunç ve gizemli yeni bir karar olmadığı kolaylıkla anlaşılır sanırım.

Adını Saklayan Bir Tanık Amasya'ya Geliyor

Daha Havza'da bulunduğum sırada, Ankara'da bulunan Yirminci Kolordu Komutanı Ali Fuat Paşa'dan bir şifre aldım. Bu şifre: *"Tanıdığınız bir kişi kimi arkadaşlarla İstanbul'dan buraya gelmiştir. Ne yapmalarını buyuruyordunuz?"* anlamında idi. Sanki bir bilmeceyi andıran bu tel, beni pek çok ilgilendirdi ve şaşırttı. Söz konusu kişiyi tanıyorum. Benden ne yapacağını soruyor. Ankara'da arkadaşım olan güvenilir bir komutanın yanında. Tel de şifredir. Öyleyse neden adını şifreyle bile yazdırmaktan çekiniyor? Epeyce düşündüm. Anlar gibi oldum. Kestirilebilir ki bilmece çözmekle uğraşacak zamanım yoktu. Ama Fuat Paşa'yı yakından görmek; bölgeleri, çevreleri, düşünceleri üzerinde görüşmek bence çok istenilir bir şeydi. Bu bilmeceli telin uyandırdığı düşünceyle kendisine şu ricada bulundum:

"Ankara'dan ayrıldığınızı belli etmeyecek biçimde ge-

reken düzenlemeleri yaptıktan sonra ad ve kılık değiştirerek birkaç gün için ivedilikle yanıma geliniz. İstanbul'dan gelen arkadaşları da birlikte getiriniz."

Gerçekten Fuat Paşa dediğim gibi Havza'ya doğru yola çıkar. Ama birtakım zorlayıcı nedenlerden dolayı, hemen Havza'dan ayrılıp Amasya'ya gitmem gerekmişti. Fuat Paşa, Havza yolunda durumu anlar ve Amasya'ya yönelir. İşte böylece ayın 22'sinde Amasya'da yanımda bulunuyor. Adı şifrede bildirilmeyen kişi de Rauf Bey idi.

İstanbul'dan ayrılmak üzere, (*Beş hafta önce*) evimden çıkıp otomobile bineceğim sırada Rauf Bey yanıma gelmişti. Bineceğim vapurun izleneceğini ve İstanbul'da iken tutuklamadıklarına göre, belki de Karadeniz'de batırılacağımı güvenilir kişilerden işitmiş, onu bildirdi. Ben İstanbul'da kalıp tutuklanmaktansa batıp boğulmayı yeğledim ve yola çıktım. Kendisine de önünde sonunda İstanbul'dan çıkmak zorunda kalırsa benim yanıma gelmesini söyledim.

Rauf Bey gerçekten İstanbul'dan çıkmak gereğini duymuş ve çıkmış; ama benim yanıma gelmedi. Arkadaşı olan 56. Tümen Komutanı Albay Bekir Sami Bey'le buluşmak istemiş ve İzmir savaş boyuna daha yakın bir yerde daha etkili ve daha yararlı olacağını sanarak Bandırma-Akhisar yoluyla Manisa bölgesine gitmiş. Gittiği yerde halkın işgücünü yitik, (*manevi*) durumunu bozuk bulmuş. Hemen adını değiştirerek oradan Ödemiş, Nazilli, Afyonkarahisar üzerinden Aziziye-Sivrihisar yoluyla ve araba ile de Ankara'ya Fuat Paşa'nın yanına gelmiş ve bana başvurmuş. Pek güzel ama adını saklayarak beni üzmenin anlamı var mıydı?

Rauf ve Refet Beylerin Kararsızlığı

Rauf Bey konuk olduğundan bu müsveddeye imza koymak kendinde bir ilgi ve yetki görmediğini, incelikle söyledi. Bunun bir tarihsel anı değerinde olduğunu ileri sürerek imza etmesini söyledim. Bunun üzerine imza etti. Refet Bey imzadan çekindi ve böyle bir kongre toplamaktaki amaç ve yararı anlayamadığını söyledi.

İstanbul'dan beri yanımda getirdiğim bu arkadaşın –tuttuğumuz yola göre- anlaşılması pek kolay olan bir konuda açığa vurduğu düşünüş ve duruş biçimi bana çok acı geldi. Fuat Paşa'yı çağırttım. Paşa düşüncemi anlayınca hemen imza etti. Fuat Paşa'ya Refet Bey'in çekinmesinin nedenini anlayamadığımı söyledim. Fuat Paşa Refet Bey'i biraz sıkı sorgulayınca, Refet Bey müsveddeyi eline alarak kendine özgü bir işaret koydu. Öyle bir işaret ki bunu bu müsveddede bulmak biraz zordur. Buyurun merak eden inceleyebilir.

Baylar, gereksiz gibi görülebilen bu açıklama, sonraki yıllar ve olaylarla ilgili birtakım karanlık noktaları aydınlatmaya yarar düşüncesiyle yapılmıştır.

Kongreye çağrı genelgesi, sivil ve askeri makamlara şifreli olarak gönderildi. Bundan başka, İstanbul'da bulunan kimi kişilere ayrıca bir genelge niteliğinde mektup yazdım. Kendilerine mektup yazdığım kişiler şunlardı: Abdurrahman Şeref Bey, Reşit Akif Paşa, Ahmet İzzet Paşa, Seyit Bey, Halide Edip Hanım, Kara Vasıf Bey, Ferit Bey, (Nafıa Nazırı-Bayındırlık Bakanı) Sulh ve Selâmet Fırkası (Barış ve Esenlik Partisi) Başkanı Ferit Paşa, (Sonradan Harbiye Nazırı oldu) Cami Bey, Ahmet Rıza Bey.

Bu mektupta söylediğim noktaları özet olarak söyleyeceğim:

1) Yalnız mitingler ve gösteriler, büyük amaçları gerçekleştiremez. 2) Bunlar, ulusun bağrından doğan ortak güce dayanırsa etkili olur. 3) Artık İstanbul Anadolu'ya egemen değil, bağlı olmak zorundadır. 4) Size düşen özveri pek büyüktür.

Ali Kemal Bey'in Genelgesi

25 Haziran'a değin Amasya'da kaldım. Hatırlardadır ki, o günlerde Dahiliye Nazırlığı görevinde bulunan Ali Kemal Bey, benim görevimden çıkarıldığım ve artık benimle hiçbir resmi işlem yapılmaması ve hiçbir isteğimin yerine getirilmemesi konusunda şifre ile bir genelge yayınlamıştı.

23 Haziran 1919 tarih ve 84 sayılı olan bu şifre içeriği, ilginç bir anlayışı gösterir belge olduğu için, olduğu gibi bilginize sunuyorum:

"Mustafa Kemal Paşa büyük bir asker olmakla birlikte, bugünün siyasasını o ölçüde bilmediği için, olağanüstü yurtseverlik ve çaba gösterdiği halde, yeni görevinde hiç başarılı olamadı. İngiliz olağanüstü temsilcisinin isteği ve üstelemesi üzerine görevinden alındı ve alındıktan sonra yaptıkları ve yazdıkları ile de bu kusurlarını daha çok açığa vurdu. Redd-i İlhak Dernekleri gibi, Balıkesir ve Aydın dolaylarında Müslüman halkı haksız yere kırdırmaktan ve böyle bir durumdan yararlanarak halkı haraca kesmekten başka bir iş görmeyen; buyruk dinlemez, saygısız ve yasa dışı kurullar içinde öteden beri çektiği tellerle de siyastteki yanılgılarını yönetimde de artırdı. Adı geçenin İstanbul'a getirilmesi, Harbiye Nazırlığını ilgilendiren bir görevdir."

Bu şifre ve genelgeden ancak Sivas'a vardığım 27 Haziran 1919 günü haberim oldu. Ali Kemal Bey 23 Haziran günü bu genelgesiyle düşmanlara ve Padişaha karşı önemli bir görev yaptıktan sonra, 26 Haziran 1919 günü hükümetten çekilmiştir. Ali Kemal Bey'in Sadrazama verdiği yazısından başka, saraya gidip padişaha kendi eliyle verdiği çekilme yazısı örnekleri ve sözlü olarak bildirdikleri ve Padişahın ona verdiği yanıt hakkında çok sonra bilgi edindim.

Ali Kemal Bey, çekilme yazılarında, özellikle Padişaha sunduğunda:

"Osmanlı ülkelerinin çeşitli yerlerinde birden baş gösteren ayaklanma ve kargaşalık belirtileri üzerine, ayaklanma ateşinin hemen ve yayılmadan durdurulup söndürülmesi ve yok edilmesi için önlemler almak yalnız kendi makamını ilgilendirirken, padişahtan gördüğü yakın ilgiyi ve güveni ileri sürerek ayaklanmanın genişlemesine yol açmakta olduğundan" söz ettikten sonra "Resmi görevinden çekilmekle birlikte özel olarak hizmet edeceğini ve başlılıktan ayrılmayacağını" yazısına ekliyor ve sözlü olarak da: "Resmi görevden ayrılmamı fırsat sayan hasımlarımın saldırılarından kulunuzu koruyunuz." diye yalvarıyor.

Ali Galip Bey Sivas'ta

Ali Kemal Bey'in Amasya'da iken daha duymadığımı söylediği genelgesi, görevlilerin ve halkın kafasını gerçekten karıştırmış. Her yerde eksik olmayan yıkıcı ruhlu kimseler, hemen bana karşı propagandaya ve çalışmaya girişmişlerdir.

Bu yoldaki baltalayıcı gösterilerin ve işlerin en önemlisi Sivas'ta düzenlenmeye başlamış.

İzin verirseniz bunu kısaca anlatayım: Dahiliye Nazırı Ali Kemal Bey'in genelge ile verdiği buyruğun tarihi olan 23 Haziran günü, Sivas'ta Ali Galip Bey adında bir kişi, on kadar adamıyla hazır bulunuyormuş. Bu kişi İstanbul'dan Elazığ Valisi olarak gönderilmiş olan Kurmay Albay Ali Galip'tir. Sözde, ilin ikinci derecede görevlileri olmak üzere, birtakım adamları da İstanbul'dan seçmiş, yanında götürüyor.

Ali Galip yolu üzerinde olan Sivas'ta durmuş. Özel görevi bulunduğu belli olan Ali Galip, orada hemen kendinden yana etkin kişiler bulmuş. Görevini iyi uygulamak için düzen kurmaya, önlemler almaya bağlamış.

Dahiliye Nazırlığı'nın, beni kötüleyen buyruğu gelir gelmez, çalışma başlamış. Sivas sokaklarında benim "hain, başkaldırmış, zararlı bir adam" olduğum yolunda, duvarlara yaftalar yapıştırılmış.

Kendisi de bir gün, Sivas'ta vali bulunan rahmetli Reşit Paşa'nın yanına giderek, Dahiliye Nazırlığı'nın buyruğundan söz açtıktan sonra, Sivas'a gidersem bana karşı ne işlem yapacağını sormuş.

Reşit Paşa, ne yapabileceğinin açıklanmasını istemiş. Ali Galip: *"Ben senin yerinde olsam hemen kollarını bağlar, tutuklarım ve senin de böyle yapman gerekir."* demiş.

Bugün Haziranın 27. günüdür. Gözlerimizi yeniden bu noktaya dönmek üzere, bir an için bu levhadan ayıralım ve Amasya'ya çevirelim.

Amasya'dan Sivas'a Gidiş

Ayın 25. günü, Sivas'ta beni kötüleyici birtakım uygunsuz olaylar geçmeye bağladığını öğrendim. 25 Haziran gecesi yaverim Cevat Abbas Bey'i çağırdım ve "Yarın sabah karanlıkta Amasya'dan güneye gideceğiz." dedim. Bu gidişimizi gizli tutularak hazırlanması için emir verdim.

Bir yandan da Beşinci Tümen Komutanı ve kurmaylarımla, gizli olarak, şu önemi kararlaştırdık: Beşinci Tümen Komutanı tümeninden seçme subay ve erlerle olabildiğince güçlü bir atlı piyade birliğini hemen o geceden başlayarak çabucak kurulacaktı. Ben, 26 Haziran sabahı karanlıkta arkadaşlarımla birlikte otomobil ile Tokat'a gitmek üzere yola çıkacaktım. Birlik kurulur kurulmaz, Tokat üzerinden Sivas'a doğru gönderilecek ve benimle bağlantı arayacaktı. Gidişimiz, hiçbir yere telle bildirilmeyecek ve elden geldiğince Amasya'da da açığa vurulmayacaktı.

26 Haziran'da Amasya'dan yola çıktım. Tokat'a varır varmaz telgrafhaneyi gözaltına aldırarak benim varışımın Sivas'a ve hiçbir yere bildirilmemesini sağladım. 26 Kasım gecesini orada geçirdim. 27'sinde Sivas'a doğru yola çık-

tım. Otomobille Tokat'tan Sivas'a aşağı yukarı altı saattir.

Sivas valisine, Tokat'tan Sivas'a gelmek üzere yola çıktığımı bildiren açık bir tel yazdım. İmzada **"Ordu Müfettişi"** sanını kullanmıştım.

Telde, özel bir düşünce ile, yola çıkış saatimi bildirmiştim. Ama bu telin, ayrılışımdan altı saat sonra çekilmesini ve o zamana değin hiçbir yoldan Sivas'a bilgi verilmemesini sağlayacak önlemleri aldırdım.

Şimdi baylar, gözlerimizi yeniden Sivas'ta bıraktığımız levhaya çevirelim.

Ali Galip Bey'le Reşit Paşa arasında bana karşı ne gibi bir işlem yapılacağının tartışılması sahnesine... Tartışmanın kızıştığı bir sırada, Reşit Paşa'nın eline benim Tokat'tan çekilen telimi verirler. Reşit Paşa, hemen Ali Galip Bey'e uzatır: "İşte kendisi geliyor; buyurun, tutuklayın!" der. Reşit Paşa, telde yazılı olan yola çıkış saatini görünce hemen kendi saatini çıkarır, bakar; sonra da: "Efendim, geliyor değil, gelmiş olacaktır." diye ekler.

Bunun üzerine Ali Galip: "Ben tutuklarım dedimse, benim ilim içinde olursa tutuklarım, demek istedim." deyince toplantıda bulunanları bir heyecan kaplar. Hepsi birden: "Haydi öyle ise karşılamaya gidelim." diyerek toplantıya son verilir.

Ancak kentin ileri gelenleri ile halkla ve askerle parlak bir karşılama hazırlığı yapabilmek için biraz zaman kazanmak gerektiğini; oysa, hesapça benim, Sivas kenti kapılarına değin yaklaşmış olacağımı göz önünde bulundurarak beni, kentin yanında bulunan Ziraat Numune Çiftliği'nde biraz dinlendirmenin yolunu aramışlar. Vali Paşa, karargâhımın sağlık başkanı olup daha önce, gerekli örgütleri kurmak için Sivas'a göndermiş olduğum Talî Bey'i çağırtarak, bu görevin yapılmasını ondan rica etmiş ve karşılama hazırlıklarını bitirince hemen kendisinin de yanımıza geleceğini söylemiş.

Gerçekten, tam Numune Çiftliği yakınında, karşımıza çıkan bir otomobilin içinde Talî Bey göründü. Otomobilden indik, çiftliğin avlusunda oturduk. Talî Bey, anlattığım durumu ayrıntılarıyla açıkladıktan sonra, görevinin beni biraz oyalamak olduğunu söyleyince hemen ayağa kalktım: Çabuk otomobillere ve Sivas'a!" dedim.

Bunun nedenini anlatayım. O anda aklıma gelen şu idi: Karşılama töreni yapacağız diye Talî Bey'i aldatmış olabilirler ve gerçekte ters bir düzen yapmak için zaman kazanmak istiyor olabilirlerdi. Otomobillere binmek üzere iken Sivas yönünden başka bir otomobil yanımıza yaklaştı. İçinde Vali Paşa vardı.

Reşit Paşa, "Efendim, birkaç dakika daha dinlenmez misiniz?" diye söze başladı. "Yarım dakika bile dinlenmeye gereksinmiyorum. Hemen gideceğiz ve sen benim yanıma gel" dedim.

"Efendim" dedi, "sizin yanınıza Rauf Bey binsin; ben arkadaki otomobille de gelirim."

"Hayır, hayır!" dedim, "siz buraya..."

Bu küçük önlemin neden alındığım kendiliğinden anlaşılır.

Sivas kentine vardığımızda, caddenin iki yanı büyük bir kalabalık ile dolmuş, askeri birlikler tören duruşu almış bulunuyordu. Otomobillerden indik... Yürüyerek askeri ve halkı selâmladım.

Bu görünüş, Sivas'ın saygıdeğer halkının ve Sivas'ta bulunan yiğit subay ve erlerimizin bana ne denli bağlı olduğunu ve sevgi beslediğini belirten canlı bir tanık idi.

Bundan sonra doğru Kolordu Komutanlığı'na gittim ve hemen Ali Galip ve onun yardakçısı olduklarını anladığım bozguncuları getirttim. Onlara ne yaptığımı açıklayarak, aslında epey yorgunluk verdiğinden kuşku duymadığım ayrıntıları uzatmak istemem.

Yalnız bir noktayı belirtmekle yetineceğim.

Baylar, bu Ali Galip, karşılaştığı kötü durumdan sonra gizli diyecekleri olduğunu söyleyerek, geceleyin yalnızca yanıma gelmek istedi. Kabul ettim. Davranışlarının dış yüzüne önem vermememizi rica ile, Elazığ valiliğini kabul ederek gelmekten amacının, benim görüşüme hizmet etmek olduğunu ve Sivas'ta kalışının, benimle buluşup buyruk almak için olduğunu açıklamaya ve bin türlü kanıtla bizi inandırmaya çalıştı ve bizi sabaha dek oyalayarak başarı da sağladığını saklamayıp söylemeliyim.

Reşit Paşa, bu işin bu denli kolay olacağına inanamamış; görüşme epey uzamış. Görüşmeye katılanlar çoğalmış. Üstelik bir kısım halk, verilecek kararı anlamak üzere toplanmış.

Sivas'tan Erzurum'a Gidiş

Sivas'ta kurulan örgütler ve yapılacak işler üzerine gerekenlere yönerge verdikten sonra hiç uyumadan geçen 27 gecesi sabahında bir bayram günü, Sivas'tan Erzurum'a doğru yola çıkıldı.

Bir haftalık sıkıntılı bir otomobil yolculuğundan sonra 3 Temmuz 1919 günü, halkın ve askerin gerçekten içten gelen gösterileri arasında, Erzurum'a varıldı. İstanbul Hükümeti'nden gelebilecek yıkıcı bildirimleri denetlemek ve durdurmak için haberleşme kanalı olan önemli merkezlerde gereken önlem ve düzenleme alınması için bütün komutanlara, 5 Temmuz 1919 tarihinde buyruk verdim.

Komutan, vali ve Vilâyeti Şarkiye Müdafaai Hukuku Milliye Cemiyeti Erzurum Şubesi ile görüşüldü. Vali Münir Bey, İstanbul Hükümetince görevinden çıkarılmıştı. Gitmeyip Erzurum'da kalmasını bildirmem üzerine daha Erzurum'da bulunuyordu. Bitlis valiliğinden ayrılıp İstanbul'a gitmek üzere Erzurum'dan geçen Mazhar Müfit Bey de Münir Bey gibi Erzurum'da beni bekliyordu.

Ulusal Amaç İçin Ortaya Atılmak Kararı

Bu iki vali beyle, On Beşinci Kolordu Komutanı Kâzım Karabekir Paşa ve yanında bulunan Rauf Bey, eski İzmir Mutasarrıfı Süreyya Bey ve karargâhımdan Kurmay Başkanı Kâzım Bey ve Kurmay Husrev Bey, Doktor Refik Bey arkadaşlarımla önemli bir görüşme yapmayı uygun gördüm. Kendilerine genel ve özel durumu ve tutulması zorunlu yolu anlattım.

Bu arada en elverişsiz durumları, genel ve kişisel tehlikeleri, her olasılığa göre nelerin göze alınması zorunlu olacağını açıkladım:

"Ulusal amaçlarla ortaya çıkacakların yok edilmesini düşünenler bugün yalnız Saray, İstanbul Hükümeti ve yabancılardır. Ama bütün halkın katılabileceğini ve bize karşı duruma çevrileceğini de düşünmek gerektir. Önder olacakların her ne olursa olsun, amaçtan dönmemeleri, ülkede barınabilecekleri son noktada, son nefeslerini verinceye değin amaç uğrunda özveriyi sürdüreceklerine işin başında karar vermeleri gerekir. Yüreklerinde bu gücü duymayanların işe girişmemeleri çok daha iyi olur. Çünkü böyle bir durumda hem kendilerini ve hem de ulusu aldatmış olurlar.

Bir de söz konusu görev, resmi makam ve üniformaya sığınarak el altından yapılamaz. Böyle bir tutum, bir ölçüye değin yürüyebilir. Ama artık o dönem geçmiştir. Açıkça ortaya çıkmak ve ulusun hakları adına yüksek sesle bağırmak ve bütün ulusun, bu sese katılmasını sağlamak gerekir.

Benim, görevden çıkardığım ve her türlü sonuçla karşı karşıya bulunduğum kuşku götürmez. Benimle açıkça işbirliği yapmak, o sonuçları şimdiden kabul etmektir. Bundan başka, söz konusu ettiğimiz durumun istediği adam, daha birçok bakımdan da, ille ben olabilecekmişim gibi bir iddia yoktur. Yalnız, her halde bu ülke çocuklarından birinin ortaya atılması zorunlu olmuştur. Benden başka bir arkadaş da düşünülebilir. Yeter ki o arkadaş, bugünkü durumun getirdiği yolda yürümeyi kabul etsin" dedim.

Bu konuşma ve açıklamadan sonra hemen bir karar almak uygun olmayacağından bir süre düşünmek ve özel konuşmalar yapabilmek için görüşmelere son verdiğimi bildirdim.

Yeniden toplandığımızda, işin başında benim bulunmamı istediler ve kendilerinin bana yardımcı ve destek olacaklarını bildirdiler. Yalnız bir arkadaş Münir Bey, önemli özrü dolayısıyla bir süre için kendisinin eylemli (*fiilen*) görev almaktan bağışlanmasını rica etti. Ben, görünüşte görevden ve askerlikten ayrıldıktan sonra, şimdiye değin olduğu üzere, üst komutanmışım gibi buyruklarımın yerine getirilmesinin başarı için temel koşul olduğunu söyledim. Bu da eksiksiz onaylandıktan sonra toplantıya son verildi.

Baylar, İstanbul'da Genelkurmay Başkanlığı katında, görevden ayrılan Cevat Paşa ile göreve başlayan Fevzi Paşa'dan ve Barış Hazırlıkları Komisyonunda çalışan İsmet Bey'den başlayarak, Erzurum'a gelinceye değin, her yerde gördüğüm ve karşılaştığım komutan, subay, her türlü devlet adamları ve ileri gelen kişilerle, burada, Erzurum'da yaptığım gibi görüşmeler ve anlaşmalar yapmıştım. Bunun yararını değerlendirebilirsiniz.

Erzurum Kongresi'nin Hazırlıkları

Benim Erzurum'a varışımın ilk günlerinde, Erzurum Kongresi'nin toplanmasını sağlamak için gerekli önlemleri almakla uğraşmaya önem verildi.

Baylar, Vilâyeti Şarkiye Müdafaai Hukuku Milliye Cemiyetinin, 3 Mart 1919 günü, bir çalışma grubu meydana getirerek kurulmuş olan Erzurum şubesi, Trabzon ile de anlaşarak 1919 yılı Temmuzunun onuncu günü Erzurum'da bir **Doğu İlleri Kongresi** toplamaya girişti. Benim, daha Amasya'da bulunduğum günlerde, Haziran içinde, doğu illerine delege göndermeleri için öneri ve çağrı mektubu yolladı. İllerden delege getirilmesi için, o günden başlayarak benim Erzurum'a varışıma değin ve ondan sonra da bu konuda olağanüstü çaba gösterdi.

O günlerin koşulları içinde böyle bir amacın gerçekleştirilmesindeki güçlüğün büyüklüğü kolayca anlaşılır. Kongrenin toplanma günü olan 10 Temmuz yaklaştığı halde illerden gerekli delegeler seçilip gönderilmiyordu.

Oysa bu kongrenin toplanmasını sağlamak artık pek önemli bir iş olmuştu. Bundan dolayı, sağlam girişimler yapmamız gerekti.

İllerin her birine bildirimler yapmakla birlikte, bir yandan da kapalı tellerle valilere, komutanlara gereği gibi bildirimler yapıldı. Sonunda, on üç gün gecikme ile yeterince delege toplanması başarıldı.

Baylar, ulusal çabayı ordunun desteklemesi, askeri ve ulusal çalışmaları birbiriyle düzenli duruma getirmek, önemli bir konu idi.

Trabzon'daki tümeni, komutan vekili yönetiyordu. Asıl komutanı Halit Bey Bayburt'ta gizlenmişti. Halit Bey'i gizlendiği yerden çıkarmak, iki bakımdan gerekli idi. Birincisi ve en önemlisi, İstanbul'a çağrılmanın ve çağrıya gitmemenin korkulacak, gizlenecek nitelikte olmadığını halka ve özellikle askerlere göstererek moral gücünü yükseltmek gerekiyordu. Bir de kıyıda önemli bir yer olan Trabzon'a dışarıdan bir saldırı olursa oradaki tümenin başında ateşli bir komutan bulundurmak uygun olacaktı.

Bunun için Halit Bey'i Erzurum'a getirttim. Ona, kendim, özel bir yönerge verdikten sonra, gerektiğinde hemen tümenin başına geçmek üzere Maçka'da bulunması için buyruk verdirdim.

Biz bu işlerle uğraşırken, bir yandan da İstanbul'da Harbiye Nazırlığı makamında bulunan Ferit Paşa'nın ve padişahın, İstanbul'a dönmemi sağlamak için sürüp giden aldatıcı tellere de, türlü karşılıklar vermekle zaman yitirmek zorunda kalıyorduk.

Görevi Sivil Olarak Sürdürme Kararı

Harbiye Nazırlığı: " İstanbul'a gel" diyordu. Padişah: " Önce hava değişimi al, Anadolu'da bir yerde otur; ama bir işe karışma" diye başladı. Sonunda ikisi birlikte: "İlle gelmelisin" dedi.

"Gelemem" dedim. Sonunda, 8 Temmuz 1919 gecesi, Sarayla açılan bir telgraf konuşması sırasında, perde kapandı ve 8 Haziran'dan 8 Temmuza değin, bir aydır süren oyun sona erdi. İstanbul, o dakikada benim resmi görevime son vermiş oldu; beni de o dakikada, 8 Temmuz 1919 gecesi saat 22.50'de Harbiye Nazırlığı'na, saat 23.00'te de padişaha görevimle birlikte askerlik mesleğinden çekildiğimi bildiren telleri çekmiş oldum.

Erzurumluların Yardımları

Baylar, ben askerlikten çekilince, bütün Erzurum halkının ve Vilâyeti Şarkiye Müdafaai Hukuku Milliye Cemiyeti, Erzurum Şubesi'nin bana karşı pek açık olarak gösterdikleri güven ve yakınlığın bende bıraktığı unutulmaz izlenimleri burada açıkça anmayı bir ödev sayarım.

Derneğin Erzurum şubesinden aldığım 10 Temmuz 1919 günlü yazıda : "Derneğin başına geçmemi ve Çalışma Kurulu Başkanlığını kabul etmemi" öneriyorlar ve birlikte çalışmak üzere ayırdıkları beş kişinin adlarını bildiriyorlardı.

Bu beş kişi: Raif Efendi, Emekli Binbaşı Süleyman Bey, Emekli Binbaşı Kâzım Bey, Albayrak Gazetesi Müdürü Necati Bey, Dursunbeyoğlu Cevat Bey idi. Söz konusu ettiğim yazıda, Rauf Bey'in de Çalışma Kurulu İkinci Başkanlığına seçildiği bildiriliyordu.

O günlerde, Erzurum Şubesi Yönetim Kurulu Başkanı Raif Efendi ve üyeler Hacı Hafız Efendi, Süleyman Bey, Maksut Bey, Mesut Bey, Necati Bey, Ahmet Bey, Kâzım Bey ve Yazman Cevat Bey idi.

Erzurum Şubesi, İstanbul'daki Genel merkez Başkanlığına ulaşmaya çalıştıkları bir telle: "Genel Merkez adına söz söyleme yetkisinin bana verildiğinin telle bildirilmesini" de rica ettiler.

Bundan başka, Erzurum Kongresine girmemizi kolaylaştırmak için, Kongre Erzurum delegesi olarak seçilmiş olan Emekli Binbaşı Kâzım ve Dursunbeyoğlu Cevat Beyler delegelikten çekildiler.

Erzurum Kongresi Açılıyor

(Tarih: 23 Temmuz 1919)

Baylar, bildiğiniz gibi, Erzurum Kongresi 1919 yılı Temmuzunun 23'üncü günü, pek gösterişsiz bir okul salonunda açıldı. İlk günü, beni başkanlığa seçtiler. Kongre üyelerini durum ve bir ölçüde, düşünenler üzerinde aydınlatmak için yaptığım konuşmada:

Tarih ve olayların sürükleyişiyle, gerçekten içine düştüğümüz kanlı ve kara tehlikeleri görmeyecek ve bundan coşmayacak hiçbir yurtseverin düşünülemeyeceğini belirttim. Ateşkes Anlaşması hükümlerine aykırı olarak yapılan saldırılardan ve işgalden söz açtım.

Tarihin, bir ulusun varlığını ve hakkını hiçbir zaman tanımazlıktan gelemeyeceğini, bunun için de yurdumuzu, ulusumuzu kötüleyici yargıların yüzde yüz değerden düşeceğini söyledim.

Yurt ve ulusun kutsal varlıklarını kurtarma ve koruma konusunda son sözü söyleyecek ve bunun gereğini yaptıracak gücün, bütün yurda bir elektrik ağı gibi yayılmış olan ulusal akımdan doğan yiğitlik ruhu olduğunu söyledim.

Moral gücün *(maneviyatın)* artırılmasına yaramak üzere de bütün zulüm görmüş ulusların, ulusal amaçlarına ulaşmak için o günlerdeki çalışmaları üzerine, elde edilen birtakım bilgileri özetledim.

Ve ulusun kaderinde sözünü yürütecek bir ulusal iradenin ancak Anadolu'dan doğabileceğini belirttim ve ulusal iradeye dayanan bir ulusal kurul meydana getirilmesini ve gücünü ulusal iradeden alacak bir hükümetin kurulmasını ilk çalışma ereği olarak gösterdim.

Erzurum Kongresi Bildirisi

Baylar, Erzurum Kongresi 14 gün sürdü. Çalışmasının sonucu, düzenlediği tüzük ve bu tüzüğün içindekileri herkese duyuran bildiridir.

Bu tüzük ve bildiri, o zamanın ve çevrenin gerektirdiği ikinci derecede düşünceler çıkarılarak incelenecek olursa birtakım köklü ve geniş kapsamlı ilkeleri ve kararları ortaya koyabiliriz.

İzin verirseniz bu ilkeleri ve kararları, benim daha o zaman nasıl anladığımı açıklayayım.

1- Ulusal sınırlar içinde bulunan vatan parçaları bir bütündür; birbirinden ayrılamaz.

2- Ne türlü olursa olsun, yabancıların topraklarımıza girmesine ve işlerimize karışmasına karşı Osmanlı Hükümeti'nin dağılması halinde ulus, birlikte direnecek ve savunacaktır.

3- Yurdun ve bağımsızlığın korunmasına ve güvenliğin sağlanmasına İstanbul Hükümeti'nin gücü yetmezse, amacı gerçekleştirmek için, geçici bir hükümet kurulacaktır. Bu hükümet üyeleri ulusal kongrece seçilecektir. Kongre toplanmamışsa bu seçimi Temsilciler Kurulu yapacaktır.

4- Kuvayı Milliye'yi (ulusal güçleri) etken ve ulusal iradeyi egemen kılmak temel ilkedir.

5- Hıristiyan azınlıklara siyasal üstünlük ve toplumsal dengemizi bozacak ayrıcalıklar verilemez. Yabancı dev-

letlerin güdümü ve koruyuculuğu kabul olunamaz.

7- Ulusal Meclisin hemen toplanması ve hükümet işlerinin Meclis denetiminde yürütülmesini sağlamak için çalışılacaktır.

Baylar, biz kongrede özetlediğim bu kararları ve bu ilkeleri saptamaya çalışırken, Sadrazam Ferit Paşa da ajanslarla birtakım demeçler yayınlıyordu. Bu demeçlerle, 23 Temmuz 1919 günlü ajansla, dünyaya şunu duyuruyordu: "Anadolu'da karışıklık çıktı. Anayasaya aykırı olarak "Millet Meclisi" adı altında toplantılar yapılıyor. Bu işlerin sivil ve askeri görevlilerce yasak edilmesi gerekir."

Buna karşı gereken önlem alındı ve Meclisi Mebusan'ın toplantıya çağrılması istendi. Ağustosun yedinci günü Kongre toplantısını kapatırken, kongre üyelerine:

"Önemli kararlar alındığını ve bütün dünyaya ulusumuzun varlık ve birliğinin gösterildiğini" söyledim ve:

Tarih, bu Kongremizi çok az görülebilen büyük bir eser olarak yazacaktır." dedim. Sözlerimin yersiz olmadığını zaman ve olayların tanıkladığı kanısındayım.

Erzurum Kongresi, tüzüğü gereğince, bir Temsilciler Kurulu seçmişti.

Erzurum Valiliği katına sunulan 24 Ağustos 1919 günlü bildiride, Temsilciler Kurulu üyelerinin adları ve kimlikleri şöylece gösterildi:

Mustafa Kemal
Eski Üçüncü Ordu Müfettişi
Rauf Bey
Eski Bahriye Nazırı
Raif Efendi
Eski Erzurum Milletvekili
İzzet Bey
Eski Trabzon Milletvekili
Servet Bey
Eski Trabzon Milletvekili
Şeyh Fevzi Efendi

Erzincan'da Nakşi Şeyhi
Bekir Sami Bey
Eski Beyrut Valisi
Sadullah Efendi
Eski Bitlis Milletvekili
Hacı Musa Bey
Mutki Aşiret Başkanı

Baylar, bu kişiler hiçbir zaman bir araya gelip birlikte çalışmış değiller. Bunlardan İzzet, Servet ve Hacı Musa Beyler ve Sadullah Efendi hiç gelmemişlerdir. Raif ve Şeyh Fevzi efendiler, Sivas Kongresine katılmışlar ve ondan sonra biri Erzurum'a, ötekisi Erzincan'a dönerek bir daha aramıza katılmamışlardır. Rauf Bey ve Bekir Sami Bey, İstanbul'daki Meclisi Mebusan'a gidinceye dek, bizimle birlikte bulunmuşlardır.

Erzurum Kongresi'nde Duraksamalar

Benim Erzurum Kongresi'ne üye olarak girip girmeyeceğim düşünülmeye değer görüldüğü gibi, Kongre'ye katıldıktan sonra da başkan olup olmamam üzerinde duraksamalar bulunmuştur

Kongre'nin bitiminden iki üç gün önce başka bir tartışma da söz konusu olmaya başlamıştı. Bazı yakın arkadaşlarım, benim Temsilciler Kurulu'na girip açık olarak çalışmamı sakıncalı görüyorlardı. Düşünceleri şu noktalarda özetlenebilir. " Ulusal girişim ve çalışmaların bütün anlamıyla ulustan doğduğunu, gerçekten ulusal olduğunu göstermek gerekir. Böyle olursa, girişimler daha güçlenir ve kimsenin kötü yorumuna ve özellikle yabancıların olumsuz düşüncelerine yer kalmaz. Ama, tanınmış ve hele İstanbul Hükümeti'ne ve halifelik ve padişahlığa baş kaldıran biri durumuna düşmüş; saldırı noktası olan benim gibi bir adamın, bütün bu ulusal girişimlerin başında bulunduğu görülürse, çalışmaların ulusal amaçlar yolunda olmaktan çok özel istekleri gerçekleştirmek için olduğu kanısına yol açabilir. Bunun için, Temsilciler Kurulu üyeleri, illerde bağımsız sancakların seçeceği kişiler olmalıdır. Ancak böylelikle, ulusal bir güç gösterilebilir."

Bu düşüncelerin ne derece yerinde olup olmadığını araştıracak değilim. Yalnız benim de bu düşüncelere karşı olan düşüncelerimin dayanak noktalarından bazılarını sayayım: Her şeyden önce ben, ne olursa olsun, Kongre'ye katılmalı onu yönetmeliyim. Çünkü zaman geçirmeksizin ulusal iradenin işler duruma getirilmesini ve ulusun kendi başına silâhlı ve eylemli olarak önlemler almaya başlamasını sağlamak zorunda olduğuna inanıyordum. Bu temel ilkeleri benimseyip karara bağlamak için, Kongre'de çalışmayı ve yönetici olarak üyeleri aydınlatmayı çok gerekli görüyordum. Nitekim öyle oldu. Erzurum Kongresi'nin, daha önce açıkladığım ilke ve kararlarını herhangi bir temsilciler kurulunun uygulatabileceğine benim güvenim olmadığını açıkça söylemeliydim. Nitekim zaman ve olaylar beni doğrulamıştır.

Baylar, ben, kimi arkadaşlarca ileri sürülen düşünce ve kuruntulara uysaydım, iki bakımdan büyük sakıncalar doğuracaktı. Birincisi, düşüncelerimde, kararlarımda ve bütün kişiliğimde yersizlik ve yetersizlik olduğunu açığa vurmak ki bu davranış, benin vicdan buyruğu ile üzerime aldığım görev bakımından düzeltilemeyecek bir yanlış olurdu.

Baylar, tarih, söz götürmez bir biçimde ortaya koymuştur ki, büyük işlerde başarı için yeteneği ve gücü sarsılmaz bir başkanın varlığı çok gereklidir

Baylar ulus, ülke, siyaset ve ordu yöneticiliğinde hiç bulunmamış ve değeri belirmemiş ve denenmemiş gelişigüzel kişilerin, örneğin, Erzincanlı bir Nakşi Şeyhi ve Mutkili bir aşiret başkanı gibi zavallılardan da kurulabilecek herhangi bir Temsilciler Kurulu'na, söz konusu durum ve görev bırakılabilir miydi? Bırakıldığında "yurdu ve ulusu kurtaracağız" dediğimiz zaman ulusu ve kendimizi anlatmış olmak gibi bir yanılgıya düşmeyecek miydik?

Bu söylediklerimin, o günlerde değilse bile, artık bugün bütün dünyaca reddedilmeyecek gerçeklerden olduğuna hiç kuşkum yoktur. Bununla birlikte, ben bu söylediklerimi o günlerden kalma bazı anılar ve belgelerle burada doğrulamayı, gelecek kuşakların siyasal ve toplumsal eğitimi bakımından ödev sayarım.

Baylar, Erzurum Kongresi'nin bitiminde Ferit Paşa'dan sonra Harbiye Nazırlığı'na yeni geldiği anlaşılan Nazım Paşa imzasıyla On Beşinci Kolordu Komutanlığına 30 Ağustos 1919 günlü şöyle bir buyruk geldi:

"Mustafa Kemal Paşa ile Refet Bey'in hükümet kararlarına karşı gelmelerinden ötürü hemen yakalanarak İstanbul'a gönderilmeleri Bâbıâlice (Sadrazamlık makamınca) uygun görülüp ilgili görevlilere gerekli buyruklar verildiğinden, kolorduca önemli yardım edilmesi ve sonucundan bilgi verilmesi rica olunur."

Bu buyruğa, Kolordu Komutanlığınca gereği gibi yanıt verildi. Bu yanıtı, öteki komutanlara da, olduğu gibi gönderterek dikkatlerini çektirdim.

Kongre bildirisi, yurt içinde her yere ve yabancı devlet temsilcilerine bildirildi. Bununla ilgili olarak Sivas'ta Üçüncü Kolordu Komutanı Selâhattin Bey, tüzüğün ikinci ve dördüncü maddelerinin yayımını sakıncalı buluyor ve bir kez daha incelenmesini istiyordu.

Karakol Cemiyeti

Biz, Erzurum'da kongre kararlarının her yerde anlaşılmasını ve birlikte uygulanmasını sağlamaya çalışırken, "Karakol Cemiyeti'nin Tüzüğü ve Yönetmeliği" diye basılı birtakım kâğıtların bütün orduya, komutan, subay, herkese dağıtıldığı bildirildi.

Bu yönetmeliği okuyan en yakın komutanlar bile, bu işi benim yaptığımı sanarak iyiden iyiye kuşku ve duraksamalara düşmüşler. Benim bir yandan kongrelerle açık olarak ulusal ortak çalışmalar yaparken, bir yandan da gizemli ve korkunç komite kurmakla uğraştığım sanısına kapılmışlar. Gerçi bu işleri ve girişimleri yapanlar İstanbul'da bulunuyorlarmış; ama her şeyi benim adıma ve hesabıma yapmaktaymışlar.

Baylar, hemen komutanları uyardım; bu tüzük ve yönetmelik hükümlerini kesinlikle uygulamamaları gerektiğini ve bu girişimin kaynağını araştırmakta olduğumu bildirdim.

Sivas'a varışımdan sonra, oraya gelen Kara Vasıf Bey'den anladım ki bu işi yapan kendisi ve bazı arkadaşları imiş.

Kesinlikle böyle bir davranış doğru değildi. Herkesi idamla korkutarak, bilinmeyen bir merkezin, bilinmeyen bir başkomutanın, bilinmeyen birtakım komutanların buyruklarına uymaya zorlamak çok tehlikeli idi. Gerçekten, orduda görevli herkeste hemen birbirlerine karşı güvensizlik ve bir korku başladı. Örneğin; herhangi bir kolordu komutanının: "Benim komutam altındaki kolordunun acaba saklı ve gizli komutanı kimdir? Bu gizli komutan acaba ne zaman ve nasıl komutanlığı ele alacak ve acaba bana karşı nasıl davranacak?" gibi haklı birtakım kuruntulara kapılması beklenilmez değildir.

Sivas'ta Kara Vasıf Bey'e, gizli merkezin, gizli komutanın ve gizli genelkurmay başkanının kimler olduğunu sorduğum zaman: "Hepsi siz ve arkadaşlarınızdır" yanıtını vermişti. Bu, beni büsbütün şaşırtmıştı. Bu karşılık, elbette akla ve mantığa uygun olamazdı. Çünkü kimse bana böyle bir düzen ve kuruluştan söz açmış ve benden bu iş için izin almış değildi.

Sivas Kongresi Hazırlıkları

Baylar, Sivas'ta toplanmasını sağlamaya çalıştığımız Kongre'ye her yerden delege seçtirmek ve onların Sivas'a gelmelerini sağlamak için, Amasya'da başlamış olan çalışma ve yazışmalar daha sürüp gidiyordu. Bütün komutanlar ve her yerde birçok yurtseverler, olağanüstü çaba gösteriyorlardı. Fakat yine her yerde olumsuz ve karşıtçı propagandalar ve özellikle İstanbul Hükümeti'nin engelleyici önlemleri işi zorlaştırıyordu.

Bazı yerlerden hem delege seçmiyorlar, hem de halkın moralini kıracak ve herkesi umutsuzluğa sürükleyecek karşılıklar veriyorlar. Örneğin, Yirminci Kolordu Komutanı adına Kurmay Başkanı Ömer Halis Bey'in İstanbul'dan alınan bilgileri kapsayan 9 Ağustos 1919 günlü şifresinde şu maddeler ilgi çekici görüldü:

1- İstanbul delege göndermiyor. Orada yapılan işleri uygun görmekle birlikte, atılgan bir duruma girmek istemiyor.

2- İstanbul'dan delege göndermek olanak dışındadır. Önerilen kişiler, orada verimli, başarılı iş göreceklerine güvenemediklerinden, boşuna para harcamamak ve yolculuk sıkıntısı çekmemek için yola çıkmıyorlar.

Biz, dört bir bucaktan delege seçtirmek ve göndertmekte karşımıza çıkan güçlükleri yenmeye çalışırken, öte yandan Kongre için en güvenilir yer olarak seçtiğimiz Sivas'ta da bir telaş ve heyecan vardı.

Baylar, burada sırası gelmişken söyleyeyim ki ben Sivas'ı gerçekten her yerden güvenilir saymış olmakla birlikte, daha Amasya'da iken Sivas'a gelen bütün yollar üzerinde uzaktan ve yakından her türlü askeri önlem ve düzeni aldırmayı da uygun bulmuştum.

Erzurum'dan Sivas'a Gidiş

Erzurum'dan çıktığımız gün 29 Ağustos 1919'dur. Erzincan boğazına gelir gelmez, birtakım jandarma erlerinin ve subaylarının heyecanlı ve korkulu bir davranışla otomobillerimizi durdurduklarını gördük.

Verilen habere göre, Dersim Kürtler'i boğazı tutmuşlar, bir subay, kuvvet gönderilmesini merkeze yazmış, o kuvvet gelince gerekli düzenlemeyi yapacak, saldırıp haydutları püskürtecek ve yolu açacakmış...

Peki, ama bu haydutların kuvveti nedir; neresini, nasıl tutmuş; ne kadar kuvvet gelecek, ne zaman gelecek?

Bu bilmeceler çözülünceye değin, geriye Erzincan'a dönmek ve beklemek gerekirdi. Belli günde Sivas'ta bulunmazsam; şurada burada, şundan ya da bundan ötürü korktuğum ve beklediğim, Sivas'ta ve her yerde duyulursa bozgun bağlayabilir; işler altüst olabilirdi.

Öyleyse, tehlikeyi göze alıp yola devam etmekti. Kısacası, yürüdük, boğazı geçtik ve 2 Eylül 1919 günü Sivas'a vardık. Halkın, kentin çok uzaklardan başlayan büyük ve parlak gösterileriyle karşılaştık.

Üçüncü Kolordu Komutanı olan Selâhattin Bey Sivas'ta bulunuyordu. Vali Paşa ile birlikte, Kongre'ye gelen delegelerin yerleştirilmesinde ve Temsilciler Kurulu için lise binasının ve Kongre toplantı salonunun düzenlenmesinde ve her türlü önlemin alınmasında konukseverliğe örnek olacak biçimde olağanüstü çalışmışlardı.

Refet Bey orada değildi. Nerede bulunduğunu da kimse bilmiyordu. Oysa 7 Temmuz 1919 günlü yönergemiz gereğince, kendi bölgesi olan Üçüncü Kolordu bölgesinden ayrılmaması gerekli idi. Üstelik tam Sivas'ta Kongre toplanacağı günlerde orada bulunması da uygun olacaktı. Yazışma sonunda kendisinin Ankara'da olduğu anlaşıldı. Ankara'da Kolordu Komutanı Ali Fuat Paşa'ya "Hemen ve kesinlikle Sivas'a gönderilmesini" buyurdum. 7 Eylülde geldi. Kendisini Temsil Kurulu üyesi olarak Kongre üyelerine tanıttım.

Baylar, bizden önce gelmiş olan delegeler, bizi beklerken, aralarında toplantılar yapmışlar ve hazırlık niteliğinde bazı tasarılar kaleme almışlar.

Bizim varışımızdan sonra da bazı özel toplantılar ve görüşmeler olmuş ve bu kez bazı kararlar da verilmiş.

Sivas Kongresi Açılıyor
(4 Eylül 1919)

Sivas Kongresi 1919 Eylülü'nün dördüncü Perşembe günü öğleden sonra saat ikide açıldı.

Öğleden önce delegeler arasında bulunan ve öteden beri kendisini tanıdığım Husrev Sami Bey yanıma gelerek şöyle bir haber verdi: Rauf Bey ve başka bazı kişiler, Bekir Sami Bey'in evinde özel bir toplantı yapmışlar ve beni başkan yapmamaya karar vermişler. Arkadaşların, özellikle Rauf Bey'in, böyle bir davranışta bulunacaklarını hiç ummadım ve Husrev Sami Bey'in, açık söyleyeyim ki biraz ağırca olarak, böyle yersiz sözleri bana ulaştırmaması için dikkatini çektim. Verdiği haberin doğru olamayacağını, arkadaşlar arasında yanlış anlayışlara yol açacak sözler söylemenin uygun olmadığını da sözlerime ekledim.

Baylar, ben bu Kongrede başkanlık işine önem vermiyordum. Başkanlığa belki yaşlı bir kişinin getirilmesinin uygun olacağını düşünüyordum. Bu yüzden kimi arkadaşların da düşüncelerini sordum. Bu arada, Kongre salonuna girmeden önce koridorda Rauf Bey'e rastladım. "Kimi başkan yapalım?" dedim. Rauf Bey, "Sen başkan olmamalısın!" dedi. Hemen Husrev Sami Bey'in verdiği haberin doğruluğuna inandım ve elbette üzüldüm. Her ne kadar Erzurum Kongresi'nde de benim başkanlığımı sakıncalı görenler var idiyse de onların ne biçim insanlar olduklarını açıklamıştım. Bu kez, en yakın arkadaşlarımın da o anlayışı belirtmeleri beni düşündürdü. Rauf Bey'e: "Anladım, Bekir Sami Bey'in evinde aldığınız kararı bana bildiriyorsun" dedim ve yanıtını beklemeksizin yanından uzaklaşarak Kongre salonuna girdim.

Kongre'nin açılmasından sonra ilk söz alan bir yüksek kişinin, Kongre tutanağına olduğu gibi geçirilen şu sözlerini işittik: "Efendim, şimdi elbette başkanlık sorunu söz konusu olacak. Ben başkanlık görevinin birer gün ya da birer hafta sürmek üzere nöbetleşe yapılmasını üye adlarının ya da temsil edilen il ve sancak adlarının baş harflerine göre alfabe sırasıyla yapılmasını öneriyorum."

Baylar, öyle şaşılacak bir rastlantıdır ki, bu öneriyi yapanın temsil ettiği ilin adı da, kendi adı da alfabenin ilk harfi ile başlıyordu. Ben, çağrıyı yapan kişi olarak, bir söylevle Kongre'yi açtıktan sonra, geçici olarak başkanlık yerinde bulunuyordum.

"Bu neden gerekiyor efendim" diye sordum.

Öneriyi yapan:

"Böylece işin içine senlik benlik karışmamış olacağı gibi dışarıya karşı da eşitliği gözettiğimiz için, iyi bir etki yapılmış olur" dedi.

Bu öneriyi oya koydum. Çoğunlukla kabul edilmedi. Başkan seçimini gizli oya koydum. Üç üye dışında bütün üyeler oylarını bana verdiler.

Sivas Kongresi'nin Gündemi

Sivas Kongresi'nin gündemi, Erzurum Kongresi'nin tüzük ve bildirisi ve bir de bizden önce Sivas'a gelmiş olan yirmi beş kadar üyenin düzenlediği bir uyarı metninden oluşacaktı.

İlk açılış günü olan 4 Eylül ile Eylül'ün beşinci ve altıncı günleri, yani üç gün, İttihatçı olmadığımızı açıkça belirtmek için ant içmek gereğini konuşmakla ve ant örneğini düzenlemekle; Padişaha sunulacak yazıyı yazmakla ve Kongre'nin açılışı dolayısıyla gelen tellere karşılık vermekle ve daha çok da, Kongre siyasayla uğraşacak mı konusunun tartışılmasıyla geçti. İçinde bulunulan didişmeler ve uğraşmalar siyasadan başka bir şey değilken bu son tartışmalara şaşılmaz mı?

Sonunda Kongre'nin dördüncü günü, asıl konuya geldik ve o gün Erzurum Kongresi Tüzüğü'nü görüşerek hemen sonuca bağladık. Çünkü Erzurum Kongresi Tüzüğünde yapılması gereken değişiklikleri önceden hazırlamış ve gerekli gördüklerimizi bu konuda aydınlatmış bulunuyorduk.

Bununla birlikte, yapılan değişiklikler, sonradan bazı direnmelere, anlaşmazlıklara ve birçok yazışma ve tartışmalara yol açtığı için, bu değiştirilen noktaların önemlilerini bildireceğim:

1- Derneğin adı "Şarki Anadolu Müdafaai Hukuk Cemiyeti" idi. *"Anadolu ve Rumeli Müdafaai Hukuk Cemiyeti"* oldu.

2- "Temsilciler Kurulu Doğu Anadolu'nun bütününü temsil eder" sözü yerine *"Temsil Kurulu yurdun bütününü temsil eder"* dendi. Üyeler arasına da altı kişi daha eklendi.

3- "Her türlü işgali ve işimize karışmayı Rumluk ve Ermenilik örgütleri oluşturma amacıyla yapılmış sayacağımızdan elbirliğiyle savunma ve direnme ilkesi kabul edilmiştir" yerine *"Her türlü işgal ve işimize karışmanın ve özellikle Rumluk ve Ermenilik örgütleri oluşturma amacını güden davranışların durdurulması için oybirliğiyle savunma ve uğraşma ilkesi kabul edilmiştir"* denildi.

Geçici Güdümün Kongrede Görüşülmesi

Şimdi baylar, Kongre'de güdüm işi üzerine yapılan görüşmede birçok kişi söz aldılar. Kimseye söz vermeden önce, başkanlık yerinde, tutanaklara olduğu gibi geçen şu kısa düşünceleri öne sürdüm: "Bu rapor üzerinde görüşmeye başlamadan önce bazı noktalara dikkatinizi çekmek isterim. Bu raporda, örneğin Bay Bravn'dan söz edilmekte ve elli bin kişilik bir işçi ordusu getirtileceğini söylediği yazılmaktadır.

Baylar, Bay Bravn: "Ben resmi bir kişi olarak görüşmüyorum, büsbütün özel olarak görüşüyorum." diyor ve Amerika'nın güdümü kabul edeceğini değil, belki etmeyeceğini söylüyor. Onun için sözleri, Amerika adına değil, kendi adınadır; güdümün ne olduğunu kendisi de bilmiyor.

Sonraki oturumda: "İlk söz Vâsıf Bey'indir." dedim.

Vâsıf Bey ilkin, güdümün tanımı üzerinde uzun bir konuşma yaptı. Sözü başkalarına bıraktı. Bir daha söz aldı ve: "İlkin genel olarak güdümü kabul edelim de koşulları üzerinde sonradan görüşürüz." dedi.

Üyelerden Macit Bey adında bir kişi: "Genel Kurulca asıl görüşülecek konu, şimdiden sonra yalnız yaşayabilecek miyiz, yaşayamayacak mıyız? Güdümü ne türlü anlayarak güdümcü ile nasıl görüşeceğiz? Güdümcü kim olacaktır? Asıl sorun budur." yollu konuştu.

Bekir Sami Bey: "Üzerimize aldığımız görev çok ağır ve önemlidir; boş tartışmalara ayıracak hiçbir dakikamız yoktur. Bu rapor, üzerinde görüşelim ve ivedilikle, vakit geçirmeksizin bir karara varalım." dedi.

İsmail Fâzıl Paşa da (rahmetli) söz alarak şunları söyledi: "Bekir Sami Bey'in düşüncesine katılırım; yitirecek zamanımız yoktur Genel Kurul'da bir karar verelim, vakit geçirmeyelim. Çünkü pek özlü bir sorundur."

Bundan sonra Hâmi Bey söz alarak İsmail Paşa Hazretleri ile Bekir Sami Beyefendi'nin düşüncelerine katıldığını söyledikten sonra: "Her halde bize bir yardım gereklidir; bunun en ilkel kanıtı da, devlet gelirlerinin ancak borcumuzun faizini karşılayabilmesidir." buyurdular.

Söz alan Raif Efendi, güdüme karşı konuştu. İsmail Fâzıl Paşa ona karşılık olarak uzun bir konuşma yaptı.

Bekir Sami Bey'den sonra Hâmi Bey ve Hâmi Bey'den sonra da Refet Bey (Refet Paşa) konuştular. Refet Bey'in söylediği şuydu: "Güdümün bağımsızlığı zedelemeyeceği kuşku götürmez iken, bazı arkadaşlarımız, 'Bağımsız mı kalacağız, yoksa güdümü mü kabul edeceğiz?' yollu birtakım düşünceler ileri sürüyorlar.

İsmail Fâzıl Paşa : "Yanlış anlamaya yol açtığından biz üçümüz (yani Fâzıl Paşa, Bekir Sami ve Hâmi Beyler) bu raporu geri alıyoruz. Verilmemiş saydık." dedi. Başkanlıktan: "Rapor geri alınmıştır." dedim.

Baylar, bu söylevin son cümleleri dikkat çekicidir. Refet Beyefendi, Yunanlıları, İzmir'de geçici sayıyor ve onlarla savaşmakta olduğumuzu kabul etmiyor. Yunanlılar İzmir'de kalırsa ve savaş durumuna girilirse başa çıkamayacağımız kanısında bulunuyor.

Baylar, Kongre 11 Eylül'de sona erdi. 12 Eylül'de Sivas halkının da katıldığı bir açık oturum yapılarak bazı söylevler verildi. Kongre görüşmeleri sırasında, önemli olarak Meclisi Mebusan'ın tez elden seçilmesi ve toplantı yerinin neresi olması gerektiği konularına değinildi.

Ali Galip Olayı ve Gelişmeler

Şimdi Baylar, Kurtuluş Savaşı tarihimizde önemli bir yeri olan Ali Galip olayı üzerinde izin verirseniz biraz geniş bilgi vereyim: "Baylar, daha temmuz başında, Erzurum'da bulunduğum sırada Celâdet ve Kâmuran Âli adında iki kişinin yabancılarca, pek çok para ile İstanbul'dan Kürdistan'a gönderileceği, bunların türlü yalanlar söyleyerek kafaları karıştırmak ve bize karşı halkı kışkırtmakla görevlendirildikleri ve bir iki gün içinde yola çıktıkları ya da çıkacakları haber alındı. Bu haber üzerine, bunların sessizce gözetlenmeleri ve tutulmaları gereğini 3 Temmuz 1919'da Diyarbakır'da bulunan On Üçüncü Kolordu Komutanı'na ve ayrıca Kurmay Başkanı olan Halit Bey'e ve Samsun Mutasarrıfı'na bildirdim.

Sivas Kongresi'nin ikinci günü yani 6 Eylül'de, "Bedirhanlı ailesinden Celâdet ve Kâmuran ile Diyarbakırlı Cemil Paşaoğlu Ekrem adlarında üç kişinin, yanlarında eskiden Diyarbakır ilinde vaktiyle bize karşı propaganda yapan bir yabancı subayla birlikte, silâhlı Kürtler koruyuculuğunda Elbistan ve Akçadağ üzerinden Malatya'ya geldikleri ve kendilerini mutasarrıf ile belediye başkanının karşıladıkları, On Üçüncü Kolordunun yazısından anlaşılıyor."

On Beşinci Kolordu Komutanı Kâzım Karabekir Paşa'nın Üçüncü Kolordu Komutanlığına, bununla ilgili olarak gönderdiği 6 Eylül 1919 tarih ve 529 sayılı şifre telinde verilen bilgide: "Yabancı subayın, Türk, Kürt, Ermeni nüfusunu incelemek üzere İstanbul Hükümeti'nin izniyle dolaştığını söyledikleri; Malatya'da bulunan süvari alayının er sayısı az olduğundan, bunları yakalamaktan çekindiği; bununla birlikte, bunların hemen yakalanması için İstanbul'a başvurulduğu On Üçüncü Kolordudan bildirilmiştir.

Bu adamların ne amaçla ve ne görev için nereleri gezecekleri konusundaki bilgisini, Harput Valisi'nden sordum." denilmekteydi. Harput Valisi Ali Galip Bey'dir. Bu adamların ne amaçla geldiklerini 3 Temmuz'dan beri biliyoruz. Beş on silâhlı Kürt'e karşı bir süvari alayının er sayısı az görülmüş, yakalanmasına cesaret edilmemiş. Asıl dikkate değer şey, bunların yakalanması için İstanbul'a başvurulmuş olduğu haberidir!

Bu küçük ve önemsiz gibi görünen noktaları; o zamanki durumu görüşte, dikkati çeken düşünce ve anlayış ayrılıkları gösterdiği için anıyor ve belirtiyorum.

Diyarbakır'daki On Üçüncü Kolordu Komutanının tutumu kuşku verici görüldüğünden, doğrudan doğruya bu kolordunun Kurmay Başkanına, Üçüncü Kolordu Komutanı'nın imzasıyla 7 Eylül 1919 günü yazılan kişiye özel şifrede, Vali Galip, Malatya Mutasarrıfı Halil, Celâdet ve Ekrem Beylerle birlikte İngiliz binbaşısının ne yapıp yapıp yakalanmaları ve Sivas'a yollanmaları amacıyla, Elazığ'da bulunan On Beşinci Alay Komutanı İlyas Bey'in kendi komutası altında altmış kadar atlı ve katırlı erle en geç 9 Eylül'de Harput'tan Malatya'ya doğru yola çıkması için doğrudan doğruya buyruk gönderildiği bildirildi ve birliğin çabucak yola çıkmasının sağlanması rica edildi. 8 Eylül'de Sivas'tan da bir otomobil ile bazı subaylar gönderileceği bildirildi.

Daha sonra alınan bilgilerden anlaşıldı ki, Ali Galip ve arkadaşlarına 9 Eylül günü haber verilmiştir. Ali Galip geceyi hükümet konağında uykusuz geçirmişler. 10 Eylül'de yanlarında birkaç jandarma ve silâhlı Kürtlerle birlikte, hükümet konağında toplanıyorlar; sandık emininin *(veznedar)* odasına giriyorlar; sandığı açıyorlar, birlikte alıp götürmek üzere altı bin lira sayıp bir yere koyuyorlar ve sandığa koymak üzere şu senedi yazıyorlar:

"Mustafa Kemal Paşa ve yardakçılarının tepelenmesi giderlerine karşılık olmak üzere, ilgili buyruğa uyularak altı bin lira alınmıştır. 10 Eylül 1919: Halil, Rahmi, Ali Galip."

Baylar, alınan önlemler ve yapılan düzenlemeler sonucunda, Ali Galip ve Halil Beylerin kandırmaya çalıştıkları aşiretler dağılmış, umutsuz kalan Ali Galip, önce Urfa'ya ve oradan Halep'e kaçmıştır. İngiliz subayı Novil de gözaltında rahatça Elbistan üzerinden gitmiştir.

Damat Ferit Paşa Hükümeti ile İlişkilerin Kesilmesi

Baylar, Ali Galip'in giriştiği işin, Padişahın, Ferit Paşa Hükümeti'nin ve yabancıların ortak girişimi olduğuna, sunduğum belgeler karşısında kimsenin kuşkusu kalmaz sanırım.

Ancak biz, saldırılacak hedef olarak, yalnız Ferit Paşa Hükümeti'ni seçtik ve bu işte padişahın parmağının olduğunu bilmezlikten geldik. Ferit Paşa Hükümeti'nin, gerçekleri bildirmeyerek Padişahı aldatmakta olduğu tezini öne sürdük. Eylül'ün on birinci günü, padişaha çekilmek üzere bir telyazısı hazırlandı.

Bu telyazısında, kestirebileceğiniz gibi, zamanın gereği olan birçok gösterişli sözler içinde, İstanbul Hükümeti'ne ulusun inanç ve güveninin kalmadığı bildirildikten sonra, *"Namuslu kişilerden yeni bir hükümet kurdurularak bu casus örgütünün, haklarında ivedilikle ve adaletli olarak soruşturma yapılması ve cezalandırılması"* isteniyor. *"Adaletli bir hükümetin kurulmasına değin İstanbul Hükümeti ile hiçbir şekilde yazışma yapmamaya ve ilişki kurmamaya karar vermiş olan ulustan ordunun ayrılmayacağını, olayın içyüzünü bilen ve olay yerine yakın olan kolordu komutanları, bilginize sunmak zorunda kaldık."* deniliyordu.

Hazırlanan telyazısı örneğinin bütün kolordularca İstanbul'a çekilmesi uygun görüldü. 11 Eylül günü telgraf başında kolordu komutanlarına özel olarak şunları bildirdim:

"Şimdi bir örnek vereceğiz. Bu örneğin, 12'nci, 13'ncü, 20'nci, 15'inci, 3'üncü Kolordu Komutanlarının ortak imzalarıyla çekilmesini uygun görüyoruz. Okuduktan sonra öteki komutanlarla aynı zamanda çekmek için bekleyiniz".

Yüksek Sadrazamlık Katına

"Şimdi doğrudan doğruya kutsal başkomutanımız, şanlı Halifemiz Efendimize önemli şeyler bildirmek zo-

rundayız. Engel olunmamasını rica eder; engel olunursa bundan doğacak ağır suçların sorumluluğunun yalnız yüksek kişiliğiniz üzerinde kalacağını bilgilerinize sunarız. 12'nci Kor., 13'üncü Kor, 20' nci Kor, 15'inci Kor., 3'üncü Kor."

Eylül'ün 11'inci günü, özellikle 11'nci gecesi, her yerdeki Kolordu Komutanları, telgrafhanelere gidip el koyarak, kararlaştırılmış olduğu gibi İstanbul'la haberleşmeye çalışıyordu. Sadrazam ortadan kaybolmuş gibi idi, karşılık vermiyordu.

Bunun üzerine 11 Eylül gece yarısından sonra, saat 04.00'te şu telyazısı Sivas telgrafhanesinden gönderildi:

Sadrazam Ferit Paşa'ya

Yurdun ve ulusun haklarını ve kutsal varlıklarını ayaklar altına alarak ve Padişah Hazretleri'nin yüksek şeref ve onurlarını kırarak, gafilce birtakım girişim ve davranışlarınız anlaşılmıştır. Ulusun padişahımızdan başka hiçbirinize güveni kalmamıştır. Bunun için durumlarını ve dileklerini ancak padişaha bildirmek zorundadırlar.

Kurulunuz yasa dışı davranışlarının ağır sonuçlarından korkarak ulus ile Padişah arasına bir duvar gibi giriyor. Bu yolda direnmeniz daha bir saat sürerse, ulus artık her türlü davranış ve hareketinde kendisini özgür ve özürlü sayacak, bütün yurdun yasal olmayan kurulunuzca, kesin olarak ilgisini ve bağlantısını kesecektir. Bu, son uyarımızdır. Bundan sonra ulusun alacağı durum, burada bulunan yabancı subaylar aracılığı ile İtilâf Devletleri temsilcilerine de ayrıntılı olarak bildirilecektir.

Genel Kongre Kurulu

İstanbul'un, verilen bir saatlik süre içinde Saraya yol vermeyeceği anlaşılıyordu. Bunun için 12 Eylül 1919 günü bütün komutanlara ve illere genel bildirim yapıldı.

Baylar, ayın on ikinci günü İstanbul Hükümeti'yle genel olarak haberleşme ve bağlantı kesildi.

Olası Bir Seçim İçin Yapılacak Hazırlıklar

Baylar, bildiğiniz gibi Ferit Paşa Hükümeti, milletvekili seçimleri için sözde bir buyruk vermişti. Ama içinde bulunduğumuz güne değin, yani Anadolu'nun İstanbul'la bağlantıyı kestiği 12 Eylül gününe değin, bu buyruk uygulanmamıştı. Son durum üzerine en önemli işin milletvekilleri seçimini tez elden sağlamak olacağını çok iyi anlarsınız. Bunun için, 13 Eylül'de hemen bu konu ile de uğraşılmaya başlandı. Uzun ayrıntılara girmektense, sözünü ettiğim gün verilen ilk genel yönergeyi, olduğu gibi bilgilerinize sunmayı daha yararlı sayarım. Bildirim şudur:

"İstanbul Hükümeti'nin tuttuğu ve sürdürdüğü gerici yönteme ve yaşamakta olduğumuz günlerin büyük korku ve tehlikelerine karşı haklarımızı savunmak ve varlığımızı korumak için, Meclisi Mebusan'ın (Millet Meclisi'nin) seçilmesini ve toplanmasını sağlamak ve çabuklaştırmak bugünün en önemli işidir. İstanbul Hükümeti ulusu aldatarak, milletvekili seçimlerini aylarca yaptırmamış olduğu gibi, son zamanda verdiği seçim buyruğunun yerine getirilmesini de türlü nedenlerle geciktirmekte ve geri bırakmaktadır. Ferit Paşa'nın Toros'un ötesindeki illerimizi gözden çıkardığı, Barış Konferansı'na verdiği nota ile anlaşılmış; Aydın ilinde Yunanlılarla aramızda sınır çizmeye girişmesi de orada düşman eline düşen yerlerin bir oldubitti biçiminde Yunan topraklarına katılmasını kabul ettiğine kanıt sayılmıştır. Düşman eline geçmiş öteki ülke parçaları için de bunlara benzer akılsızca ve haince siyaset güderek ülkenin ve ulusun bölünüşüne yol açması kesinlikle beklenir. Meclisi Millî toplanmadan önce, barış anlaşmasını imza ederek ulusu, bir oldubitti karşısında bulundurmak istediği sanılmaktadır. Bundan dolayı, Genel Kongre, orduyu ve ulusu uyanıklığa çağırır ve aşağıdaki işlerin ivedilikle yapılmasını, ulusun var ya da yok oluşu

ile sonuçlanacak önemde saydığını bildirir:"

Birincisi - Seçim hazırlıklarının yürürlükteki yasada gösterilen, en kısa süre içinde yapılıp bitirilmesi için belediyeler ve Müdafaai Hukuk Cemiyetleri bütün güçleriyle çalışmalıdırlar.

İkincisi - Sancaklardan çıkarılacak milletvekillerinin, nüfusa göre, sayısı hemen saptanarak Temsilciler Kurulu'na şimdiden bildirilmelidir. Adaylar sorunu daha sonra haberleşme ile çözümlenecektir.

Üçüncüsü - Gerek seçim hazırlıkları sırasında, gerek seçim yapılırken, gecikmeye yol açacak nedenler şimdiden düşünülerek ortadan kaldırılmalı ve hiçbir gecikmeye yer verilmeyerek en kısa süre içinde seçimler sonuçlandırılmalıdır.

Bu kararın, bölgenizdeki bütün belediyelere ve Müdafaai Hukuk Cemiyetlerine bildirilmesine ve gereğinin tez elden yapılmasına yardım buyurmanız rica olunur.

Temsilciler Kurulu

Yurdun Başsız Bırakılmaması

Ferit Paşa Hükümeti direnmesini sürdürüyordu. Bilindiği üzere, devrilinceye değin de sürdürdü. Ülkeyi günlerce başsız bırakmak kuşkusuz pek büyük sakıncalar doğuruyordu. Bundan dolayı bazı aykırı görüşlere bakmaksızın, Eylül'ün 13'üncü gecesi, aldığımız şu kararları ilgililere bildirdim

"Ulusal amaçları haince yorumlayan ve başka anlamlara çeken ve halkı birbirine karşı silâhlandıran ve birbirini öldürmeye yöneltip kışkırtan İstanbul Hükümeti ile bağlantıyı kesmek zorunda kalan Genel Kongre Kurulu, aşağıdaki kararları size bildirmeyi ödev sayar:

***1**- Devlet işleri, yürürlükteki yasalara göre, eskisi gibi yürütülecektir. Soy ve mezhep ayrılığı gözetmeksizin halkın canı, malı, ırzı ve her türlü hakları güven altında bulundurulacaktır.*

2- Hükümet görevlilerinin kendilerine verilmiş görevleri, ulusun yasal isteklerine göre yürütmeleri doğaldır. Bununla birlikte, görev yapmaktan çekinenlerin yerlerine uygun görülen kişiler vekil olarak atanacaklardır.

3- Ulusal amaca aykırı davranışları görülecek olanlar, ağır cezalara çarptırılacaklardır.

5- Ülkenin ve ulusun esenliği için gereken her türlü önlemin alınması kolordu komutanları ile valiliklerden ve mutasarrıflıklardan beklenir.

6- Ulusun güveneceği, yasal bir hükümet kuruluncaya dek, yazışmalar Sivas'taki Genel Kongre Temsilciler Kurulu ile yapılacaktır.

7- İşbu kararlar, bütün ulusal örgütlerin merkezlerine bildirilecek ve halka duyurulacaktır."

Mustafa Kemal

Karşı Görüş ve Eleştiriler

Baylar, bilginize sunduğum bu son genelgemiz üzerine, kimi hafif fakat kimi de oldukça ağır karşı görüşlerle, direnmelerle ve dahası, karşı girişimlerle bile karşılaştık:

Erzincan Müdafaai Hukuk Cemiyeti Merkez Kurulu'nun 14 Eylül 1919 günlü telyazısında: "Kararların uygulanmasından önce, İstanbul Hükümeti'ne kırk sekiz saatlik süre verilmesinin uygun olacağı üyelerce kararlaştırılmıştır" yolunda zararsız bir düşünce ileri sürülüyordu.

Diyarbakır'dan 13'üncü Kolordu Komutanı Cevdet Bey, 14 Eylül 1919 günlü uzun şifresinde: *"Hükümet merkeziyle büsbütün ilişki kesilerek yazışmalar, doğruca Kongre Temsilciler Kurulu ile yapılırsa karşı görüşte olanlar, bu davranışı, Halifeliğe karşı isyan edilmiş gibi göstererek halkı yanıltacaklardır. Bu durum böyle kalırsa görevlilerin ve askerlerin aylıkları ve yiyecek giderleri için kaynak ve önlem düşünülmüş İstanbul Hükümeti, İngiliz etkisi altındadır. İngilizler, hükümetin de uygun bul-*

masıyla, geniş ölçüde bir işgal plânı uygularsa, yeni baştan İngilizlerle savaşa girişmeden yana mısınız? Bu üsteleyici giriş yurt yararına uygun mudur?" gibi birtakım düşünceler ileri sürüyor ve sorular soruyordu.

Malatya'daki Komutan İlyas Bey'in 15 Eylül 1919 günlü telinde: *"Elazığ ili halkının, Kongre'nin amaç ve isteği bildirilerek hiç olmazsa biraz aydınlatılmasına değin, bu işlerin geri bırakılması yerinde görülürse, kendisi için de uygun olduğu"* düşüncesini ileri sürülüyordu.

Sivas'ın Müdafaai Hukuk Cemiyeti Merkez Kurulu da uzun bir raporunda: *"Bildirilen maddelerin bütününden, yurtta geçici bir yönetim kurulacağı anlaşılmaktadır."* diye başladıktan sonra: *"Bunun, cemiyet tüzüğünün özel maddesine ve hiçbir maddesine dayandırılamayacağı"* üzerine dikkatimiz çekiliyor ve: *"Padişaha dilek sunmaya elverişli ortamı tatlılıkla aramayı"* öğütlüyordu.

17 Eylül 1919 günü de Kâzım Karabekir Paşa: *"Sivas'tan gelen bildirimler ve genelgeler, kimi zaman Temsilciler Kurulu adına, kimi zaman da doğrudan doğruya sizden geliyor.*

Şuna inanmalısınız ki, böyle imzanızla yaptığınız bildirimler, sizi en çok saygı ile sevenler arasında bile, büyük bir içtenlik ve düşünce esenliği ile eleştiriliyor. Bu bakımdan, Temsil Kurulu ve Kongre kararlarının her zaman imzasız, sadece Temsilciler Kurulu" diye yazılmasını rica ederim. Yüksek kişiliğinizin herhalde ortada tek başına görülmemesi ülke yararı bakımından gereklidir." diyordu.

Baylar, İstanbul Hükümeti'yle yazışmayı kestiğimiz 12 Eylül 1919 gününden sonra, Ferit Paşa Hükümeti'nin düştüğü güne değin değişik zamanlarda padişaha, yabancı devlet temsilcilerine, İstanbul Belediyesi'ne ve bütün basına çeşitli uyarı yazıları ve bildiriler yazıldı.

Padişahın Bildirisi

20 Eylül 1919 günlü, Sadrazam Damat Ferit imzalı bir genel bildirim ile padişahın da bir bildirisinin yayımlandığını anımsayacaksınız. Bu bildirinin dikkate değer yerlerini bir daha anımsatmak isterim. Bunları sıra ile göstereceğim:

1- Hükümetin izlediği siyaset sonucunda, İzmir'de geçen acıklı olaylar, Avrupa'daki uygar devlet ve ulusların dikkatlerini çekti ve kardeşlik duygularını uyandırdı.

2- Bir özel kurul, olay yerinde tarafsız olarak soruşturmaya başladı. Hakkımız, uygarlık dünyasının gözleri önünde belirlenmektedir.

3-Ulusal birliğimizi bozacak hiçbir karar ve öneri olmadı.

4- Bazı kimselerce, sözde halk ile hükümet arasında karşıtlık olduğu ilân ediliyor. Bu durum, yasa koşullarına uygun olarak, bir an önce yapılmasını istediğimiz seçimleri de geri bıraktırdığı gibi barışın yaklaşmakta bulunduğu bir sırada, varlığı çok gerekli olan Mebuslar Meclisi'nin toplanmasını da geciktirecektir.

6- Bugün, bütün ulusumdan beklediğim, hükümetin buyruklarına tam uymaktır.

7- Büyük devletlerin adalet duyguları, Avrupa ve Amerika kamuoyunun ılımlı davranışı, durumumuzu ve onurumuzu koruyacak bir barışa yakında kavuşmak umudumu güçlendirmektedir.

Bilirsiniz ki bu bildirinin yayımlanması bizim, ülke ile İstanbul Hükümeti arasında yazışmayı ve ilişkiyi kestiğimiz ve bunda direnmekte bulunduğumuz günlerde oluyor. Herhalde verdiğimiz yönerge ve genel buyruklara uyulsa, hiçbir yerden alınmaması ve halka okutturulmaması gerekirdi. Oysa karar ve bildirimlerimize uyulmayarak ve görüşümüze büsbütün aykırı olarak bu bildirinin kimi yerlerce alındığı, şimdi bilginize sunacağım telyazısından anlaşıldı.

15. Kolordu Komutanı Kâzım Karabekir Paşa'nın Trab-

zon Mevki Komutanına çektiği telgrafta: *"Yüce Padişahımız Hazretleri'nin ulusuna karşı yayımladıkları bildirinin vakit geçirilmeden görevlilere ve halka duyurulması gerekir."* deniyordu.

Padişahın bu bildirisinin, ulus üzerinde yapacağı kuşku götürmeyen kötü etkilerini bir ölçüde önleyebilmek için, söz konusu bildirinin içindekileri yalanlamaya ve hükümsüz bırakmaya yarayacak nitelikte padişaha bir karşılık yazmayı ve bunu yurtta dağıtıp yayarak okutturmayı tek çıkar yol olarak düşündük ve öyle yaptık:

Ali Galip Bey'in salık vermesi üzerine, İstanbul Hükümeti'nce Dersim Mutasarrıflığı'na atandığı anlaşılan ve Sivas'a gelen Osman Nuri Bey, 8 Eylül'de Sivas'ta alıkonuldu.

Ulusal akıma karşı haince davranışlarda bulunduğu gerçekleşen Ankara Valisi Muhittin Paşa, özel bir amaçla görev gezisine çıkmıştı. 13 Eylül'de Çorum'da bulunuyordu. Muhittin Paşa'nın yakalanıp gözaltında Sivas'a gönderilmesi için, Ankara'da Kolordu Komutanına ve Samsun'da Beşinci Kafkas Tümeni Komutanına buyruk verildi. Muhittin Paşa tutuklu olarak Sivas'a getirilmiştir. Kendisiyle görüştüm. Gereken öğütleme ve uyarmalarda bulunduktan sonra, yaşına saygı göstererek Samsun üzerinden İstanbul'a gönderdim.

Ulusal eyleme karşı oldukları anlaşılan Niğde Mutasarrıfı, Saymanı ve Komiserinin gözaltında Sivas'a gönderilmeleri için, 16 Eylül'de Niğde'de Tümen Komutanlığına emir verildi. Kastamonu'da vali bulunan İbrahim Bey'le daha önce aramızda şifre ile yazışmalar yapılıyordu. Kendisi İstanbul Hükümeti'nce İstanbul'a çağrıldı.

İbrahim Bey'in yerine bir başkasını Kastamonu'ya vali olarak atamıştı. Yeni vali 16 Eylül'de İnebolu'ya varmış bulunuyordu. Onun tutuklanmasını oradaki ilgililere buyurduk. Kastamonu'da ve Kastamonu ili içinde sarsıntı ve duraksama belirtileri görülmeye başlayınca, Kastamonu'ya güvenilir ve gücü yeten bir subayın gönderilmesini

Ankara'da bulunan Ali Fuat Paşa'dan rica etmiştim. Fuat Paşa, Kastamonu Mevki Komutanlığı göreviyle oraya Albay Osman Bey'i gönderdi.

Konya'da Ordu Müfettişi olan Cemal Paşa'nın İstanbul'a gidip geri gelmemesi, Konya ve dolaylarını Vali Cemal Bey'in hükmü altında bırakmıştı. Cemal Bey Damat Ferit Paşa yanlısıydı. Bunun yerine Sivas'ta yanımızda bulunan Refet Bey'in gönderilmesi kararlaştırıldı. Refet Bey yola çıkınca, Konya'daki yurtseverler canlanmıştı. Bundan korkan vali İstanbul'a kaçtı. Halk, Hoca Vehbi Efendi'yi vali vekilliğine getirdi.

Refet Bey'in Önerileri

Baylar, Sivas-Konya yolu üzerinde bir merkezden çekilmiş özel bir tel aldım. Refet Bey bu telde, Konya ve dolaylarında başarı sağlamak için, kendisine "İkinci Ordu Müfettişliği" unvan ve yetkisinin verilmesi gerekli olduğunu bildiriyordu.

Refet Bey, Ankara'da bulunduğum sırada, Bolu ve dolaylarında baş kaldıranların tepelenmesi için görevlendirildiği zaman da oradan bir şifre ile, halk üzerinde önemli etkisi olacağından söz açarak kendisinin generalliğe yükseltilmesini benden istemişti.

Refet Bey, bu isteklerini yerine getirmek için, benim İstanbul Hükümeti katında aracılık etmemi anlatmak istiyordu da denilemezdi. Çünkü dünyaca biliniyordu ki ben, Ordu Müfettişliği'nden ve askerlikten çekilmiş olduktan başka, padişah ve İstanbul Hükümeti'nce kovulmuştum ve benim için ölüm yargısı çıkarılmış idi.

Çalışmalarım bir kongrenin seçtiği Temsilciler Kurulu içinde, onun adına oluyordu. Ulusal çalışmalarda bulunmak ve özellikle bu konuda başarılı olmak için, resmi unvan ve yetki gerekli ise, aslında o, benim kendimde yoktu. Başarı sağlamak için, içinde bulunduğum durum ve koşulların ne olduğu anlaşıldıktan sonra, benden resmi yöntemlere göre unvan ve yetki aramanın yeri olamayacağı söz götürmezdi.

Elbette Refet Bey'i Konya'ya görevli olarak gönderirken, biz kendisine amaca uygun olarak, her türlü iş ve davranış için tam ve geniş yetki vermiştik. Bunun kullanılması ve uygulanması, onun yeteneğine ve gücüne bağlı idi.

General Harbord Kurulu ile Görüşmem

Baylar, hatırınızda olsa gerektir ki, ülkemizde ve Kafkasya'da inceleme yapmak üzere, Amerika Hükümeti General Harbord'un başkanlığı altında bir kurul göndermişti. Bu kurul Sivas'sa geldi. 22 Eylül 1919 günü General Harbord ile uzun uzadıya görüşmelerde bulunduk. Generale ulusal ayaklanmanın amacı ve ereği; ulusal örgüt ve birliğin ortaya çıkış nedeni; Müslüman olmayan azınlıklara karşı olan duygular; yabancıların ülkemizde yıkıcı propagandaları ve işleri üzerine, geniş ve kanıtlı açıklamada bulundum. Generalin bazı beklenmedik sorularıyla karşılaştım. Örneğin: "Ulus, düşünülebilen her türlü girişim ve özveride bulunduktan sonra da başarı elde edemezse ne yapacaksın?" Verdiğim karşılıkta demiştim ki:

"Bir ulus varlığını ve bağımsızlığını korumak için düşünülebilen girişim ve özveriyi yaptıktan sonra başarır. Ya başaramazsa demek, o ulusu ölmüş saymak demektir. Öyle ise, ulus yaşadıkça ve özverili girişimlerini sürdürdükçe başarısızlık söz konusu olamaz."

Abdülkerim Paşa'nın Aracılığı

İstanbul Hükümeti ile ilişkiyi kesişimizin on beşinci günüdeyiz. Ulusal karara karşıt bir durum alan kimi yerler de ister istemez ulusal akıma uymaya zorlandı. İstanbul Hükümeti'ne hizmet eden kimi görevliler, ya kaçtılar ya da boyun eğme durumuna getirildiler. İstanbul'a bütün yurttan, her gün İstanbul Hükümeti'nin düşürülmesi isteğini bildiren binlerce telgraf yağdırılıyordu. İtilâf Devletleri'nin Anadolu'da dolaşan subay ve görevlileri, ulusal ayaklanmaya karşı tarafsız olduklarını ve "ülkenin iç işlerine karışmayız" sözünü her yerde açıktan söylemeye başladılar.

Bu durum karşısında artık Padişah ve Ferit Paşa, ulusal eylem yöneticileriyle anlaşmaktan başka çıkar yol kalmadığı kanısına vardılar ve benim çok eski bir arkadaşımın kendilerine yardımcı olmasını istediler. Bu kişi Abdülkerim Paşa'ydı.

Baylar, Kerim Paşa ile 27 Eylül gece yarısından önce saat 23.00'te başlayan bu görüşmemiz, gece yarısından sonra saat 07.30'a dek, tam sekiz buçuk saat sürdü. Ona ülkede olup bitenleri anlattım. Hükümet üyelerinin padişahı aldattığını söyledim.

Kurtuluşun ancak Kuvayı Milliye'nin önderliğinde ve ulusal iradenin hâkim kılınmasında olduğunu belirttim. Bu sağlam temel ve halk isteğinden sapmanın ulusumuz ve yurdumuz için çok kötü bir yıkım getireceğine dikkatini çektim.

Ayrıca, Anadolu'da başlayan Ulusal eylemin, olanca genişliği ile İstanbul'a doğru ilerlediğini söyledim. "Ferit Paşa ve arkadaşları bunu bilmektedir. Siz de bu bilgiyi isteyip aydınlanınız." dedikten sonra gerçekten o günlerde yapılmış olan başarılı askeri hareketlerle ilgili raporları anlattım ve: "Artık bütün bu hareketleri durdurmak, yalnız ve ancak bir şeye bağlıdır. O da ulusun isteklerine bütün anlamıyla uyacak bir kişiye hükümet başkanlığının verilmesi ve o kişinin de ulusal amaçları anlayarak, ona göre önlem almaya girişmesiyle ilişkidir." dedim.

Baylar, bundan sonra Damat Ferit Paşa hükümeti ancak üç gün dayanabilmiştir. Daha sonra görüşemediğim dostum rahmetli Kerim Paşa'nın bazı kişilere söylediğine göre, bu konuştuklarımızı olduğu gibi Padişaha bildirmeyi başarmış ve onun üzerine direnme gücü kırılmış.

Abdülkerim Paşa'nın Kara Vasıf Bey'e yazdığı 8 Kasım 1919 günlü mektubunda da buna işaret edilmiştir. Kerim Paşa ile bu görüşmenin yapıldığı gecenin ertesi günü, yani 28 Eylül günü, özeti bütün kolordulara şifre ile bildirildi.

Ali Rıza Paşa Hükümeti'nin Kurulması

Baylar, 2 Ekim 1919, saat 15.00 sıralarında araya imzasız şöyle özel bir tel girdi: *"Paşa Hazretleri, İstanbul'da yakın arkadaşlar söylediler. Bütün akşam gazeteleri yazıyormuş. Ferit Paşa, sağlık durumu nedeniyle çekilmiş; Tevfik Paşa, hükümeti kurmakla görevlendirilmiş."*

"Bu teli kim veriyor? Anlayınız." dedim. Sormaya zaman kalmadan telin arkası şöylece geldi:

"Biz Ankara telgrafçıları, Paşa Hazretleri'ne saygılarımızı sunarız ve yurdumuzun başına karabasanlı bir belâ olan bu hükümetin devrilmesi için, ulusun başında bulunup başarı sağlayışınızı kutlarız. Kendisine söyleme iyiliğinde bulununuz."

Gerçekten 2 Ekim günü Ferit Paşa Hükümeti düşmüş bulunuyordu. Fakat yeni hükümeti kuran Tevfik Paşa değil, Senato üyelerinden Korgeneral Ali Rıza Paşa idi.

Baylar, Ferit Paşa Hükümeti'nin düştüğünü ve Ali Rıza Paşa'nın yeni hükümeti kurmakla görevlendirildiğini 2 Ekim 1919 günü yazdığım bir genelge ile bütün ulusa bildirdim. Bu genelgenin bir örneğini de bilgi edinilmesi için, yeni sadrazama ulaştırdım.

Bilginize sunduğum bu genelgede belli başlı noktalar şunlardı:

1- *Yeni hükümet, Erzurum ve Sivas Kongreleri'nde kararlaştırılan ve saptanan örgütlere ve ulusal amaçlara saygı gösterirse, Kuvayı Milliye ona yardımcı olacaktır.*

2- *Yeni hükümet, Mebuslar Meclisi toplanarak gerçekten denetleme işine bağlayıncaya dek, ulusun yazgısıyla ilgili hiçbir yüküm altına girmeyecektir.*

3- *Barış konferansına atanacak delegeler, ulusun istek-*

lerini gerçekten anlamış ve güvenini kazanmış bilgili ve güçlü kişilerden seçilecektir.

3 Ekim 1919 günü Sadrazam Ali Rıza Paşa'ya yazdığım telyazısında:

"Ulus, şimdiye dek, başa geçenlerin Anayasa'ya ve ulusal isteklere aykırı davranışlarından üzüntü duydu. Bundan dolayı, yasal haklarını tanıtmak ve yazgısını yetkili ve güvenilir ellerde görmek için kesin kararını verdi. Gerekli sağlam girişimlere bağladı. Düzenli örgütlere bağlı Kuvayı Milliye, ulusun kesin iradesini bütünüyle gösterdi." denildi.

Biz, bu arada bazı davranışlardan, Ali Rıza Paşa Hükümeti'nde bir duraksama, bu hükümette bulunan kişilerin de kafalarında bir bulanıklık sezer gibi olduk, o nedenle bazı önlemler almayı da uygun gördük.

Baylar, yeni Sadrazam Ali Rıza Paşa'dan 3 Ekim 1919'da şöyle bir tel geldi:

"Erzurum ve Sivas Kongreleri'nde kararlaştırılıp saptandığı, telyazılarında bildirilen örgüt ve amaçların neler olduğunu hükümetimiz bilemediği için, işin gereği incelenmek üzere, her şeyden önce, adı geçen kongrelerde alınan kararların tez elden bildirilmesini dilerim efendim."

Baylar, bu telyazısında, bizim Kongrelerde aldığımız kararların ve kendilerine önerdiğimiz üç noktanın dikkate alınmasını, yeni hükümetin sadrazamı ve nazırları olağan buluyorlar. Bu karar ve ilkelerin sağlanmasına aslında çalışmakta olduklarını söylüyorlar.

Ancak sadrazam: *"Hükümetin kılavuzu yasa hükümleridir. Görevi, aykırı durumları önleyip ortadan kaldırmaktır."* gibi bir başlangıçtan sonra, bizim durumumuzun ve davranışlarımızın olağandışı ve yasaya aykırı olduğuna dokundurarak, bu durum sürüp giderse, merkezle Anadolu'nun birbirinden ayrılacağı sonucuna varılacağını bildirip, bundan doğacak tehlikeleri sayıyor

Baylar, 5 Ekim 1919'da Sadrazam Paşa'ya yazdığımız

uzun yanıtın temel noktalarını özetleyelim:

"Önerilerimizin hepsinin uygun görülüp kabul edilmiş olduğu anlaşıldı." dedikten sonra, bizim söz vermemizi istedikleri noktalar üzerinde açıklama yaptık ve dedik ki *"Olağandışı ve yasaya aykırı durumların etmeni ve yaratıcısı Ferit Paşa Hükümeti idi. Ferit Paşa Hükümeti'nin yaptığı yasadışı iş ve davranışların nedenlerinin ve etmenlerinin kaldırılması için sizler kesin önlem alırsanız, bu durum kendiliğinden ortadan kalkar."*

*"Cemiyetimizin (***Anadolu ve Rumeli Müdafaai Hukuk Cemiyeti***) şimdiki hükümete karşı yüklenmelerde bulunması ve kendilerine yardım edebilmesi için önce, hükümetin ulusal örgütlerimizi iyi karşıladığını açık ve kesin bir dille söylemesi gereklidir. Yoksa karşılıklı güven ve yakınlığın doğduğu kuşkulu kalacak ve karşıt davranış ve girişimlerin belirmesi beklenecektir."* diye yanıt verdik. Ondan sonra şu önerileri ileri sürdük:

1-Yurtta rahatlık ve güvenlik olduğunu ve ulusal isteklerin yüzde yüz haklı ve yasal olduğunu resmi bir bildiri ile açıklayarak, ulusun genel birliğine hükümetin de katıldığını gösteriniz.

2- Düşük hükümetin haince davranışlarına alet olmuş birtakım yüksek düzeyde memurlar vardır. Onları ilgili mahkemelere veriniz. Ulusal eyleme engel olan bazı eski valilerin devlet hizmetinde kullanılmamaları için gerekli işlemi yapınız. Ulusal eyleme hizmet ettikleri için görevden alınanları eski görevlerine atayınız.

3- Önceki rütbeleriyle göreve alınmaları Millet Meclisi'nin onayından geçmemiş olan ve çalıştırılmamalarının tek nedeni birtakım kötü siyasal düşüncelerden başka bir şey olmayan emeklileri hemen eski durumlarına getiriniz. Önemli askeri görevleri yetkili ellere veriniz.

4- Eski nazırlardan Ali Kemal ve Âdil Beyler ile Süleyman Şefik Paşa'nın, Millet Meclisi açılınca Yüce Divana verilmek üzere, hiçbir yere kaçmalarına meydan bırakılmamasını; Posta ve Telgraf Genel Müdürü Refik Halit

Bey'in hemen tutuklanarak ilgili mahkemeye verilmesini; yasanın dokunulmazlığı ve ulusal hakların kutsallığı adına isteriz.

5- Ulusal eyleme katılmış ya da ulusal eylemi desteklemiş olanlara karşı başlanan kovuşturma ve baskılara son veriniz.

6- Basını yabancı sansürden kurtarınız.

İşte baylar, özet olarak saydığım bu noktalarla ilgili düşünce ve önerilerden sonra telimizi şöyle bitirdik:

"Bilginize sunduğumuz şeylere ve ileri sürdüğümüz önerilere ulusu inandıracak açık ve uygun yanıt verilinceye değin, ulusal amaçları gerçekleştirmek için, ulusça alınmış olan eylemli önlemlerin, eskisi gibi sürdürülmesinin zorunlu olacağını, bütün illerle bağımsız sancaklardan ve bunlara bağlı yerlerden aldığımız kararlar üzerine tam kesinlikle bildiririz."

Mustafa Kemal

Baylar, İstanbul'la haberleşme biter bitmez, şu genelge ile ülkeye durumu bildirdim:

Genelge
Belediyelere ve Basına

Sadrazam Paşa Hazretleri Erzurum ve Sivas Kongreleri'ndeki temel kararları ve ulusal örgütlerin isteklerini yerinde görüyorlarsa da düşüncelerinde bazı açıklanması gerekli yönler bulunduğundan hükümetle ulusun gerçekten anlaşmasının sağlanması amacıyla ve bütün merkezlerden alınan düşüncelerin özüne dayanarak verilen yanıt ve ileri sürülen öneriler, aşağıda gösterilmiştir. Kamuoyuna bildirilir. Gelecek yanıt ve ona göre alınacak kararlar da hemen bildirilecektir.

Mustafa Kemal

Ulusal Örgüt Genişliyor ve güçleniyor

Baylar, Ferit Paşa Hükümeti'nin düşmesi, yurtta kararsız görünen bazı yerlerin de duygusu ve moral gücü üzerinde iyi etki yaptı. Her yerde, yüksek sivil memurlarla yüksek komutanlar başta olmak üzere, örgütlenmeye hız verildi.

Ali Fuat Paşa, batı illerinin hemen hepsi ile ilgilendi. Kendisi, Eskişehir, Bilecik ve daha sonra Bursa dolaylarında dolaşarak ve gerekenlerle yazışarak iş görüyordu.

Balıkesir'de bulunan Albay Kâzım Bey, *(Meclis Başkanı Kâzım Paşa)* o bölgede ulusal örgütler ve askeri düzenlemelerle ilgileniyor ve uğraşıyordu.

Bursa'da Albay Bekir Sami Bey, 8 Ekimde, Ferit Paşa'nın adamı olan valiyi İstanbul'a göndererek Kongre ve kararlarını uygulatmaya başlamış ve bir merkez kurulu kurdurmuştu.

Ulusal Örgütlenme ile uğraşıldığı kadar, milletvekilleri seçimi ile de uğraşılıyordu.

Ülkede, bütün ulusal örgütlerin tek ad altında Temsilciler Kurulu'na bağlılığı ilkesine uyuluyordu. Eskişehir, Kütahya, Afyonkarahisar dolaylarında örgütlerin sağlamlaştırılması ve Aydın, Konya, Bursa, Balıkesir bölgelerinin bağlantılarının kolaylaştırılması için önlemler alınıyordu. Batı Cepheleri üzerinde Harbiye Nazırlığı'nın aydınlatılmasına ve hükümetçe ne gibi işler, önlemler düşünüldüğü de sorularak, hükümetin bu konuya ilgisinin çekilmesine çalışılıyordu.

Efelerin, yönettikleri Aydın Cephesi kesimlerine bir komutan gönderme konusu düşünülmeye başlandı. 14 Ekim'de düşman elindeki yerlerde, gizli ulusal örgütler kurulması için Fuat Paşa'ya ve Afyonkarahisar'da Yirmi Üçüncü Tümen Komutanı Ömer Lütfi Bey'e gerekli direktifler telyazılarıyla gönderildi.

İstanbul'da gizli çalışmaya karar verildi. Trakya'ya örgütlerin genişletilmesi için Cafer Tayyar Bey aracılığı ile yönerge verildi.

Mebuslar Meclisi'nin Toplanacağı Yer

Baylar, bir yandan milletvekillerinin seçilmesine çalışılırken, bir yandan da Mebuslar Meclisi'nin nerede toplanabileceği düşüncesi kafamızı kurcalıyordu. Erzurum'dan Refet Paşa'nın bu sorun ile ilgili bir teline karşılık verirken: "Meclis toplanmalı; ama İstanbul'da değil, Anadolu'da!" demiştim.

Gerçekten, ben Meclis'in İstanbul'da toplanması kadar mantıksız ve amaçsız bir davranış düşünemiyorum. Ancak, bu konuda yetkili olanları ve kamuoyunu bu gerçeğe inandırmadıkça düşüncemiz gerçekleşemezdi. Mebuslar Meclisinin İstanbul'da toplanmasının sakıncalarını açık olarak belirtmek gerekiyordu.

13 Ekim 1919 günü, Mebuslar Meclisi'nin açılışından sonra, Müdafai Hukuk Cemiyeti'nin nasıl bir siyasal durum alması düşünüldüğünü, Cemal Paşa aracılığı ile hükümetten sorarken, Mebuslar Meclisi'nin İstanbul'da toplanmasında ne gibi siyasal güvence elde edilmesinin düşünüldüğünü öğrenmek istedik.

O gün Mebuslar Meclisi'nin İstanbul'da esenliğini sağlama yolunda ne gibi kolluk ve koruma düzeni alınacağını ve neler yapılmak gerektiğini, İstanbul örgütümüzün merkez kurulunda bulunan Çanakkale Müstahkem Mevki Komutanı olan Albay Şevket Bey'den sorduk.

Amasya Görüşmeleri

Baylar, Bahriye Nazırı Salih Paşa ile Amasya'da buluşmamız kararlaştırılmıştı. Nazır Paşa ile hükümetin dış siyaseti, iç yönetimi ve ordunun geleceği ile ilgili konular üzerinde görüşme olasılığı vardı. Bunun için, daha önce, kolordu komutanlarının düşünce ve görüşlerini bilmek bence pek yararlı olacaktı.

14 Ekim 1919 günlü şifre telimde, kolordu komutanlarının bu üç nokta ile ilgili görüşlerini rica ettim.

Salih Paşa, 15 Ekim'de İstanbul'dan yola çıktı. Biz de 16 Ekim'de Sivas'tan yola çıktık. 18 Ekim'de Amasya'da bulunduk.

Salih Paşa'ya, uğrayacağı iskelelerde, ulusal örgütlerce parlak karşılama törenleri yapılması ve bizim adımıza "Hoş geldiniz" denilmesi için yönerge verilmişti.

Biz de Amasya'da, pek büyük gösterilerle kendisini karşıladık.

Salih Paşa ile Amasya'da 20 Ekim'de başlayan görüşmelerimiz, 22 Ekim'de sona erdi. Üç gün süren görüşmeler sonunda ikişer sayı olmak üzere beş tane protokol düzenlendi. Amasya buluşması sonucu alınan kararlar, kolordulara da bildirildi.

Baylar, sırası gelmişken bir noktayı belirtmek isterim. Biz ulusal örgütlerin ve Temsilciler Kurulu'nun İstanbul Hükümeti'nce resmi olarak tanınmış bir siyasal varlık olduğunu; görüşmelerimizin resmi olduğunu ve sonuçlarına göre iş görmek gerektiğinin taraflarca kabul edilmiş olduğunu, açıkça ortaya koydurmak istiyorduk.

Bunun için, görüşme sonuçları ile ilgili tutanakların protokol olduğunu kabul ettirmek ve İstanbul Hükümeti'nin delegesi olan Bahriye Nazırı'na imzalatmak, önemli idi.

21 Ekim 1919 günlü tutanağa yazılanların, denilebilir ki hemen hepsi Salih Paşa'nın önerileri olup kabulünde sakınca görülmeyen birtakım maddelerdi.

Bu görüşmede, tarafların halifelik ve padişahlık konusunda karşılıklı güvenceleri ile ayrıntıları gösteren bir başlangıçtan sonra, Sivas Kongresi'nin 11 Eylül 1919 günlü bildirisindeki maddelerin görüşülmesine başlandı:

Cemiyet'in programını kabul eden mebusların, Cemiyet'in tüzüğünde açıklanmış olan delegeler gibi sayılarak– yapacakları özel toplantı, kongre yerine geçebilir. Bundan sonra, Mebuslar Meclisi'nin İstanbul'da tam güvenlik içinde, serbest olarak görev yapabilmesi gerekir, dendi. Bunun, şimdiki koşullara göre ne ölçüde sağlanabileceği düşünüldü.

Görüşmelerde İstanbul'un yabancılar elinde bulunması dolayısıyla, milletvekillerinin yasama görevlerini gereği gibi yapmalarına, durumun pek elverişli olamayacağı düşüncesi belirdi. Mebuslar Meclisi'nin Anadolu'da, İstanbul Hükümeti'nin uygun göreceği güvenilir bir yerde toplanması uygun görüldü ve Salih Paşa da bunu kabul etti.

Milletvekillerinin seçiminde tam serbestlik bulunması gerektiği hükümetçe buyrulmuş olduğundan, seçimler yapılırken Cemiyet Temsilciler Kurulu'nca karışılmamakta olduğu bildirildi.

Milletvekilleri arasında İttihat ve Terakki üyesi ve orduda kötülüğü görülmüş kimseler bulunursa, bunların milletvekili seçilmesine meydan verilmemesi için, Temsilciler Kurulu'nca uygun biçimde bazı uyarılarda bulunulmasının yerinde olacağı da düşünüldü. Temsilciler Kurulu'nun bu konuda nasıl aracılık yapacağı da ayrıca bir formül halinde üçüncü bir protokol olarak saptandı.

Sivas'ta Yapılan Karşı Girişim. Şeyh Recep Olayı

Baylar, Amasya'ya varır varmaz, İtilâfçılarla Hürriyetçilerin, yabancılarla ortaklaşa birtakım haince işlere giriştiklerini gösteren bilgiler almıştık. Bunu hemen genelge ile bildirmiştim. Sivas'ta da padişaha, beni kötüleyen teller çekilmesi gibi bir girişim olduğunu haber aldım; ama inanmadım. "Elbette Temsilciler Kurulu arkadaşlarımızın ve karargâhımızda bulunan kişilerin, Valinin ve başkalarının dikkati buna engeldir." dedim.

Oysa Şeyh Recep ile arkadaşlarından Ahmet Kemal ve Celâl adındaki kişiler, bir gece telgrafhanede, kendilerinden olan bir telgrafçı aracılığı ile istedikleri telleri çekmişler.

"İlimiz olan Sivas'ta Anadolu ve Rumeli Müdafaai Hu-

kuk Cemiyeti adıyla kurulan Kongre Kurulu Başkanı Mustafa Kemal Paşa, yanında sizin güven kâğıdınız olduğu söylentisini yayarak, kötülüklerini örtmek isteyen küçük bir toplulukla birlikte, ulusal iradeyi temsil ediyorlarmış gibi davranıyorlar. Oysa şanlı halifemiz ve sevgili padişahımıza her bakımdan saygılı ve tam bağlı olmamız, din buyruğudur. Bahriye Nazırı Salih Paşa ile padişahın başyaveri Naci Beyefendi'nin Amasya'ya gönderildiklerini haber aldık. Kendileriyle görüşüp halk arasında doğan coşkuyu yatıştırmak için din bilginleri, ileri gelenler ve tüccardan iki yüzü aşkın imza ile çektiğimiz çağrı telimize yanıt alamadık. Kamuoyunun ne durumda olduğunu kendilerinin yakından görmeleri için Sivas'a değin gönderilmelerini bütün bağlılığımızla ve çok ivedi olarak yalvarırız. Bu yolda buyruk, Padişahımız Efendimiz Hazretleri'nindir."

Baylar, düşmanlar Şeyh Recep'e gerçekten önemli bir rol yaptırmış bulunuyorlardı. Sait Molla'nın Rahip Fru'ya yazdığı 24 Ekim günlü mektubunda, "Sivas olayını nasıl buldunuz? Biraz düzensiz; ama yavaş yavaş düzelecek" diyordu.

Adapazarı Dolaylarında Kışkırtmalar

Baylar, daha Amasya'da iken karşılaştığımız durum yalnız Şeyh Recep olayı ile kalmadı. Adapazarı dolaylarında da buna benzer bir olay çıktı:

Adapazarı ilçesinin Akyazı yörelerinde türeyen Talustan Bey, İstanbul'dan para ve yönerge verilerek gönderilen ve süvari olacaklara 30 lira, piyade yazılacaklara 15 lira aylık verileceğini söyleyen Bekir Bey ve Sapanca'nın Avçar köyünden Beslan adında bir tahsildar birleşiyorlar.

Bu adamlar başlarına topladıkları atlı, yaya birtakım kimselerle Adapazarı kasabasını basmaya karar veriyorlar. Tahir Bey adındaki Adapazarı kaymakamı bunu haber alıyor. Tahir Bey, İzmit'ten gönderilen bir binbaşıyı ve bulduğu yirmi beş kadar atlıyı alarak kasabayı basmaya gelenlere karşı çıkıyor. Lütfiye denilen bir köyde karşılaşıyorlar... Tahir Bey'in "Ne yapmak istiyorsunuz?" sorusuna şöyle yanıt veriyorlar:

"Padişah Hazretleri'nin sağ olup olmadığını ve yüksek halifelik makamında oturup oturmadığını öğrenmek için Adapazarı'na makine başına gelmek istiyoruz. Mustafa Kemal Paşa'yı padişah yerine kabul edemeyiz."

Tahir Bey'in, makine başında, İzmit Mutasarrıfı'na verdiği ilgide: "Adı geçenlerin İstanbul'da önemlice kişilerle ilişkileri olduğundan ve padişahın bile bu yaptıklarından haberli bulunduğunu söylediklerinden" söz ediyordu. Resmi olarak verilen bilgide Bekir'in, toplanan kimselere : "Bu iş için İstanbul'ca bir hafta süre verdiler. Beş gün geçti. İki günümüz kaldı. İşi çabuklaştıralım" diye söylediği de bildiriliyordu.

İzmit'teki Tümen Komutanı, Adapazarı üzerine bir birlik gönderecekti. Ali Fuat Paşa da Düzce üzerine biraz kuvvet gönderecekti.

23 Ekim günü İzmit'te Tümen Komutanına, Bekir'i İtilâf ve Hürriyetçilerle yabancı düşmanların gönderdikleri ve karıştırıcı davranışlarının yasaklanması gerektiği bildirildi.

Adapazarı Kaymakamı Tahir Bey'e de, 23 Ekim'de doğrudan doğruya *"Bekir ve arkadaşları için sert ve çabuk önlemler alınmasında hiç duraksama gösterilmeyerek yaptıkları zararlı işlere son verilmesini ve sonucunun bildirilmesini"* buyurdum.

Baylar, 23 Ekim günlü bir şifre ile adı geçen Bekir ve yardakçılarının yaptıkları işler ve kimlikleri üzerine elde ettiğimiz bilgiyi Harbiye Nazırı Cemal Paşa'ya bildirdik ve: "İstanbul Hükümeti'nce bu gibi karıştırıcı işlere ve davranışlara karşı, zamanında etkin önlemler alınmaz da sorun ulusal örgütlere dokunursa, en sert önlemlere girişmek zorunda kalacağımızı bilginize sunarız" dedik.

İzmit'ten giden ve orada gücü artırılan ulusal ve askeri

bir birlik "önemli sayıda toplanmış ve toplanmakta olan kötü kişileri dağıtmış, tahsildar Beslan'ı ve kardeşi Hasan Çavuş'u yakalamış. Asıl yönerge ve para ile bir hafta önce İstanbul'dan gelmiş olan Bekir kaçmış". Bu Bekir, subaylıktan kovulmuştur ve Manyaslıdır. Bundan sonra, vermek zorunda kaldığımız buyruklarla, İzmit'te kışkırtıcı ve düzenci olanlardan "İngiliz İbrahim" denmekle tanınmış biri ve başka birtakımları için kovuşturma başladı.

"İlgililerce yerinde alınan önlemler sonunda, Bekir'in girişiminin etkisiz kaldığını ve kaçtığını; gene İstanbul'a dönerek yeniden haince girişimlerde bulunmasının çok olası görüldüğünü; kendisi için özel kovuşturma yapılmasını" Amasya'dan 26 Ekim 1919 günü Harbiye Nazırı Cemal Paşa'ya yazdım.

27 Ekim 1919'da Bolu Mutasarrıfı Haydar Bey'den gelen telde: "Bekir'in, yanında iki subay, kırk silâhlı adam olduğu halde Abaza köylerinde halkı, İstanbul Hükümeti adına ulusal eyleme karşı kışkırttığı ve birçok para harcadığı; nazırlığa bu konuda yazılan yazıların dikkate alınmadığı" bildiriliyordu.

Baylar, bu gibi sorunlarda hükümeti uyarmak ve görevini yapmaya çağırmaktan başka bir şey olmayan başvurmalarımız, elbette hükümetin işine karışma gibi anlaşılmaz sanırım.

Ekim 1919'da Önemli İç Olaylar

Baylar, İzmir ili içinde, işgal altındaki yerlerde bulunan müslüman halk zulüm görüyor ve öldürülüyordu. Bunun için, İtilâf Devletleri'nin temsilcileri katında etkili girişimlerde bulunulmasını hükümetten rica ettik. Yunanlılar zulümlerini ve yolsuzluklarını sürdürürlerse, misilleme yapmak zorunda kalacağımızı da bildirdik.

İzmir'de geçen acıklı olaylar üzerine, İstanbul'da bir gösteri toplantısı yapılması istenmişti. Buna engel olunduğunu haber alınca Cemal Paşa'nın dikkatini çektik.

Ulusal güçlere karşı olan Anzavur, Bandırma dolaylarında haince ve canavarca işlere başlamıştı. Onların verdiği zararları önlemek için ve Karabiga, Bandırma yörelerine çıkan Nigehban Cemiyeti'nden subaylara karşı yapılacak işlemi Balıkesir'de Kâzım Paşa'ya ve başka ilgililere yazdık.

Bildiğiniz gibi Maraş, Urfa, Antep'te başlangıçta İngiliz birlikleri vardı. Bu birlikleri Fransız askerleri değiştirdi. Bu nedenle yeniden Fransız işgalini önlemeye çalıştık. Sonra da ilkin siyasal girişimlerde bulunduk; daha sonra eylemli girişimlerde bulunduk.

Bozkır'da yeniden önemlice bir ayaklanma oldu. Onun bastırılması için çeşitli önlemler aldık.

Maraş ve Antep'e Kılıç Ali Bey'i, Çukurova bölgesine de Topçu Binbaşısı Kemal ve Yüzbaşı Osman Tufan Beyleri göndererek sağlam örgütler kurmaya ve girişimlere başladık.

Ulusal Örgütlerin Düzene Sokulması

Baylar, Ulusal Örgüt'ün bir düzene sokulması önemliydi. Bunun için özel önlemler alındı. Milletvekili seçimleri dolayısıyla ortaya çıkan bazı görüş ayrılıklarının giderilmesi çarelerine başvuruldu.

Maraş'ta bazı Çerkez yurttaşlar, Adana yöresindeki Fransız yöneticinin, Maraş'a gönderilmesini, Antep'teki Fransız askeri komutanından telle istemişlerdi. Buna izin veren Maraş Mutasarrıfı kınandı. İstanbul Hükümeti'nin de dikkati çekildi.

Bolu dolaylarında güvensizlik gittikçe artıyordu. İzmit'te Asım Bey'den sonra, Birinci Tümen Komutanı olan Rüştü Bey'e bu konuda yönerge verildi.

Baylar, 20 Kasım 1919 günü, İstanbul'daki örgütümüzden, Kara Vâsıf ve Albay Şevket imzalarıyla gelen bir şifrede: "Gebze Kaymakamı'nın ulusal eyleme karşı olduğu ve Kuvayı Milliye'ye leke sürmeye" çalıştığı bildiriliyor; bu kaymakamın yerinin değiştirilmesi söz konusu ediliyordu. Biz de bu görüşe yürekten katılarak, gereğinin Cemal Paşa aracılığıyla sağlanmasını bildirdik.

Baylar, bizim özellikle İstanbul'a yakın olan İzmit Bölgesi'nde uygulanmasını düşündüğümüz önlem, orada silâhlı ulusal birlikler kurulması ve o dolaylardaki güvenilir komutan ve subaylarımızın da bu ulusal birliklere yardımı ve desteği ile hain çeteleri izleyip kötülüklerini ve varlıklarını ortadan kaldırmaları idi.

İşte bu amaçla meydana getirebileceğimiz ulusal birliklerin en önemlisi ve güçlüsü "Yahya Kaptan" diye tanınmış bir özverili yurtseverin birliği idi. Yahya Kaptan'ın bana çektiği ve görev beklediği telgrafı üzerine, ona, 4 Ekim 1919'da çektiğim telyazısında:

"Bulunduğunuz bölgede güçlü bir örgüt kurunuz, Adapazarı Kaymakamı Tahir Bey aracılığıyla bizimle bağlantı sağlayınız, şimdilik hazır olarak bekleyiniz." dedim.

Yahya Kaptan aldığı bu buyruk üzerine örgütü kurdu ve aylarca, İstanbul'la ilişkisi olan çevrelerde hain çetelerin iş görmelerine engel oldu. En sonunda, İstanbul Hükümeti'nce öldürüldü.

***

Baylar, Yahya Kaptan sorununa 20 Kasım 1920 günündeki olaylar dolayısıyla yeniden dokunduk. Genel olaydan yer ve zaman bakımından çokça uzaklaşarak Yahya Kaptan olayının açıklanmasını bütünlemek zorunda kaldık. Şimdi izin verirseniz yeniden, bıraktığımız yere dönerek olayları izleyelim.

Ankara-Eskişehir demiryolunun işletilmesine İtilâf Devletleri'nce engel olunmuştu. Bu yolun işletilmesi için, İtilâf Devletleri temsilcilerine sert bir protesto notası verilmesi, 21 Ekim 1919'da Ankara Merkez Kurulu'na bildirildi.

Adana örgütü kurucularından, Niğde'ye ya da Kayseri'ye gelerek, bizimle görüştükten sonra çalışmalarını sürdürmeleri sağlandı.

Aydın cephelerinde durum her gün güçleşmekte ve ağırlaşmakta olduğundan, Salih Paşa ile Amasya'da kararlaştırdığımız üzere, Donanma Cemiyeti'nin dört yüz bin lirasının bu cephelere verilmesini Harbiye Nazırına yazdık. Bu cephelerde savaşanlara silâh ve cephane verilmesini; cephenin makineli tüfek ve topçu birlikleriyle desteklenmesini, Konya'daki On İkinci Kolordu Komutanı'ndan rica ettik.

Baylar, Fransızlar, Bandırma-Soma demiryolunu sözde denetlemek için Bandırma'ya bir birlik çıkarmışlardı. Güvenliği çok iyi olan Bandırma'ya asker çıkarmaya hakları olmadığı apaçıktı. Bu noktaya 24 Kasım 1919'da On Dördüncü Kolordu ve Elli Altıncı Tümen Komutanlarının dikkatlerini çektik.

Yabancı subaylar, Aydın cephelerinde dolaşarak propaganda yapıyorlar ve durumu anlıyorlardı. Bu gibi subayların cephedeki birliklerle ilişki kurmalarına meydan verilmemesini ve resmi olarak hükümete başvurmalarını; eğer Kuvayı Milliye için bir söyleyecekleri olursa, merkez kurullarımız aracılığıyla bize başvurmaları gerektiğinin kendilerine bildirilmesini; propaganda yapanlar bulunursa, gözaltında bölgeden çıkarılmalarını ve kesin zorunluluk olursa, cephede görülecek İtilâf askerlerine karşı da silâh kullanılmasını cepheye bildirdik.

Baylar biz İzmir halkının da eylemli olarak seçimlere katılmasını sağlamak istiyorduk ve o yolda çeşitli araçlarla isteğimizi duyuruyorduk. Fakat Yunanlılar elbette buna engel oluyorlardı.

29 Kasım 1919 günü bu davranışı İtilâf Devletleri temsilcileri ile tarafsız elçilikler katında protesto ettik ve bunu o sırada İzmir Telgraf ve Posta Başmüdürü bulunan Ethem Bey'e yazarak İzmir halkına da duyurmak istedik.

Baylar, belki birçoklarınız anımsayacaktır. Adana işgalde iken orada Ferda adında, Kuvayı Milliye'ye karşı bir yabancı gazetesi yayımlanıyordu. Bu gazete yalnızca Anadolu halkını aldatmak ve yanlış yola sürüklemek amacıyla çıkıyordu ve bizi kötüleyen uydurma sütunlarla dolu idi. Elbette bu gazetenin Anadolu'nun içerlerine sokulmasını yasak ettik.

Fakat bu gazetenin yurtta okunmasını elbette yararlı bulan, Ali Rıza Paşa Hükümeti'nin Dahiliye Nazırı olan ve temiz olduğuna Cemal Paşa'nın birçok kez tanıklık ettiği Damat Şerif Paşa, Ferda gazetesinin, bu zehir saçan paçavranın yurda serbestçe sokulmasına engel olunmaması için buyruklar vermişti. Bundan dolayı, Şerif Paşa'nın arkadaşı Cemal Paşa'nın, 3 Aralık 1919'da dikkatini çekmeyi gerekli bulduk.

Temsilciler Kurulu'nun Sivas'tan Ankara'ya Gelişi

Baylar, Mebuslar Meclisi'nin İstanbul'da toplanmasını önlememek zorunda kalışımız üzerine, İstanbul'da toplanacak Meclis'te, yurdun bütünlüğünü, devletin ve ulusun bağımsızlığını güvence altına almak için bir grup oluşturmayı düşündük.

Bunu sağlamak amacıyla, 18 Kasım 1919 günlü yönerge ve genelge ile milletvekillerinin belli yerlerde toplanmalarına bir çağrı yaptık.

Gene düşündük ki bu grubun kurulmasını sağlamak için her sancaktan birer milletvekilini Eskişehir'e çağıralım. Bu milletvekillerini Eskişehir üzerinden İstanbul'a trenle gidecek milletvekilleriyle birleştirelim. Kendimiz de Eskişehir'e giderek, genel toplantı yapıp işleri enine boyuna görüşelim.

Bu arada milletvekillerinin İstanbul'da güvenliğini söz konusu etmek istiyorduk. Ama bazı nedenlerden dolayı, bu toplantıyı Ankara'da kalarak yapmayı yeğledik. Daha bir ay kadar Sivas'ta kaldıktan sonra artık Ankara'nın yolunu tuttuk.

Ankara'ya gelişimizi, 27 Aralık 1919 günlü yayınladığımız, şu açık bildirimle her yere duyurduk:

"Sivas'tan Kayseri yoluyla Ankara'ya gitmek üzere yo-

la çıkan Temsilciler Kurulu, bütün yol boyunca ve Ankara'da büyük ulusumuzun sıcak ve içten yurtseverlik gösterileri içinde bugün buraya geldi. Ulusumuzun gösterdiği birlik ve kararlılık, ülkemizin geleceğin, güven altına alma konusundaki inancı, sarsılmaz bir biçimde güçlendirecek niteliktedir.

Şimdilik Temsilciler Kurulu merkezi Ankara'dadır. Saygılarımızı sunarız efendim."

Temsilciler Kurulu adına
Mustafa Kemal

Yeni Milletvekilleriyle Ankara'da Görüşme İsteğimiz

Baylar, Ankara'ya varışımızda, Ankara-Eskişehir demiryolu işlemeye başlamış olduğundan, önceki bildirimimize 29 Aralık 1919 gününde yaptığımız bir ekte, milletvekilleriyle görüşme yeri olarak Ankara'yı gösterdik ve genelge ile bildirdik. Bu genelgenin bir maddesi de öteki milletvekillerinden olabildiğince çok kişinin görüşmelere katılmasının yararlı olacağı yolunda idi.

Baylar, sonunda yararlı olacağını umduğumuz hayırlı ve yurtseverce girişimin bile İstanbul Hükümeti üyelerince önüne çıkıldığını bilginize sunarsam şaşmazsınız sanırım.

Biz milletvekillerini Ankara'ya çağırırken, İstanbul hükümeti de birtakım kişilerin bu çağrıya gelmemelerini ve toplantıya katılmamalarını sağlamak için, karşı önlem alıyormuş. Bunu, kimi milletvekillerinin çektikleri teller üzerine anladık.

Örneğin, Burdur Milletvekili Hüseyin Baki imzalı ve 29 Aralık 1919 günlü şöyle bir tel aldık:

"İstanbul'da toplanan milletvekilleri adına Aydın Milletvekili Hüseyin Kâzım imzasıyla Teftiş Kurulu Başkanlığına gelen telde, en hızlı araçla İstanbul'a gelmemin pek çok gerekli olduğu duyurulmakta ve bugün Da-

hiliye Nazırlığından gelen telde de hemen yola çıkmam bildirilmekte.

Bundan önce Temsilciler Kurulu adına Mustafa Kemal Paşa Hazretleri'nden gelen buyruk ve bildirim üzerindeki görüşümü açıklayıp bilginize sunduğum halde, şimdiye dek bu yolda bir buyruk almadığımdan sizlerden haber gelmesini önemle beklemekteyim efendim."

Akdağmadeni Milletvekili Bahri imzalı ve özdeş günlü bir telde de:

"Aydın Milletvekili Hüseyin Kâzım imzasıyla gelen telde milletvekillerinin en hızlı araçla İstanbul'a gelmeleri bekleniyorsa da Temsilciler Kurulu üyeliğine seçilen milletvekillerinin mi, yoksa bütün milletvekillerinin mi çağrıldığı pek anlaşılamamıştır. Tutacağım yolu bildirmek iyiliğinde bulunmanızı çok rica ederim. Buyruk sizindir."

Baylar, sonradan bize verilen bilgiye göre, bana tel çeken kişiler, milletvekillerinden bir topluluk değildi. Sadrazam, kendi tanıdığı Hakkı Bey adında bir kişi ile Hüseyin Kâzım Bey'i yanına çağırarak, bana kısa bir tel yazdırmış. Bu teli kimi kişilere elden imza ettirmişler. Şifreli göndermek üzere, Hakkı ve Hüseyin Beyler Cemal Paşa'ya götürmüşler.

Cemal Paşa'nın Komutanları Değiştirme İstemi

Cemal Paşa, İstanbul'da bulunan generalleri, kolorduların başına, albayları, tümenlerin başına getirmek istiyordu. Öteki üstsubaylarla subayları da Anadolu'daki birliklere göndereceğinden söz ediyordu. Bu isteği, bir ilke olarak ileri sürmüş ve uygulanmasını da; Harbiye Nazırlığı Eski Müsteşarı Ahmet Fevzi Paşa'yı, Ankara'da Ali Fuat Paşa'nın yerine Yirminci Kolordu Komutanlığına ve Nurettin Paşa'yı da Konya'da Albay Fahrettin Bey'in yerine, On İkinci Kolordu Komutanlığına atamakla bir oldu bittiye getirmek istemişti.

Bu yöntem izlenip uygulandığında, Birinci Dünya Savaşı'nda yetişmiş ve kolordu ve tümen komutanlıklarına yükselmiş ne kadar genç general ve üstsubay varsa, hiç kuşku yok, bunların hepsi bu görevlerden uzaklaştırılmış olacaklardı. Çünkü İstanbul'da toplanmış eski general ve üstsubaylar, kıdem ve rütbe bakımından, ordudaki büyük birliklerin başında bulunan genç komutanlardan önde idiler.

Biz hiçbir zaman bu ilkeden yana olamazdık. Özellikle, içinde bulunduğumuz koşullar unutularak, yapılan böyle yanlış işlere olur diyemezdik. Bunun için, Cemal Paşa'ya her zaman görüşümüzü ve atanan yeni kolordu komutanlarının gönderilmemeleri gerektiğini bildiriyorduk.

Fahrettin Paşa, kolordusunun başında bulunarak, Aydın cephesine yardım etmeye ve destek olmaya çalışıyordu. Ali Fuat Paşa, o haksız işlemi düzeltmek istememişti.

Yirminci Kolordu Komutanlığına, Ankara'da bulunan Yirmi Dördüncü Tümen Komutanı Yarbay rahmetli Mahmut Bey, vekil olarak komuta ediyordu. Ali Fuat Paşa, hem Kuvayı Milliye Komutanlığını yapıyor hem de gerçekte kolordusunu elinde tutuyordu.

Biz, kolordu ve tümen gibi birliklerde komuta değişikliğini kabul etmemeye; özellikle ulusal isteklere uymuş ve o yolda çalışan kişilikleri belli komutanları, elden çıkarmamaya kesin olarak karar verdik. Yalnız, İstanbul'da bulunan genç ve özverili subayların ve hekimlerin, bir an önce Anadolu'ya, ordu birliklerine gönderilmelerini yararlı buluyor ve istiyorduk.

Cemal Paşa, Ankara'ya geldiğimiz günlerde bu sorunu daha çok üstelemeye ve bu iş üzerinde tez canlılık göstermeye başladı. Bunu bir onur sorunu yaptı. Nazırlıktan çekileceğini bildirerek gözdağı vermeye başladı. Makine başında yanıt verilmesi için yaptığı üstelemeler üzerine, Harbiye Nazırı'na 29 Aralık 1919 günü yazdığım şifrede:

"Ali Fuat Paşa'nın komutanlıktan ayrılmasını, biz aslında hiçbir zaman temelli saymadık. Ahmet Fevzi

Paşa'nın asıl olarak komutanlığa atanması söz konusu olamaz. Barış yapılmadan önce, düşünülen ve uygun bulunan ilkenin uygulanması büyük sakıncalar doğurur. Savaşta çalışarak yükselmiş kişileri, ast durumuna düşürmek olmaz. Bu zamansız girişimler, ulusal örgütler için çalışmakta olan kişilerin iş başından ayrılmalarına ve böylece ulusal birliğin bozulmasına yol açar.

Açıkta kalmış yeterli kişiler, kolordulara bağlı bulunan bölge ve mevki komutanlıklarına, askerlik şubelerine atanarak genişliğe kavuşturulabilir.

Küçük rütbeli subay ve hekimlerin ise bir an önce gönderilmesi gerekir. On İkinci Kolorduya gelince; bu kolordu, savaşan Kuvayı Milliye ile işbirliği yapmış ve iki yan arasında eylemli ve karşılıklı bir güven doğmuştur. Değişikliğe kesinlikle yer yoktur. Oradaki durum da böyle bir şeye hiçbir zaman elverişli değildir" dedim.

Baylar, bu konu üzerinde Anadolu ve Rumeli'de bulunan bütün komutanlarla yazışmalar yaparak dikkatlerini çekmiştim. Ocak ayı başında, Ankara'da bulunan Fuat Paşa'ya olduğu gibi, Konya'da bulunan Fahrettin Paşa'ya da: *"Nurettin Paşa atanacak olursa, komutayı bırakmayarak eskisi gibi ulus ve yurt görevinizi sürdürmeniz gerekmektedir. şu halde, bu konuda yapılacak bildirimlerden zamanında bize bilgi veriniz"* diye buyruk verdim.

Ankara Halkı ile Yakından Tanışmak

Baylar beni, gerçekten içten gelen parlak ve güven verici duygularla karşılamış olan Sayın Ankara halkı ile daha yakından tanışmak ve onlarla görüşmek bir ödev olmuştu. Onun için, görüşmek üzere çağırdığımız milletvekillerinin gelişlerini beklediğimiz günlerde, toplanan Sayın Ankaralılara, bir konferans vermiştim. Bu konferansta temel olarak aldığım noktalar üzerinde kısaca konuşayım.

Wilson İlkeleri: Bu ilkelerin Türkiye'yi ilgilendiren bölümleri vardı. Aslına bakılırsa, yenilmiş ve Ateşkes Anlaşması imzalamış olan Osmanlı Devleti, bu ilkelerin gönül okşayıcı serap görünümüyle bir süre oyalandı.

30 Ekim 1918 günü imzalanan **Mondros Ateşkes Anlaşması** maddeleri ve özellikle bu maddeler arasında yedincisi, beyni yakan keskin bir zehir gibiydi. Yalnız bu madde, yurdun geri kalan bölümünü, düşmanların işgal ve yayılmasına hazır bir durumda bulundurmaya yeterdi. İstanbul'da birbiri ardınca gelen ve güçsüz kişilerle kurulan hükümetler şerefsiz, onursuz, aşağılık görüşleriyle, suçsuz ve Tanrı'ya bel bağlamış ulusun simgesi gibi tanındı. Bu yüzden, dünyanın uygar devletleri, uygarlık gereğini unutacak kadar saygısız oldular. Öteden beri Türk ulusuna karşı, her zamandan çok dinlenmeye değer görüldü.

Dokuz aydan beri başlayan ulusal uyanış ve çalışma, durumu ve görünümü değiştirdi; daha da çok değiştirecektir. Ulus, gerçekleşen birliği korur ve bağımsızlığı için özveriden çekinmezse, başarı kesindir. Erzurum ve Sivas Kongreleri'nde saptanan ilkeler, ulusun ulaşacağı amaçlar için temel olacaktır.

Ferit Paşa Hükümeti'ni düşüren ulustur. Fakat Ali Rıza Paşa Hükümeti'ni işbaşına getirme sorumluluğu ulusun değildir. Ama bu konuda uzlaşmış durumdayız.

Ankara'ya Gelen Milletvekilleriyle Yaptığım Görüşmeler

Milletvekilleri, topluca Ankara'da bulunamadılar. Tek ya da küçük topluluklar halinde gelip gittiler. Bu kişilere ya da bu topluluklara temel noktaları günlerce ve birçok kez anlatmak zorunda kaldık.

Her şeyden önce moral gücünün, yürek ve vicdan gücünün yüksek tutulması gerekir. Bunu bilirsiniz. Bir de bu gücü artırmak üzere; iç ve dış durumun güven ve rahatlık verici nitelikte gelişim gösteren noktalarını ve yönlerini araştırarak açıklamaya çalıştık.

Sonra belirli bir amaçta bilinçli ve kararlı olarak birleşmenin sarsılmaz bir güç olduğu gerçeğini, yorulmaksızın yineledik.

Bir toplumun yaşamının ve mutluluğunun ancak dilekte ve dileği gerçekleştirme yolunda tam birlik olmasına bağlı bulunduğunu açıkladık.

Yurdun kurtarılması, bağımsızlığın sağlanması amacına yönelmiş olan ulusal birliğimizin köklü ve düzenli örgütlerin varlığına ve örgütleri iyi yönetebilecek kafaların ve güçlerin, bir tek beyin, bir tek güç olarak birleşmiş ve kaynaşmış duruma gelmesine bağlı olduğunu söyledik ve bu arada, İstanbul'da açılacak Mebuslar Meclisi'nde güçlü dayanışmalı bir grup oluşturulması zorunluluğunu ortaya koyduk.

Ulus, ancak devletlerin yıkılma ve çökme kargaşaları içinde bulunduğu bir zamanda, tarihin yazdığı çok önemli ve korkunç günler yaşıyordu. Böyle günlerde talih ve alın yazısını kendi eline almak uyanıklığını gösteremeyen ulusların geleceği karanlık ve yıkım doludur.

Türk ulusu bu gerçeği anlamaya başlamıştı. Bu anlayış sonucuydu ki kurtuluş umudu veren her içten çağrıya koşmakta idi. Ancak yüzyılların uyuşturucu yönetim ve eğitiminin etkisinden bir toplumun bir günde, bir yılda kurtulabileceğini düşünmek ve kabul etmek doğru değildir.

Böyle olduğu için, durumu ve gerçeği bilenler, elinden geldiği ölçüde kendi ulusunu uyarıp aydınlatarak kurtuluş yolunda ona kılavuzluk etmeyi en büyük insanlık ödevi bilmelidir.

Türk ulusunun yüreğinde, vicdanından kopup gelen en köklü, en belirgin istek ve inanç belli olmuştu: Kurtuluş!

Kurtuluş çığlığı Türk yurdunun bütün ufuklarından yankılanmaktaydı. Ulustan, başka bir açıklama istemenin yeri yoktu. Artık bu isteği dile getirmek kolaydı. Nitekim Erzurum ve Sivas Kongrelerinde ulusal istek belirtilmiş ve dile getirilmişti.

Bu Kongrelerin ilkelerine bağlı olduklarını söyledikleri

için ulusça vekil seçilen kişiler; her şeyden önce, bu ilkelere bağlı kimselerden, bu ilkeleri yayan dernekle ilgisini gösteren bir grup kuracaklardı: "**Müdafaa-i Hukuk Cemiyeti Grubu**". İşte bu grup, ulusal örgüte ve dolayısıyla ulusa dayanarak, her nerede olursa olsun, ulusun kutsal isteklerini korkmadan dile getirecek ve savunacaktı...

Ulusal Ant Hazırlanıyor

Baylar, ulusun istek ve ereklerinin de kısa bir programa temel olacak biçimde topluca yazılması görüşüldü. (**Ulusal Ant - Misakı Milli**) adı verilen bu programın ilk karalamaları da bir fikir vermek amacıyla, kaleme alındı. İstanbul Meclisi'nde bu ilkeler, gerçekten toplu olarak yazılmış ve saptanmıştır.

Baylar, her görüştüğümüz kişi ya da kişiler, bizimle düşünce ve görüş birliği içinde ayrılmışlardı. Ama İstanbul Meclisi'nde "Müdafaai Hukuk Cemiyeti Grubu" diye bir grup kurulduğunu işitmedik. Niçin? Evet niçin? Buna bugün yanıt isterim!

Çünkü, bu grubu kurmayı vicdan borcu, ulus borcu bilmek durum ve yeteneğinde bulunan baylar, inançsız idiler... korkak idiler... bilgisiz idiler...

İnançsız idiler; çünkü ulusal isteklerin gerçekliğine ve kesinliğine ve bu isteklerin dayanağı olan ulusal örgütün sağlamlığına inanmıyorlardı.

Korkak idiler; çünkü ulusal örgütten olmayı tehlikeli görüyorlardı.

Bilgisiz idiler; çünkü tek kurtuluş dayanağının ulus olduğunu ve olacağını kavrayamıyorlardı. Padişaha dalkavukluk ederek yabancılara hoş görünerek büyük ülkülerin gerçekleştirilebileceğine inanma aymazlığını gösteriyorlardı.

Bundan başka, iyilikbilmez ve bencil idiler... Ulusal düşünce ve ulusal örgütün kısa bir sürede sağladığı şerefi ve varlığı küçümsüyorlardı.

Erzurum'da Sivas'ta söylenmiş ve saptanmış bir unvanı (yani Müdafaai Hukuk Grubu adını) olduğu gibi kabul etmek, küçüklük olmaz mıydı? O addan daha anlamlı ad mı yoktu?.. Evet, işittik varmış: "Fellâhı Vatan Grubu."

Ben, Mebuslar Meclisi'nin İstanbul'da saldırıya uğrayacağını, dağılacağını kesinlikle biliyordum. Böyle bir durumda başvurulacak önlemi de kararlaştırmıştım. Hazırlık ve gerekli düzenlemeler de başlamıştı. Ankara'da toplanmak...

İşte bu görevi yaparken, ulusça yanlış anlaşılmaya yol açmamak için önlem olarak da bir şey düşünmüştüm: Mebuslar Meclisi başkanlığına seçilmek. Amacım, dağıtılan milletvekillerini, Mebuslar Meclisi Başkanı niteliği ve yetkisiyle çağırmaktı.

Baylar, bunu gereken kişilere söyledim. Düşüncemi ve görüşümü uygun buldular. Bu yolda çalışacaklarına söz ve güvence vererek İstanbul'a gittiler. Ama pek az, belki bir ya da iki arkadaştan başkasının, bu konunun sözünü bile etmediklerini öğrendim.

Bir başka mantık da şu: Meclis başkanlığına Kuvayı Milliye Başkanı'nı seçmek, daha ilk günden Meclis üzerine kuşku ve saldırı çekmeye yol açmaktır. Akıl işi değildir.

Ulusal Ant (Misaki Milli)

Osmanlı Mebuslar Meclisi üyeleri, devlet bütünlüğünün ve ulusal bağımsızlığımızın, ancak ve haklı ve sürekli bir barışa kavuşmak için göze alınabilecek ödünlerin en son sınırını içeren, aşağıdaki ilkelere eksiksiz uyulmak koşuluyla sağlanabileceği ve bu ilkeler dışında bir Osmanlı Devlet ve toplumunun kalımlılığına olanak bulunmadığı inancına varmışlar:

Madde: 1- Osmanlı ülkesinin, yalnız Arap çoğunluğunca oturulan ve 30 Ekim 1918 günlü Ateşkes Anlaşması'nın yapıldığı sırada düşman ordularının işgali altında kalan bölümlerinin yazgısı, halkın özgürce açıklayacağı olaylara göre belirlenmelidir. Adı geçen Ateşkes sınırları içinde ise, din, ırk ve soyca birlik ve karşılıklı saygı, özveri duygularıyla dolu olan sosyal ve toplumsal hakları ile bölge koşullarına hepten saygılı bulunan, Osmanlı-İslâm çoğunluğunun oturduğu toprakların tümü, eylemli ya da varsayımlı hiçbir nedenle bölünmez bir bütündür.

Madde: 2- Özgürlüğe kavuşur kavuşmaz halkın oylarıyla Anavatana katılmış olan Kars, Ardahan ve Batum için yeniden özgürce oylamaya başvurulmasını kabul ederiz.

Madde: 3- Batı Trakya'nın, barışına değin askıda bırakılan hukuksal durumu da ora halkının tam bir özgürlük içinde açıklayacağı oylara göre saptanmalıdır.

Madde: 4- İslâm Halifeliği'nin yeri, sultanlığın merkezi ve Osmanlı Devleti'nin Başkenti İstanbul'un ve Marmara Denizi'nin güvenliği, her türlü korunmuş olmalıdır. Bu ilke saklı kalmak koşuluyla Akdeniz ve Karadeniz Boğazları'nın ticarete ve uluslararası ulaşımına açık olması için bizimle birlikte bütün öteki devletlerin oybirliği ile verecekleri karar geçerli olmalıdır.

Madde: 5- İtilâf Devletleri ile onların savaştaki karşıtları ve bazı ortakları arasında anlaşmalarla saptanan ilkeler doğrultusunca, azınlıkların hakları, komşu ülkelerdeki Müslümanların da özdeş haklardan yararlanmaları inancıyla, tarafımızdan desteklenecek ve güvence altına alınacaktır.

Madde: 6- Ulusal ekonomimizin gelişmesine olanak sağlamak ve işlerin çağdaş bir yöntem düzeniyle yürütülmesinde başarıya ulaşabilmek için her devlet gibi bizim de gelişme koşullarını sağlamak yolunda bağımsız ve özgür olmamız, yaşam ve varlığımızın temelidir. O nedenle siyasal, yargısal ve parasal gelişmemize engel olacak sınırlamalara karşıyız. Saptanacak borçlarımızın ödenme koşulları bu ilkelere aykırı olmayacaktır.

Ankara'da Toplanma Düşüncesi

Ben, Mebuslar Meclisi'nin İstanbul'da saldırıya uğrayacağını, dağılacağını kesinlikle biliyordum. Böyle bir durumda başvurulacak önlemi de kararlaştırmıştım. Hazırlık ve gerekli düzenlemeler de başlamıştı. Ankara'da toplanmak...

İşte bu görevi yaparken, ulusça yanlış anlaşılmaya yol açmamak için önlem olarak da bir şey düşünmüştüm: Mebuslar Meclisi başkanlığına seçilmek. Amacım, dağıtılan milletvekillerini, Mebuslar Meclisi Başkanı niteliği ve yetkisiyle çağırmaktı. Gerçi bu önlem, ancak görünüşü kurtarmak için ve geçici olarak işe yarardı. Ama herhalde, bunalımlı zamanlarda, yararı geçici de olsa, her türlü önlemin alınmış olması gerekli sayılırdı...

Gerçekte, İstanbul'a gitmeyecektim. Ama bunu açığa vurmaksızın, zaman kazanacak ve geçici olarak görev başında bulunuyormuşum gibi, durum ve işlem düzenlenecek ve Meclis, başkan vekillerince yönetilecekti.

Bu önlemin uygulanması, elbette Meclis'e katılan ve işin aslını kavramış olması gereken arkadaşların yardımları ve çalışmalarıyla olacaktı.

Baylar, bunu gereken kişilere söyledim. Düşüncemi ve görüşümü uygun buldular. Bu yolda çalışacaklarına söz ve güvence vererek İstanbul'a gittiler. Ama pek az, belki bir ya da iki arkadaştan başkasının, bu konunun sözünü bile etmediklerini öğrendim.

Bu sorunda üstün gelen düşünüş ve mantık şu imiş: Bunca milletvekili içinde Meclis Başkanı olacak yeterlikte bir adam bile yok mudur ki Meclis'e gelmemiş olan bir milletvekilini kendi yokken başkan seçeceğiz... Meclis'i oluşturan sayın üyeleri bu denli yetersiz göstermek, yabancılar üzerende kötü etki yapmaz mı?

Bir başka mantık da şu: Meclis Başkanlığına Kuvayı Milliye Başkanını seçmek, daha ilk günden Meclis üzerine kuşku ve saldırı çekmeye yol açmaktır. Akıl işi değildir.

Bu türlü düşünen ve mantık yürütenlerin bana pek de uzak kişiler olmadıklarını görenler, susmayı yeğ tutmuşlar. Baylar, açıkça söylemeliyim ki bu önlemin alınmamış olması, Meclis dağıldıktan sonra beni küçük bir güçlükle karşılaştırmıştır.

Harbiye Nazırı Cemal Paşa Görevden Ayrılıyor

Baylar, Mebuslar Meclisi 12 Ocak 1920 günü açılmıştı. Aşağı yukarı on gün sonra, Harbiye Nazırı'nın 21 Ocak 1920 günlü bir telini aldım. Olduğu gibi bilginize sunuyorum:

"Mustafa Kemal Paşa Hazretleri'ne:

İngilizler, hükümete verdikleri bir notada, benimle Cevat Paşa Hazretleri'nin görevden çekilmemizi istediler. Hükümetçe, olmaz diye şiddetle bir karşılık verildiyse de durum hükümetin kalmasını ve yalnız benimle Cevat Paşa'nın çekilmemizi gerektirdi. Harbiye Nazırlığı'na Salih Paşa vekillik edecektir. Hükümeti güç duruma sokacak bir davranışta bulunulmamasını rica ederim. Yoksa durum düşündüğümüzden daha ağır olabilir."

Bu telgraf 22 Ocak'ta elimize geçti. Hemen telgraf başında, öğleden önce saat 11.30'da şu teli yazdım:

Harbiye Nazırı Cemal Paşa Hazretleri'ne

"Verilen notayı, olduğu gibi bize gönderir misiniz? Yapılan öneriyi yerine getirmekte tez canlılık göstermeyiniz. Notayı inceledikten sonra görüşlerimizi bildireceğim."

Sadrazam Ali Rıza Paşa'ya da, aynı gün şu teli yazdım:

Yüce Sadrazam Hazretleri'ne

"İngilizler'in, harbiye nazırının ve genelkurmay başkanının değiştirilmesini istemeleri, devletin siyasal

bağımsızlığına kesin bir saldırıdır.

Bu saldırı, bir süreden beri ülkemizin bölüşülmesi ve siyasal varlığımızın ortadan kaldırılması yolunda kamuoyunda sürüp giden tartışmaların kesin bir karara bağlanmış olması sonucu mudur; yoksa siyasal varlığımızı ortadan kaldırma yolunda yapılacak girişimlerin ne sonuç vereceğini anlamak için yapılmış bir deneme midir?

Durumun gelişme evreleri üzerine bir iki saate değin bilgi vermenizi yüce katınızdan rica ederiz. İstanbul ile haberleşmeyi İngilizler yasak ederlerse, bağımsızlığımız uğruna savaş ilân etme yolunda ilerleyeceğiz."

Mustafa Kemal

Baylar, yabancıların İstanbul'da saldırıları artırarak nazır ya da milletvekillerinden bazılarını tutuklamaya başlayabileceklerini kestirip, karşılık olmak üzere, Anadolu'da bulunan yabancı subayların tutuklanmasına karar verdim. Bu kararımı ve buna göre önlem alınmasını, 22 Ocak 1920 günü Ankara, Konya, Sivas ve Erzurum'daki Kolordu Komutanlarına, kişiye özel olarak, şifre ile buyurdum.

Baylar, Cemal Paşa görevinden ayrıldı ama Ali Rıza Paşa Hükümeti çekilmemiştir; Meclis de başına iş açmaktan sakınarak, düşürme yoluna gidememiş ve kimi üyeleri değiştirilmiş olan Ali Rıza Paşa Hükümeti'ne güvenoyu vermiştir.

Aldatıcı Sözler ve Ağır Karalamalar

Baylar, İngiltere Devleti Dışişleri Bakanlığı'nın İstanbul'daki Siyasal Temsilciği'ne gönderdiği, Siyasal Temsilciliğin de resmi olarak hükümete ulaştırdığı sözlü bildirimde:

" Padişahlık başkentinin Osmanlı Devleti'ne bırakıldığı bildirilmiş; fakat bununla birlikte, Ermeni kıyımı ile Yunanlılara ve bütün İtilâf Devletlerinin Kuvvetleri'ne karşı olan tutumumuzun değiştirilmesi istenmiş; yoksa barış koşullarımızın değiştirilebileceği de eklenmiştir."

Baylar, yapılan önerinin ne denli yersiz olduğu üzerinde bir fikir verebilmek için, biz de o günlerle ilgili bazı durumları anımsayalım. Kuşku edilmemek gerekirdi ki, Ermeni kıyımı üzerine söylenen sözler gerçeğe uygun değildi. Tam tersine, güney bölgelerinde yabancı kuvvetlerle silâhlandırılan Ermeniler, koruyucu devletlerden yüz bularak bulundukları yerlerdeki Müslümanlar'a saldırmakta idiler. Öç alma düşüncesiyle her yerde acımaksızın öldürme ve yok etme yolunu tutmakta idiler. Maraş'taki o acıklı olay, bu nedenle meydana gelmişti. Yabancı kuvvetlerle birleşen Ermeniler, top ve ağır makineli tüfeklerle Maraş gibi eski bir Müslüman kentini yerle bir etmişlerdi. Binlerce güçsüz ve günahsız ana ve çocukları ezip yok etmişlerdi. Tarihte bir benzeri görülmemiş olan bu vahşeti yapanlar, Ermenilerdi. Müslümanlar ancak namuslarını korumak kaygısıyla karşı koymuşlar ve savunmada bulunmuşlardı. Yirmi gün süren Maraş kıyımında Müslümanlar'la birlikte kentte kalan Amerikalılar'ın, bu olay üzerine İstanbul'daki temsilciliklerine çektikleri tel, bu acıklı olayı yaratanları, yalanlanamaz bir biçimde belirlemekte idi.

Adana ili içindeki Müslümanlar, tepeden tırnağa kadar silâhlandırılan Ermenilerin süngü baskısı altında, her dakika ölüm tehlikesi ile karşı karşıya idiler. Canını ve bağımsızlığını korumaktan başka bir şey istemeyen Müslümanlara karşı uygulanan bu zulüm ve yok etme siyaseti, uygar insanlığın dikkatini, acıma duygularını çekecek nitelikte iken, olayların tam tersini ileri sürmek ve bundan vazgeçilmesini istemek gibi bir öneriye nasıl güvenilebilirdi?

İzmir ve Aydın bölgelerinde durum buna benzer ve belki daha da acıklı değil miydi? Yunanlılar her gün kuvvetlerini, savaş gereçlerini artırıyor ve saldırı hazırlıklarını tamamlıyorlardı. Bir taraftan da bölge bölge saldırıdan geri durmuyorlardı. O günlerde İzmir'e yeniden bir piyade alayı ile tam donatılmış süvari alayı ve yirmi dört tane yük otomobiliyle pek çok yük arabası, altı tane top ve birçok savaş gereci çıkarıldığı ve cephelere pek çok cephane gönderilmekte olduğu anlaşılmıştı. Gerçek şu idi ki ulusumuz hiçbir yerde, hiçbir yabancıya nedensiz saldırmıyordu.

Şu duruma göre baylar, yurdumuzun işgal edilmiş bölgelerinden düşmanların çekildiklerini görmeden ya da, hiç olmazsa, çekilecekleri kanısına varmadan, aldatıcı sözlere gereğinden çok önem vermek akıllı işi değildi. Ülkenin geleceğine tek dayanak noktası olarak kalmış bulunan Kuvayı Milliye dağıtılmayacaktı.

Baylar, yabancıların önerisine ve onu uygulamaya kalkışan hükümetin istek ve buyruğuna, ulusça ve Kuvayı Milliyece uyulamayacağı doğaldı...

Akbaş Cephaneliği ve Köprülülü Hamdi Bey

Baylar, Rumeli kıyısında, Gelibolu yakınında Akbaş denilen yerde bir cephane deposu vardı. Orada, Fransızlar'ın gözaltında tuttukları pek çok silâh ve cephane bulunuyordu. Hükümet, İtilâf Devletleri'ne bütün bütüne boyun eğmiş görünmeyi yararlı saydığından, sözünü ettiğim cephanelikteki silâh ve cephaneden bir bölümünü İtilâf Devletleri'ne bırakmaya söz vermiş. Onlarda Rusya'ya götürmek için bir Rus vapurunda Gelibolu'ya gelmiş. Hükümet daha önce, İstanbul'daki örgütümüz başkanlarının olurunu ve yardımını da sağlamış...

Oysa Baylar, Köprülülü Hamdi Bey adında yiğit bir arkadaşımız, Kuvayı Milliye'den bir birlik ile 26 Ocak 1920 gecesi sallarla Rumeli kıyısına geçti. Akbaş cephaneliklerine el koydu. Depoyu bekleyen Fransızlar'ı tutukladı ve haberleşme yollarını kesti. Silâhların tümünü, cephanenin bir bölümünü, bekçi Fransız erlerini de göz altında Lapseki'ye getirdi. Silâhlarla cephaneyi Anadolu'ya yolladıktan sonra Fransız erlerini geri gönderdi. Akbaş deposunda sekiz bin Rus tüfeği, kırk Rus ağır makineli tüfeği, yirmi bin sandık cephane olduğu kestiriliyordu.

Bu olay üzerine İngilizler Bandırma'ya iki yüz kişilik bir kuvvet çıkardılar.

Aznavur'un Arkadan Vurmaya Çalışması

Baylar, hemen gene o günlerde Anzavur, Balıkesir ve Biga dolaylarında oldukça önemli ve korkulu durumlar yaratmayı başarabilmişti. Balıkesir'de ulusal cephelerimizi arkadan vurmak istiyordu. Başına pek çok adam toplamıştı. Karşısına gönderilen Kuvayı Milliye güçleri ile Biga'da kanlı bir savaş oldu. Anzavur yendi. Güçlerimizi dağıttı. Toplarımızı ve ağır makineli tüfeklerimizi ele geçirdi. Erlerimizi ve subaylarımızı tutsak ve şehit etti. Akbaş olayının yiğidi Hamdi Bey de bu şehitler arasında idi. Bundan sonra Ahmet Anzavur, kendi adıyla andığı Ahmediye Cemiyeti adı altında, alçaklığını genişletti durdu.

Ali Rıza Paşa Hükümeti'nin Çekilmesi

Baylar, biliyorsunuz ki İngiliz temsilcisi, Yunanlılar da içinde olarak, İtilâf Devletlerine karşı savaşa son verilmesini hükümete önermişti ve bu sağlanırsa, İstanbul'un Osmanlı Devletine bırakılacağı yolunda yaldızlı bir yalan da söylemişti. Fakat İstanbul'da bu öneri yapılırken, Şubat'ın 18'inci, 19'uncu ve 20'nci günlerinde, Yunanlıların da İzmir'e yeni kuvvet getirdiğini ve cephelere yollayarak yeni bir saldırıya hazırlandığını biz biliyorduk. Bu bilgimizi İstanbul Hükümeti'ne de duyurarak dikkatini çekmekten geri kalmadık.

Yunanlılar böylece saldırıya hazırlanırken, Ali Rıza Paşa Hükümeti başka bir öneri karşısında kalıyor. Bu öneri: "Yunanlılar karşısında bulunan Kuvayı Milliye'yi üç kilometre geri aldırmak"

Ali Rıza Paşa Hükümeti'nin bu öneriyi yerine getiremeyeceği besbelliydi. Ama amaç onun düşürülmesi idi.

Sadrazam, ister istemez, bu önerinin yerine getirilemeyeceğini, yanıt olarak bildirmiş.

3 Mart 1920 günü de Yunanlılar saldırıya başladılar. Gölcük yaylasıyla Bozdağı ele geçirdiler. İşte bu olay üzerine Ali Rıza Paşa'nın tek çıkar yol olarak gördüğü; yerinde daha fazla kalmaktan vazgeçerek hemen çekilip bu sorumlu işten yakayı sıyırmak olmuştur. Çünkü Ali Rıza Paşa, ulusal eylemi durdurma konusunda yapılan öneriyi yerine getirmeye çalışmış, ama başaramamıştı

Ali Rıza Paşa, hükümete ilk saldırıldığında çekilmesi gerektiği yolundaki uyarılarımızı kabul etmedi. Yerinde durmakla yurda yararlı olacağını söyledi. Mebuslar Meclisi de bu bilgisizce görüşü uygun bularak onu yerinde tuttu. Onun yerinde kalması, ulusalcıların değil, İşgal güçlerinin işine yaradı.

Yunanlılara saldırı hazırlıkları vererek, hem yurdun bir bölümünün işgaline yol açtı, hem de sevgili yurttaşlarımızdan bir bölümünü daha süngüler altında inletti...

Bu arada 6 Mart günü Sadrazamlığa Bahriye Nazırı Salih Paşa'nın atandığını öğrendim.

İstanbul'un İşgali

Baylar, 9 Mart 1920 günü, İngilizler'in Türk Ocağı binasına el koymaları üzerine, Milli Talim ve Terbiye binasına taşınan Ocağın bu yeni taşındığı yerin de dün öğleyin gene İngilizlerce işgal edilmiş olduğunu öğrendim.

Manastırlı Hamdi Efendi telyazısında, *"Bu sabah Şehzadebaşı'ndaki Mızıka Karakolu'nu İngilizler basıp, oradaki askerlerle çarpışarak sonunda şimdi İstanbul'u işgal altına alıyorlar. Bilgilerinize sunulur."* diyordu.

Bu sırada Harbiye telgrafhanesinde görevli Ali bilgi vermeye başladı:

"Sabahleyin İngilizler'in baskınında, altı kişi şehit oldu; on beşe yakın da yaralı var. şimdi, İngiliz erleri dolaşıyor. Şimdi, işte İngiliz erleri Harbiye Nazırlığına giriyorlar.

İşte içeri giriyorlar. Nizamiye kapısına. Teli kes! İngilizler buradadır."

Yeniden Manastırlı Hamdi Efendi bizi buldu, şöyle sürdürdü:

"Sabahleyin bizim erler uykuda iken, İngiliz deniz erleri karakola gelip giriyor. Erlerimiz uykudan şaşkın kalkınca çarpışmaya başlanıyor. Sonunda bizden altı kişi şehit oluyor, on beş kişi yaralanıyor. Bunun üzerine, önceden bu alçaklığı tasarlamışlar ki hemen zırhlıları rıhtıma yanaştırıp Beyoğlu bölgesini, Tophane'yi işgal etmişler. Bir yandan da Harbiye Nazırlığı'nı işgal etmişler. Dahası, şimdi Tophane ve Harbiye telgrafhanesi bulunamıyor. Şimdi de haber almış olduğuma göre bildiriyorum, Derince'ye dek yayılıyorlarmış efendim.

İşte Beyoğlu telgrafhanesi de yok. Orasına da el koydular sanırım. Tanrı korusun. Buraya da gelmesinler. İşte Beyoğlu telgraf görevlileri, müdürleri geldiler. Kovmuşlar. Bir saate kadar burası da işgal olunacaktır. Şimdi haber aldım efendim."

İstanbul'un işgali üzerine Kolordu Komutanlıklarıyla Müdafaa-i Hukuk Cemiyetlerine birer telgraf çekerek, ülkede huzur ve güvenliği bozanların din ve milliyetlerine bakılmadan yasalara göre cezalandırılmasını, Hıristiyanlara insanca davranılmasını istedim.

Baylar, İtilâf Kuvvetleri, İstanbul telgraf merkezlerini işgal ettikten sonra yurda telgrafla resmi bir bildirim yapmak istediler. Uyarmamız ve anımsatmamız üzerine, bu resmi bildirim, bazı merkezler dışında hiçbir yerden alınmadı. Bu bildirinin özü şöyleydi:

"Osmanlı ülkesinin alınyazısına her nasılsa el koyan İttihat ve Terakki Cemiyeti'nin ileri gelenleri, Almanların aldatıcı sözlerine kapılarak Osmanlı Devleti'ni ve ulusunu, Birinci Dünya Savaşı'na soktular. Osmanlı Devleti ve ulusu bin türlü felâket geçirdikten sonra, öyle bir yenilgiye uğradı ki İttihat ve Terakki Cemiyeti'nin ileri gelenleri bile

bir ateşkes antlaşması yaparak kaçmaktan başka bir çıkar yol bulamadılar. Ateşkes antlaşması yapıldıktan sonra İtilâf Devletleri'ne bir görev düştü. İşbu görev, Barış Konferansı, bu görevi yapmakla uğraşırken, kaçak İttihat ve Terakki ileri gelenlerinin düşüncelerini yürüten kimi kişiler, 'Ulusal Örgüt' takma adı altında bir düzen kurarak ve Padişah ile İstanbul Hükümeti'nin buyruklarını hiçe sayarak, barış değil, sanki yeni bir savaş dönemini açmaya giriştiler. İstanbul Hükümeti bir ölçüye dek iyi niyet göstermiş ise de 'Ulusal Örgüt' takma adı altında iş gören kimseler, ne yazık ki, dürtükleme ve kışkırtmalarından vazgeçmek istemediler. O nedenle İtilâf Devletleri, yakında karara bağlanacak barış hükümlerinin uygulanmasını sağlayabilmek için, gerekli önlemleri düşünmek zorunda kaldılar; İstanbul'u geçici olarak işgal ettiler."

İşgal kuvvetlerinin bu bildirimi dolayısıyla 16 Mart 1920'de bütün valiliklere, komutanlara ve Müdafaa-i Hukuk Kurullarına hemen şu genelgeyi yayımladım:

"İstanbul'un, İtilâf Devletlerince, çarpışma ile ve zorla işgali gerçekleşmiştir. Haince ereği olan birçok kişiler, bu suikasttan yararlanarak ulusu aldatmaya kalkışabilirler...

Nitekim resmi bildirim biçiminde imzasız kimi bildiriler yayımlanmak istendiğini öğreniyoruz. Yanlış davranışlara yer vermemek ve gerçek duruma aykırı heyecanlar yaratmamak üzere, bu gibi söylentilere kesinlikle önem verilmemesi gereklidir. Gerçek durumu izleyen Anadolu ve Rumeli Müdafaa-i Hukuk Cemiyeti, ulusu aydınlatacaktır."

Mustafa Kemal

16 Mart 1920 günü İstanbul'da İngiliz, Fransız, İtalyan siyasal temsilciliklerine, Amerikan siyasal temsilciliğine, Tarafsız devletlerin dışişleri bakanlıklarına, Fransa, İngiltere, İtalyan millet meclislerine verilmek üzere şu protesto telgrafını çektim:

"Ulusal bağımsızlığımızı temsil eden Mebuslar Meclisi

ile birlikte İstanbul'da bütün resmi daireler İtilâf Devletleri'nin askeri güçlerince resmen ve zorla işgal edilmiş; bu arada, ulusal amaçlara uygun iş gören birçok yurtsever kimselerin tutuklanmasına da girişilmiştir. Osmanlı ulusunun siyasal egemenliğine ve özgürlüğüne indirilen son yumruk; hayatımızı ve varlığımızı, ne pahasına olursa olsun, savunmaya kararlı olan biz Osmanlılardan çok, yirminci yüzyıl uygarlık ve insanlığının kutsal saydığı bütün ilkelere; özgürlük ve ulus duygusu gibi bugünkü insan topluluklarının temeli olan bütün ilkelere ve bu ilkeleri ortaya koyan insanlığın genel vicdanına indirilmiş darbedir.

Mustafa Kemal

16. 3. 1920 gece vakti bütün valiliklere ve komutanlara şu yönergeyi bildirdim:

"İstanbul'un ve bütün resmi dairelerin, özellikle Mebuslar Meclisi'nin İtilâf Devletleri'nce resmen ve zorla işgal edilmiş olması ve bu eylemin, ateşkes antlaşması ile ulusu silâhından yoksun ettikten sonra yapılması söz konusu edilerek, İtilâf Devletleri temsilcilerine ve bütün tarafsız devletler dışişleri bakanlıklarıyla İtilâf Devletleri'nin parlamento başkanlıklarına protesto telleri çekilmek üzere gösteri toplantıları yapılması gerekli görülmektedir."

Mustafa Kemal

Meclisin Ankara'da Toplanma Kararı

Baylar, 16 Mart'ta İstanbul'un işgali gerçekleşir gerçekleşmez birtakım önlemler aldım. Örneğin: Eskişehir ve Afyonkarahisar'daki yabancı birliklerin silâhlarının alınması; Geyve, Ulukışla yakınlarında demiryollarının işlemez duruma getirilmesi ve Anadolu'da bulunan yabancı subayların tutuklanmaları vb. gibi... Bu önlemler arasında en önemlisi, olağanüstü bir meclisin Ankara'da toplanmasını sağlama amacını güden ulusal ve yurtsal görevlerimizle ilgili karar ve bu kararın uygulanmasıdır.

Bu konudaki kararımızı ve bu kararın nasıl uygulanacağını gösteren bir bildirimi, 19 Mayıs 1920'de, yani İstanbul'un işgalinden üç gün sonra yayımladım.

Baylar, bu konu üzerinde iki gün kadar komutanlarla makine başında görüşerek düşüncelerini öğrendim. Ben, ilk yaptığım karalamada "Kurucu Meclis" deyimini kullanmıştım. Amacım da toplanacak meclise, devletin yönetim biçimini değiştirme yetkisi verilmesini ilk anda sağlamak idi. Ama bu terimin kullanılmasındaki amacı, gereği gibi açıklayamadığım için ya da açıklamak istemediğim için, halkın alışkın olmadığı bir terimdir diye Erzurum ve Sivas'tan uyarıldım. Bunun üzerine "Olağanüstü yetkili bir meclis" demekle yetindim.

İllere, bağımsız sancaklara ve Kolordu Komutanlıklarına şu bildiriyi gönderdim:

"Devlet başkentinin de İtilâf Devletlerince resmi olarak işgali; yasama, adalet ve yürütme gücünden oluşan ulusal devlet gücünü kırmış ve Mebuslar Meclisi, bu durum karşısında görev yapamayacağını hükümete resmi olarak bildirerek dağılmıştır. Şu duruma göre devlet başkentinin korunmasını, ulusun bağımsızlığını ve devletin kurtarılmasını sağlayacak önlemleri düşünüp uygulamak üzere ulusça olağanüstü yetki verilecek bir meclisin Ankara'da toplanmaya çağrılması ve dağılmış olan milletvekillerinden Ankara'ya gelebileceklerin de bu meclise katılmaları zorunlu görülmüştür. Bunun için, aşağıda bildirilen yönerge gereğince, seçimlerin yapılmasını yurtseverlik onurunuz ve anlayışınızdan beklerim:

1- Ankara'da, olağanüstü yetkili bir meclis, ulusun işlerini yürütmek ve denetlemek üzere toplanacaktır.

2- Bu meclise üye olarak seçilecek kişiler, milletvekilleri ile ilgili yasal hükümlere uyacaklardır.

3- Seçimde, sancaklar seçim bölgesi olacaktır.

4- Her sancaktan beş üye seçilecektir.

5- Bu meclis üyeliğine, her parti, her topluluk ve der-

nekçe aday gösterilebileceği gibi her kişinin de bu kutsal savaşıma eylemli olarak katılması için bağımsız adaylığını istediği yerden koymaya hakkı vardır.

6- Seçim gizli oyla ve salt çoğunlukla yapılacaktır."

Baylar, 19 Mart 1920 günlü yönerge gereğince, ülkenin her yerinde seçimler hızla ve dikkatle yapılmaya başlandı. Yalnız kimi yerlerde duraksayanlar ve işi engelleyenler oldu ve bunlardan kimileri az, kimileri uzunca süre duraksama ve direnmelerini sürdürdüler. Sonunda, bütün seçim bölgelerinin milletvekilleri, Büyük Millet Meclisi'nde bütün ulusun ve yurdun temsilcisi olarak hazır bulundular.

Baylar, Büyük Millet Meclisi' nin Ankara'da toplanmasını ve açılmasını sağlamak için çalıştığımız günlerde bizi en çok uğraştıran, Düzce, Hendek, Gerede gibi Bolu bölgesindeki yerlerden bağlayıp Nallıhan, Beypazarı üzerinden Ankara'ya yaklaşacak gibi görünen gericilik ve ayaklanma dalgaları olmuştur. Ben bir yandan bu gerici akımların durdurulmasına çalışırken bir yandan da Ankara'da toplanmakta olan milletvekillerini, dehşete düşürecek manzaraları önlemeye çalışıyordum. Çünkü meclisin toplanmamasından kaygı duyuyorduk.

Sonunda "**23 Nisan 1920**"de Büyük Millet Meclisi'nin çalışmalara başlayacağını ve o günden sonra tüm sivil ve askeri makamların, ulusun başvuracağı en yüce katın meclis olacağını bütün ilgili yerlere duyurdum.

İKİNCİ BÖLÜM

"Büyük Millet Meclisi Dönemi Kurtuluş Savaşı'nın Hazırlıkları"

Ankara'da Yeni Bir Dönem Başlıyor (23 Nisan 1920) Türk Ulusunun İzleyeceği Yol

Baylar, Büyük Millet Meclisi'nin açıldığı ilk günlerde, Türkiye'nin, Türk ulusunun içinde bulunduğu durumu ve koşulları açıklayarak, izlenmesi gereken siyasal ilke ile ilgili açıklamalarda bulundum.

Osmanlılar zamanında çeşitli siyasal yöntemler izlenmişti. Ben, bu siyasal yöntemlerden hiçbirini, yeni Türkiye Devleti'nin yönetimi olamayacağı kanısına varmıştım. Bunu, Meclis'e anlatmaya çalıştım.

Baylar, yaşam demek, savaşım ve çarpışma demektir. Yaşamda başarı, yüzde yüz savaşımda başarı kazanmakla elde edilebilir. Bu da manevi ve maddi güce dayanır. Bir de insanların uğraştığı bütün sorunlar, karşılaştığı bütün tehlikeler, elde ettiği başarılar, toplumca yapılan genel bir savaşımın dalgaları içinde doğar. Doğu uluslarının Batı uluslarına saldırısı tarihin belli başlı bir evresidir. Doğu ulusları arasında Türkler'in en güçlü olduğu biliniyor.

Baylar, dış siyasanın en çok ilgili bulunduğu ve dayandığı temel, devletin iç örgütüdür. Dış siyasanın, iç örgütle uyarlı olması gerekir. Batı'da ve Doğu'da, yaratılışı, kültürü ve ülküsü başka olan ve birbirleriyle bağdaşamayan toplulukları tek sınır içine almış bir devletin iç örgütü, elbette temelsiz ve çürük olur. Bu durumda dış siyasa da köklü ve sağlam olamaz.

Böyle bir devletin, iç örgütü özellikle ulusal olmaktan uzak olduğu gibi, siyasal yöntemi de ulusal olamaz. Buna göre Osmanlı Devleti'nin siyasası ulusal değil; ancak, kişisel, bulanık ve kararsızdı.

Değişik ulusları ortak ve genel bir ad altında toplamak ve bu değişik ulus topluluklarını eşit haklar ve koşullar altında bulundurmak, parlak güçlü bir devlet kurmak, parlak ve çekici bir siyasal görüştür. Dahası, hiçbir sınır tanımayarak, dünyadaki bütün Türkleri de bir devlet olarak birleştirmek, ulaşılamayacak bir amaçtır.

İslâmcılık ve Turancılık siyasasının başarı kazandığı ve dünyayı uygulama alanı yapabildiği, tarihte görülmemiştir.

Bizim açık ve uygulanabilir gördüğümüz siyasal yöntem, **"Ulusal siyasadır"** Dünyanın bugünkü genel koşulları ve yüzyılların kafalarda ve karakterlerde yerleştirdiği gerçekler karşısında düşçü olmak kadar büyük yanılgı olamaz. Tarihin dediği budur; bilimin, aklın mantığın dediği böyledir.

Ulusumuzun güçlü, mutlu ve sağlam bir düzen içinde yaşayabilmesi için devletin bütünüyle ulusal bir siyasa gütmesi ve bu siyasanın iç örgütlerimize tam uyumlu ve dayalı olması gereklidir. Ulusal siyasa demekle anlatmak istediğim şudur: Ulusal sınırlarımız içinde, her şeyden önce kendi gücümüze dayanarak varlığımızı koruyup ulusun ve ülkenin gerçek mutluluğuna ve bayındırlığına çalışmak; gelişigüzel, ulaşılamayacak istekler peşinde ulusu uğraştırmamak ve zarara sokmamak; uygarlık dünyasının uygarca ve insanca davranışını ve karşılıklı dostluğunu beklemektir.

Ulusal Hükümet Kuruluyor

Baylar, Meclis'e önerdiğim önemli bir konu da hükümet kurma sorunu idi. Bu sorunun ve bununla ilgili önerinin o zaman için ne denli önemli olduğunu iyi bilirsiniz.

Şunu bilginize sunmak istiyorum ki hükümet kurmakla ilgili bir öneride bulunmadan önce duyguları ve görüşleri dikkate almak zorunda idik. Bu zorunluluğa uymakla birlikte amacı saklı tutan önerimi yazılı olarak Meclis'e sundum:

Bu önergeyi bugün gözden geçirecek olursak, orada temel ilkelerin saptanmış ve ortaya konmuş olduğunu görürüz.

Bu ilkeleri, izin verirseniz, burada belirterek sayacağım:

1- Hükümet kurmak zorunludur.

2- Geçici olduğu bildirilerek bir hükümet başkanı tanımak ya da bir Padişah vekili ortaya çıkarmak uygun değildir.

3- Meclis'te yoğunlaşan ulusal iradenin, yurt alınyazısına doğrudan doğruya el koymasını kabul etmek temel ilkedir. Türkiye Büyük Millet Meclisi'nin üstünde bir güç yoktur.

4- Türkiye Büyük Millet Meclisi, yasama ve yürütme yetkilerini kendinde toplamıştır.

5- Meclis'ten seçilecek ve vekil olarak görevlendirilecek bir kurul hükümet işlerine bakar. Meclis Başkanı bu kurulun da başkanıdır.

Baylar, bu ilkelere göre kurulan bir hükümetin niteliği kolaylıkla anlaşılabilir. Böyle bir hükümet, ulusal egemenlik temeline dayanan halk hükümetidir. Cumhuriyet'tir.

Böyle bir hükümetin kuruluşunda ilke, kuvvetler birliği kuramıdır. Zaman geçtikçe bu ilkelerin kapsadığı kavramlar anlaşılmaya başlandı. İşte o zaman tartışmalar ve olaylar birbiri ardınca sürüp gitti.

Yönetimde Kuvvetler Birliği: *Bir devlette üç kuvvet vardır. a) Yasama Kuvveti, bunu Ulusal Meclis temsil eder. b) Yürütme Kuvveti, bunu hükümet temsil eder. c) Yargı Kuvveti, bunu da bağımsız mahkemeler temsil eder. Şayet bunlar ayrı ayrı işliyorsa, görevlerini baskısız olarak yapıyorlarsa buna "Kuvvetler Ayrılığı vardır" denir. Ama bu üç kuvvet bir elde toplanmışsa, buna da "Kuvvetler Birliği" vardır denilir.*

Türkiye Büyük Millet Meclisi Başkanlığa Beni Seçti

Baylar, açık ve gizli oturumlarda bir iki gün süren açıklamalarımdan, konuşmalarımdan sonra yüce meclis, beni başkanlığa seçmekle bana karşı genel güvenini gösterdi.

İstanbul'da bulunan hükümet ve İtilaf Devletleri, ülkede oluşmaya başlayan ulusal birliği, ulusun coşup uyanışına yormaktan daha çok, kişisel girişim sonucu olarak görüyorlardı. Bu arada benim girişimlerde bulunmamamın yasak edilmesine önem veriyorlardı.

Beni, ulusa ve hükümete, istenmez ve kötü kişi saydırmaktan yarar umuyorlardı. Yapılan propaganda; "Ben istenmez ve kötü kişi sayılırsam, ulusa ve devlete karşı hiçbir aykırı davranışta bulunulmayacağı; bütün kötülüklerin benden geldiği; bir adam için, bir ulusun birçok tehlikeleri göze almasının akla yatmayacağı" yolunda idi.

Hükümet ve düşmanlar beni ulusa karşı bir silâh gibi kullanıyorlardı. Bunun için 24 Nisan 1920 günü gizli bir oturumda meclise bu durumu açıkladım. Başkanlık seçiminde, bunun da bir sakınca olarak göz önünde tutulmasını ve yalnız ulusun ve yurdun esenliği düşünülerek oy ve kararların uygun ve doğru olarak verilmesini rica ettim.

Bakanlar Kurulu'nun Oluşturulması

Baylar, Büyük Millet Meclisi, bakanların seçimi ile ilgili 2 Mayıs 1920 günlü oylama ile Büyük Millet Meclisi'nde on bir bakanlıktan oluşan bir "Bakanlar Kurulu" kurdu.

Bu kurul, Genelkurmay Başkanlığı işlerini de yürütecekti. Yalnız, Bakanlar Kurulu seçimi ile ilgili yasa çıktığı zaman Meclisçe bakanlığa seçilen kişilerden kimileri daha önce göreve başlamışlar, bana yardım ediyorlardı. Bu arada İsmet Paşa Hazretleri de Genelkurmay işlerini üzerine almış bulunuyordu.

İlk Bakanlar Kurulu Üyeleri:

Şeriye Bakanı: Mustafa Fehmi Efendi (Bursa Milletvekili)

Milli Savunma Bakanı : Fevzi Paşa (Kozan Milletvekili)

Dışişler Bakanı : Bekir Sami Bey (Tokat Milletvekili)

Maliye Bakanı : Hakkı Behiç Bey (Denizli Milletvekili)

Bayındırlık Bakanı : İsmail Fazıl Paşa (Yozgat Milletvekili)

İktisat Bakanı : Yusuf Kemal Bey (Kastamonu Milletvekili)

Adalet Bakanı : Celalettin Arif Bey (Erzurum Milletvekili)

İçişleri Bakanı : Cemil Bey (Aydın Milletvekili)

Sağlık S. Yardım Bakanı : Dr. Adnan Bey (İstanbul Milletvekili)

Genel Kurmay Başkanı : İsmet Bey (Edirne Milletvekili)

Yurt Hainliği Yasası, İstiklâl Mahkemeleri Kurulması

Baylar, Meclis 29 Nisan 1920'de, Yurt Hainliği Yasası'nı ve sonraki aylarda İstiklâl Mahkemeleri yasalarını da çıkartmakla devrimlerin doğal gereklerini yerine getirmiş oldu.

İstanbul'un işgalinden sonra başlayan birtakım yıkıcı, olaylar ve ayaklanmalar hızla yurdun her yerinde birbiri ardınca belirdi ve sürüp gitti.

İstanbul'da Damat Ferit Paşa, ivedi olarak yeniden işbaşına getirildi. Damat Ferit Paşa Hükümeti ve İstanbul'da bütün yıkıcı ve hain örgütlerin kurduğu birlik ve bu birliğin Anadolu içindeki bütün ayaklanma örgütleri ve bütün düşmanlar ve Yunan ordusu elbirliği ile bize karşı çalışmaya başladılar.

Bu ortak saldırı siyasasının yönergesi de padişah ve halifenin, içinde düşman uşakları da bulunan her türlü araçlarla yurda yağdırdığı "Padişaha Karşı Ayaklanma" fetvası idi.

Bu çeşitli ve haince saldırılara karşı biz de daha meclis toplanır toplanmaz Anadolu'daki saygıdeğer din bilginlerinden fetva alarak karşı önlemlere giriştik.

İç Ayaklanmalar

1919 yılı içinde, ulusal girişimlerimize karşı başlayan iç ayaklanmalar hızla ülkenin her yerine yayıldı. Bandırma, Gönen, Susurluk, Mustafakemalpaşa, Karacabey, Biga ve dolaylarında; İzmit, Adapazarı, Düzce, Hendek, Bolu, Gerede, Nallıhan, Beypazarı dolaylarında; Bozkır'da, Konya, Ilgın, Kadınhan, Karaman, Çivril, Seydişehir, Beyşehir, Koçhisar dolaylarında; Yozgat, Yenihan, Boğazlayan, Zile, Erbaa, Çorum dolaylarında; Umraniye, Refahiye, Zara, Hafik dolaylarında; Viranşehir dolaylarında tutuşan kargaşa ateşleri bütün ülkeyi yakıyordu.

Hainlik, bilgisizlik, düşmanlık ve bağnazlık dumanları bütün yurt göklerini yoğun karanlıklar içinde bırakıyordu. Ayaklanma dalgaları, Ankara'da karargâhımızın duvarlarına dek çarptı. Karargâhımızla kent arasındaki telefon ve telgraf tellerini kesmeye dek varan kudurgan saldırışlar karşısında kaldık.

Batı Anadolu'nun, İzmir'den sonra, yeniden önemli bölgeleri de Yunan ordusunun saldırıları ile çiğnenmeye başlandı. Bunlardan başka, İstanbul'daki hükümetlerin ulusal eylemi güçlendirmekte, cephelerde ve ordu ile ilgilenmekte gösterdiği başka türden savsaklamalarının acı sonuçları da ayrıca görülecektir.

Anzavur ve Düzce Ayaklanması

Baylar, 21 Eylül 1919'da Balıkesir'in kuzey bölgesinde birinci Anzavur ayaklanması başladı; 16 şubat 1920'de yine bu bölgede ikinci Anzavur ayaklanması oldu. Bu iki ayaklanma, askeri birliklerimiz ve ulusal birliklerimizle bastırıldı. 13 Nisan 1920'de Bolu, Düzce dolaylarında ayaklanma oldu. Bu ayaklanma 19 Nisan 1920'de Beypazarı'na dek yayıldı.

Bu sırada Anzavur, 11 Mayıs 1920'de top ve ağır makineli tüfeklerle donanmış beş yüz kişilik bir kuvvetle, üçüncü kez, Adapazarı ve Geyve dolaylarındaki güçsüz bir ulusal birliğimize saldırarak yine ortaya çıktı.

Anzavur, gönderdiğimiz ulusal birliklerimize, ordu birliklerimize durmadan saldırdı. 20 Mayıs 1920'de Geyve boğazı yakınlarında yenildi ve kaçmak zorunda kaldı.

Düzce dolaylarındaki ayaklanma olayı önemliydi. Abaza ve Çerkezlerden toplanmış dört bin kişilik büyük bir kalabalık, Düzce'yi basarak cezaevlerini boşalttılar ve çarpışma ile oradaki süvari birliğimizin silâhlarını aldılar. Hükümet görevlileri ile subayları tutukladılar.

Ayaklanmalar üzerine her yandan kuvvet gönderdik. Bu arada Geyve'de bulunan Yirmi Dördüncü Tümen Komutanı Yarbay Mahmut Bey, başta olduğu halde Düzce üzerine yürüdü. Mahmut Bey, Meclis'in açıldığı gün, yani 23 Nisan 1920'de Hendek'ten Düzce'ye geçerken, pusuya düşürülmüş ve ilk ateşte şehit edilmiştir. Kurmay Başkanı Sami Bey ile emir subayı ve daha birkaç subay da o sırada şehit düştüler.

Bu işler olurken İzmit Mutasarrıfı Çerkez İbrahim İstanbul'dan Adapazarı'na geldi. Halka padişahın selâmını bildirdi ve yüz elli lira aylıkla gönüllü yazmaya başladı. Toplanan başkaldırıcı kuvvetler, bütün o çevrede üstünlük sağladıktan sonra Geyve boğazındaki kuvvetlerimize saldırdılar.

Bu saldırılara karşı koymak için Ali Fuat Paşa, Geyve Adapazarı doğrultusunda ve Refet Paşa da Ankara'dan Beypazarı yoluyla Bolu doğrultusunda görevlendirildiler.

Baylar, bu arada Süleyman Şefik Paşa komutasında, Hilâfet Ordusu adında hain bir kuvvet yığınak yapıyordu. Bunu Bolu yakınlarında Kurmay Binbaşı Hayri Bey komutasındaki bir birlik de desteklemişti. Bu kuvvetle birlikte, aralarında İstanbul'dan gönderilmiş birçok subay da vardı.

Sonunda Hilâfet Ordusu da bozguna uğratıldı ve İzmit'ten İstanbul'a kaçmak zorunda bırakıldı.

Yenihan, Yozgat ve Boğazlayan Ayaklanması

Baylar, ülkenin kuzeybatı bölgesinde birtakım ayaklanmalarla uğraşırken yurdun ortasında Yenihan, Yozgat ve Boğazlayan dolaylarında da ayaklanmalar başladı.

14 Mayıs 1920'de Postacı Nazım ve Çerkez Kara Mustafa adında birtakım adamlar, otuz kırk kişi ile Yenihan'a bağlı Kaman köyünde başkaldırdılar. Bu ayaklanma gittikçe artan bir sertlikle genişledi.

Amasya'da bulunan Beşinci Kafkas Tümeni Cemil Cahit Bey komutasında ayaklananların üzerine gönderildi. Antep bölgesinde bulunan Kılıç Ali Bey de bir ulusal birlik ile bu bölgeye getirildi. Erzurum'dan Ankara'ya gelmekte olan bir ulusal birlik de bu isyan bölgesinde bırakıldı. 1920 yılı Temmuzu'nun ortalarına değin, bu ayaklananların kovalanması ve tepelenmesiyle uğraşıldı.

Merkezi Sivas'ta olan Üçüncü Kolordu kuvvetleri ve bölgede bıraktığımız Ulusal Kuvvetler de yeterli olmadı. Eskişehir'den Ethem Bey Birliği de Yozgat bölgesine gönderildi.

Yozgat ve dolaylarında ayaklananlar tepelendikten sonra, oraya gönderilen birliklere başka bölgelerde de görev verildi. Ama bazı bölgede genel olarak dirlik düzenlik kurulamadı.

Baylar, güney bölgelerimizde de Milli Aşireti başkanları Mahmut, İsmail, Halil, Bahur, Abdurrahman Beyler, düşmanlarla gizli ilişki ve bağlantı kurduktan sonra Siirt'ten Dersim dolaylarına değin bütün aşiretlerin başkanı adını takınarak o bölgeye başkanlık etmeye ve orada zorla buyruklarını yürütmeye kalkıştılar.

Fransızlar, 1920 yılı Haziran başında, Urfa'yı ikinci kez ele geçirmek amacıyla yürüyüşe geçtikleri zaman Milli Aşireti de Siverek'e doğru ilerledi. Buna karşı, o bölgede bulunan Beşinci Tümenimiz görevlendirildi. Bu tümen o bölgedeki ulusal kuvvetlerimizle de desteklendi. Bu aşireti, 19 Haziran 1920'de, birliklerimiz kovalayarak güneydoğu yönüne sürdü ve düşman bölgesine kaçmak zorunda bıraktı.

Baylar, güneyde Milli Aşireti'nin ayaklanmasını bastırmaya çalışırken Afyonkarahisar bölgesinde Çopur Musa adında bir adam da başına kuvvet topluyor, askerlerimizi kaçmak için ayartıyor ve halka, askere gitmemelerini öğütlüyordu. Çopur Musa, 21 Haziran 1920'de Çivril'i bastı. Gönderilen kuvvetler karşısında kaçıp Yunan ordusuna katıldı.

Baylar, bir ayaklanma olayı da Konya'dan çıktı. 5 Mayıs 1920'de Konya'da bir karışıklık çıkarmak amacıyla kurulmuş bir dernek bulunduğu anlaşıldı. Ancak Konya'da bulunan komutan, elindeki kuvvetlerle yiğitçe çarpışarak ayaklananları dağıtmayı ve ön ayak olanları tutuklamayı ve kovalamayı başardı.

İzmir Yunan Cephesi

Yunanlılar İzmir'e çıktıkları zaman orada On Yedinci Kolordu Komutanı olarak, karargâhıyla, Nadir Paşa bulunuyordu. Kuvvet olarak, 56'ncı Tümenin iki alayı vardı. Bu kuvvet özellikle, kolordu komutanının buyruğuyla, savaşa sokulmaksızın, Yunanlılara teslim edilmiştir. Bu tümenin 172. Alayı, Yarbay Ali Bey Komutasında Ayvalık'ta bulunuyordu.

Yunan ordusu işgal bölgesini genişletirken Ayvalık'a da asker çıkardı. Ali Bey, bu Yunan kuvvetlerine karşı 28 Mayıs 1919'da savaşa girişti. Bugüne değin Yunan birlikleri hiçbir yerde ateşle karşılaşmamıştı. Tam tersine, kimi kent ve kasabalar halkı korkutulmuş ve İstanbul Hükümeti'nin buyruklarına uyarak, böyle görevler başta olmak üzere, Yunan birliklerini özel kurullarla karşılamışlardı. Ali Bey'in Ayvalık bölgesinde savaş cephesi kurması üzerine, yavaş yavaş Soma'da, Akhisar'da, Salihli'de ulusal cepheler kurulmaya başlamıştı.

5 Haziran 1919'dan başlayarak Albay Kâzım Bey, Balıkesir'deki 61'inci Tümenin komutasını vekil olarak üzerine almıştı. Daha sonra Ayvalık, Soma, Akhisar bölgelerinde oluşturulan Kuzey Cephesi Komutanlığı'nı yapmıştı. Fuat Paşa'nın Batı Cephesi Komutanlığı'na atanmasından sonra Kâzım Bey'e Kuzey Ordusu Komutanlığı makam ve yetkisi verildi.

Aydın bölgesinde, düşmanın İzmir'e girişinden sonra asker ve halktan kimi yurtseverler, Yunanlılara karşı çıkıyor; halkı yüreklendirmek ve silâhlı ulusal örgütler kurmak için çalışıyorlardı. Bu arada, ad ve kılık değiştirerek İzmir'den o bölgeye gitmiş olan Celâl Bey'in (*Bayar*) çaba ve özverisi anılmaya değer. 15 Haziran 1919 gecesi Ali Bey'in Ayvalık'tan gönderdiği kuvvetler, Bergama'daki Yunan işgal kuvvetlerini bir baskınla ortadan kaldırmışlardır. Sonunda Yunanlılar Aydın'ı da boşaltıp çekildiler.

Baylar, İzmir'in çeşitli kesimlerinde kurulan ve yavaş yavaş subaylarla ve ordu birlikleriyle güçlendirilmesine çalışılan ulusal cephelerin beslenmeleri doğrudan doğruya o bölge halkınca sağlanıyordu. Bunun için de cephe gerilerinde ulusal örgütler kurulmuştu.

Güney Fransız Cephesi

Fransız birliklerine karşı, doğrudan doğruya Adana bölgesinde; Mersin, Tarsus, İslâhiye bölgelerinde ve Silifke dolaylarında Ulusal Kuvvetler kurulmuş ve bunlar çok yiğitçe işe başlamışlardı. Doğu Anadolu bölgesinde "Tufan Bey" sanı ile eyleme geçen Yüzbaşı Osman Bey'in yiğitlikleri anılmaya değer. Ulusal kuvvetler; Mersin, Tarsus, Adana kentlerinin kapılarına dek üstünlük sağladılar. Pozantı'da Fransızları kuşattılar ve çekilmek zorunda bıraktılar.

Maraş'ta, Antep'te, Urfa'da önemli savaşlar ve çarpışmalar oldu. Sonunda işgal kuvvetleri buralardan çekilmek zorunda bırakıldılar. Bu başarıların kazanılmasında başlıca etmen olan Kılıç Ali ve Ali Saip Bey'lerin adlarını anmayı ödev sayarım.

Fransızlar'ın işgal bölgelerinde ulusal kuvvetler, her gün daha sağlam olarak örgütleşiyorlardı. Ulusal kuvvetler, ordu birlikleriyle de desteklenmeye başlanmıştı. İşgal kuvvetleri, her yönden sert bir biçimde zorlanıyorlardı.

Bunun üzerine Fransızlar, 1920 Mayıs'ından başlayarak bizimle ilişki kurma yollarını aradılar. Bir Fransız kurulu Ankara'ya geldi. Bu kurulla yirmi günlük bir ateşkes antlaşması yaptık. Bu anlaşma ile biz, Adana bölgesinin boşaltılmasına bir başlangıç hazırlamak amacını güdüyorduk. Ama bu ateşkes antlaşmasına, Büyük Millet Meclisi'nde kimi üyeler karşı çıktı. Oysa benim bu antlaşmayı kabul ile sağlamak istediğim noktalar vardı.

Başta Fransızların İstanbul Hükümeti'ni bir yana bırakıp Ankara'da bizimle görüşmeleri ve herhangi bir sorunda anlaşmaları, o gün için sağlanması önemli siyasal bir nokta idi.

Gerçi Fransızlar, ateşkes antlaşmasının süresi bitmeden Zonguldak'ı işgal etmekle anlaşmanın yalnız Adana bölgesi için olduğunu göstermek istemişlerse de biz bu davranışı ateşkes antlaşmasını bozmayı gerektirir saydık ve Fransızlarla anlaşmamız bir süre gecikti.

Moskova'ya Bir Kurul Gönderilmesi

Baylar, Türkiye Büyük Millet Meclisi Hükümeti'nin dışişleri ile ilgili ilk kararı, Moskova'ya bir kurul göndermek olmuştur. Kurul, Dışişleri Bakanı Bekir Sami Bey'in başkanlığında idi. İktisat Bakanı Yusuf Kemal Bey üye bulunuyordu. 11 Mayıs 1920'de Ankara'dan yola çıkan kurulun temel görevi, Rusya ile ilişki kurmaktı. "Moskova Antlaşması" diye anılan uluslararası belge, ancak 16 Mart 1921'de imzalanabilmiştir.

Yunanlıların İlk Genel Saldırısı

Baylar, ülke içinde beliren iç ayaklanmaları izlerken, Yunanlılar'ın ilk genel saldırısı, gözlerimizi yeniden batıya çevirirdi.

Yunanlılar 22 Haziran 1920'de Milne hattından genel saldırıya geçtiler. Düşmanın kuzey kolu, 30 Haziran 1920'de Balıkesir'e girdi ve süvarileri de 2 Temmuz 1920'de Mustafakemalpaşa ve Karacabey'i işgal etti.

Düşman karşısında bulunan 61 ve 56'ncı Tümenlerimiz, Ulubat köprüsünü yıkarak Bursa'ya doğru çekildi. Birliklerimizi izleyen düşman Bursa'ya da girdi. Bunun karşısındaki kuvvetlerimiz, Eskişehir'e dek çekildi. Bu savaşlar sırasında İngilizler, 25 Haziran 1920'de Mudanya'ya ve 2 Temmuz 1920'de de Bandırma'ya birer birlik çıkardılar.

Salihli yönünde doğuya ilerleyen iki Yunan tümeni de 24 Haziran'da Alaşehir'e girdi ve daha sonra ilerleyerek 29 Ağustos'ta Uşak'ı aldı ve Aydın'dan ilerleyen bir Yunan kolu da Nazilli'ye dek geldi

Bu savaşlar sırasında ben de Eskişehir'e ve oradan ileri bölgelere gittim. Gerek orada ve gerek başka bölgelerde bulunan kuvvetlerimizin düzene sokulmasını buyurdum. Yeniden düşman karşısında, düzenli komutaya bağlı cepheler kurulmasını sağladım.

Baylar; Yunan saldırısı ve ulusal cephelerin bozulması, mecliste büyük bir bunalım yarattı ve sert tartışmalara yol açtı.

Büyük Millet Meclisi'nin 13 Temmuz 1920 günü, toplantısında, suçlarından Bursa Komutanı Bekir Sami ve

Bursa Valisi Hâcim Muhittin Beylerin ve Alaşehir Komutanı Âşir Bey'in, niçin askeri mahkemeye verilmediklerini sorgulayan Genelkurmay Başkanlığı ve İçişleri Bakanlığı hakkındaki gensoru önergeleri okundu.

Uzun ve ateşli olarak sürüp giden tartışmalara benim de karışmam gerekti. Ortaya çıkan bu acıklı durum üzerine, meclisin duyarlığının ilgisinin çok yerinde olduğunu belirttikten sonra, bu düşünce ve duyarlığı yatıştırmak amacıyla konuştum ve açıklamada bulundum. Benim sözlerim üzerine yapılan ufak tefek sataşmalara yanıt verdikten sonra genel açıklama yeterli görüldü.

Yeşil Ordu

Türkiye Büyük Millet Meclisi'nin ve hükümetinin kuruluşundan sonra Ankara'da "Yeşil Ordu" adı altında bir dernek kuruldu. Bu derneğin ilk kurucuları pek yakın ve bilinen arkadaşlardı. Kuruluş amacını açıklamak için iç ayaklanmaları ve bu ayaklanmalara karşı gönderilen ordu birliklerinin ve ulusal birliklerin kimi durum ve görünüşlerini anımsatmak gerekir.

Yeşil ordu örgütünün ilk kurucuları arasında bulunan yakın arkadaşlar, yalnız bana yardım amacı ile ve ayrıca yormamak düşüncesiyle, kendileri işe girişerek çalışmayı uygun görmüşler. Bana yalnız yararlı bir iş yapacaklarını söyleyerek, kısaca bu girişimlerden söz açmışlardı.

Ben, gerçekten çok işim olduğu için, arkadaşların bu girişimleriyle uzunca bir süre ilgilenemedim. Yeşil Ordu örgütü, bir bakıma gizli bir örgüt niteliğinde kurulmuş ve oldukça genişlemiş. Genel yazmanı Hakkı Behiç Bey ve Ankara'daki yönetim kurulu, önemli ve köklü çalışmalar yapmışlar. Basılı tüzüklerini ve görevlendirilmiş adamlarını her yere göndermişler.

Yalnız bir noktayı da belirtmeliyim ki Yeşil Ordu örgütü ile uğraşanlar, benim bu işi bildiğimi, uygun gördüğümü söylediklerinden, her yerde benim adıma örgütü genişletmeye ve güçlendirmeye çalışanlar çoğalmış. Kurulmakta olan örgüt, yalnız ulusal birlikler oluşturmak gibi sınırlı bir alandan çıkmış, çok daha genel bir amaca yönelmiş.

Örgütün kurucuları arasına, milletvekili bulunan Çerkez Reşit Bey ile kardeşleri Ethem ve Tevfik Beyler girmiştir. Bundan başka Ethem ve Tevfik Beylerin birliklerinin bütün adamları, Yeşil Ordu'nun sanki temeli olmuşlar.

Çerkez Ethem Bey, ulusal bir birlik ile önce Anzavur'u kovalamakta ve sonra Düzce ayaklanmasında başarılı kimi işler gördüğünden, Yozgat'a gitmek üzere Ankara'ya getirildiği zaman, herkesçe beğenildi ve övüldü.

Ethem Bey ve kardeşlerinden Tevfik Bey, Yozgat ayaklanmasını bastırmakla uğraştığı sırada, kendine yakın ve uzak bütün askeri ve ulusal birlik komutanlarının hepsine karşı, bunların rütbe ve makamlarına önem vermeksizin, birer birer küçültücü ve saldırıcı davranışlarda bulunmakta hiçbir sakınca görmemeye başladı. Bu komutanların çoğu, ülkenin ateş içinde bulunduğunu ve Ethem Bey'in abartılmış olarak işittikleri hizmetini düşünerek, kendisiyle çekişmekten sakınmışlardı.

Böylece şımaran Ethem ve kardeşi Tevfik Bey, Türk ordusunda değerli hiçbir subay ve komutan bulunmadığı ve kendilerinin herkesten üstün oldukları sanısına düşmüşler ve bunu açıktan açığa, herkese söylemekten çekinmemeye başladılar. Doğrudan doğruya valilere ve herkese buyruk savuruyorlar ve buyruklarını yerine getirmeyenlerin asılacağı yolunda gözdağı da veriyorlardı. Ethem Bey, Ankara ve Ankara'daki hükümet üzerinde de etki yapmak denemesinde bulunmuştur.

Sözde Yozgat ayaklanması, Yozgat'ın bağlı bulunduğu Ankara Valisi'nin kötü yönetiminden doğmuş; bundan dolayı, öbür ayaklandırıcılara uyguladığı cezayı ki o ceza asarak öldürmekti, Ankara Valisi için de olay yerinde kendisi uygulamaya karar vermişti.

Yozgat'a gönderilmesini istediği Ankara Valisi, ulusal

girişimlerde olağanüstü hizmet ve özveri göstermiş ve göstermekte bulunan Yahya Galip Bey'di. Yahya Galip Bey'in, özellikle bizce, hizmeti beğenilmiş ve varlığı pek gerekli ve yararlı bir kişi olduğu biliniyordu. İşte böyle bir kişiyi, kendi eline, darağacına vermeye bizi zorlamakla en büyük otorite ve etkiyi kazanabileceğini düşünmüştü.

Elbette Yahya Galip Bey'i veremezdik ve vermedik. Ethem ve kardeşleri bu sorun üzerinde çok üsteleyemediler. Ama Yozgat'ta, özellikle milletvekillerine: "Ankara'ya dönüşümde Büyük Millet Meclisi Başkanı'nı Meclis önünde asacağım" yollu uygunsuz sözleri söylediği duyulmuştur.

Bilginize sunmuştum ki her yerde Yeşil Ordu örgütünü, benim adıma koruyorlardı. Erzurumlu Nazım Bey'in, görevli bulunduğu Malatya'dan gönderdiği bir mektupta, Yeşil Ordu örgütünün hoşlanabileceğim biçimde genişletilmesine çalışıldığı bildiriliyordu.

Bu haberin ardından Yeşil Ordu örgütü üzerinde incelemelerde bulundum. Bu derneğin zararlı bir biçim ve nitelik aldığı inancına vardım. Hemen kapatılmasını düşündüm. Örgütün genel sekreteri, benim bu isteğimin kabul edilemeyeceğini bildirdi.

Olaylar gösterdi ki biz, bu örgütün kapatılmasına çalıştıysak da başarılı olamadık. Dernek ileri gelenleri başta Reşit, Ethem ve Tevfik kardeşler çalışmalarını bu kez, büsbütün olumsuz ve bize karşı olarak sürdürmüşlerdir. Eskişehir'de çıkarttıkları Yeni Dünya gazetesi ile de düşüncelerini saldırgan bir biçimde yayımlatıyorlardı.

Celâlettin Arif ve Hüseyin Avni Beylerin Erzurum'a Gidişleri

Baylar, yüce kurulunuza biraz Doğu Cephemizden bilgi vereceğim. Ama daha önceki bir durumu açıklamak gerekir:

Birinci Büyük Millet Meclisi'nde İkinci Başkan olan Erzurum Milletvekili Celâlettin Arif Bey, 15 Ağustos 1920'de

Meclis'ten iki ay izin aldı. Bunun nedeni, hem sürekli başı ağrıyormuş, hem de çoktan beri görmediği seçim bölgesinde incelemeler yapmak istiyormuş.

Celâlettin Arif Bey, Erzurum milletvekillerinden Hüseyin Avni Bey'in kendisi ile birlikte gönderilmesini, özel olarak benden rica etti.

Hüseyin Avni Bey'in Meclis'ten izin isteyebilmesi için belirli bir özrü yoktu. Kendisini ben, özel bir görevle gönderecektim. Bunu, 18 Ağustos 1920'de Meclis'ten rica ettim. Uygun görüldü.

Celâlettin Arif ve Hüseyin Avni Beylerin Erzurum'a varışlarından sonra Celâlettin Arif Bey'den üç şifre tel aldım. Bu tellere göre Erzurum halkında içten bir kaynaşma varmış. Kaynaşmanın nedenleri de ordu ambarları, tüfek ve cephane kaybı ve süt dağıtımı ile ilgili imiş.

O yüzden Celâlettin Arif Bey kimi görevlilerin değiştirilmesini ve cezalandırılmasını istiyordu. Söz konusu görevlilerin en başında Erzurum Vali Vekilliği'nde Albay Kâzım Bey bulunuyordu.

Doğrusu baylar, ben bu bildirilenlere hiç inanamadım. Doğu Cephesi Komutanlığı'ndan, Celâlettin Arif Bey'in bildirdiklerini özetledikten sonra, bilgi istedim ve ne düşündüğünü sordum.

Doğu Cephesi Komutanı Kâzım Karabekir Paşa'nın da 14 Eylül 1920'de, benim telimden önce yazılmış bir şifre telini aldım. Bu telde: "Celâlettin Arif Bey'in Doğu İlleri Valiliğine atanmasını buyruklarına sunar ve öneririm" diyordu.

Kâzım Karabekir Paşa'nın, tellerine, 20 Eylül'de verdişim karşılıkta. Büyük Millet Meclisi üyeliği ile memurluğun bir kişi üzerinde bulunamayacağını yazdıktan sonra: "Celâlettin Arif Bey Erzurum Valiliği'ne atanamaz. Milletvekilliğinden çekilirse, bu valiliğe atanması Bakanlar Kurulu'na önerilebilir" dedim.

Baylar, bu olaylar olduğu sırada gerçekten durum çok önemli ve çok ağırdı; çünkü o günlerde Doğu Cephesi'nde

Ermenilere karşı artık saldırıya karar vermiştik. Bunun için hazırlanmakta ve önlemler almakta idik. Doğu Cephesi Komutanına da gereken buyruklar ve yönergeler verilmişti.

Doğuda saldırıya yöneltilen ordunun arkasında hükümetin adalet bakanı, sözde ordunun hırsızlığını, orduda yolsuzluk yapan kişilerin olduklarını ortaya çıkarmak için yasaya aykırı olarak, o ilin vali vekili kimliğine bürünmeyi tek önlem ve çare olarak görmesi düşündürücüydü.

Doğu Cephesi Komutanı Kâzım Karabekir Paşa çektiği telgrafta diyordu ki: *"Celâlettin Arif Bey'in Erzurum'la ilgili girişimleri ve dilekleri üzerine gerçek anlaşılmış bulunduğundan, kendisinin genel valiliğe atanması yolundaki önerimden elbette vazgeçtiğimi bilgilerinize sunarım."*

Baylar, Celalettin Arif Bey'i Ankara'ya çağırdım. Bu çağrım çok sert, karşılandı. Celalettin Arif Bey, Meclis Başkanlığına yazılmış telyazısında; "Bakanlar Kurulunda ve Büyük Millet Meclisinde okunacaktır" yollu uyarma ile seçim bölgesini denetlemeksizin Ankara'ya dönmeyeceğini bildiriyordu.

Ne var ki Celalettin Arif Bey ile Hüseyin Avni Bey, Ermenilerle yapılan savaş kazanıldıktan sonra Ankara'ya döndüler, döndükten sonra da muhalif cephede yer aldılar.

Doğu Cephemizde Ermenilerle Savaş Başlıyor Gümrü Antlaşması

Biliyorsunuz ki Mondros Ateşkes Antlaşması'ndan beri Ermeniler, gerek Ermenistan içinde, gerek sınıra yakın yerlerde Türkleri toptan öldürmekten vazgeçmiyorlardı. 1920 yılı sonbaharında Ermeni kıyımı dayanılmaz bir kerteye geldi. Ermeniler üzerine yürümeye karar verdik. 9

Haziran 1920'de Doğu bölgesinde geçici seferberlik ilân ettik. On Beşinci Kolordu Komutanı Kâzım Karabekir Paşa'yı Doğu Cephesi Komutanı yaptık.

1920 Haziran'ında Ermeniler, Oltu'da kurulan yöresel Türk hükümeti üzerine yürüyerek o bölgeyi ele geçirdiler. Dışişleri Bakanlığımızca Ermenilere 7 Temmuz 1920'de bir ültimatom verildi. Ermeniler saldırgan tutumlarını sürdürdüler. Sonucunda, seferberlikten üç buçuk, dört ay kadar sonra Kötek, Bardiz bölgelerinde toplanan kuvvetlerimize Ermenilerin saldırısı ile savaşa başlandı.

Ordumuz, 28 Eylül sabahı ileri yürüyüşe geçti. Ordu, 29 Eylül'de Sarıkamış'a girdi. 30 Eylül'de Göle alındı. Ama kimi nedenler ve düşünceler dolayısıyla ordumuz 28 Ekim 1920'ye değin bir ay, Sarıkamış-Laloğlu kesiminde kaldı.

Bu nedenlerden birinin de Erzurum'da bulunan Celâlettin Arif Bey ve arkadaşlarının yarattıkları durum olduğunu kestirebilirsiniz. Gerçekten, Kâzım Karabekir Paşa'nın 29 Eylül 1920 günü Sarıkamış'tan çektiği tel yazısında: "30 Eylül'de cepheyi gezip, durumu saptadıktan sonra, Erzurum'a giderek orada geçen olayın sonuçlandırılacağını bilgilerinize sunarım." deniliyordu

Kâzım Karabekir Paşa, 30 Eylül 1920'de, Sarıkamış'tan Celâlettin Arif Bey'e de yazdığı bir şifrede: "Erzurum halkı adına kırk elli imza ile çekilen açık telyazısı, dış düşmanların milyonlar harcayarak elde edemeyeceği bir belgedir. Olayın kendisinden daha önemli ve tehlikeli olan işbu açık telyazısını, dış düşmanların tehlikesinden ve gözdağından daha yıkıcı bulduğumdan ve bu olayın kötü sonuçlarını cephe durumundan daha önemli gördüğümden yarın Erzurum'a geleceğimi bildiririm." diyordu. Celâlettin Arif Bey, 5 Ekim 1920 günlü telinde, özellikle: "Yurtsever ordumuz içinde, değerli ve halkın güvenini kazanmış olan pek çok subay ve üstsubay bulunduğundan, yolsuzluk yakınmaları elbette ordunun dayanma gücüne ve düzen ilkesine etki yapacak kadar büyüyememiştir." diye bilgi veriyordu.

Baylar, savaş alanında verilecek buyruğu bekleyen Doğu Ordumuz, 28 Ekim 1920 günü yürümeye başladı. Düşman, karşı koymaksızın Kars'ı bıraktı. 30 Ekim'de ordumuz Kars'a girdi. 7 Kasım günü birliklerimiz Arpaçayı'na dek olan bölgeyi ve Gümrü'yü ele geçirdi.

Ermeniler, 6 Kasım'da savaşı bırakmak ve barış yapmak için bize başvurmuşlardı. Biz de ateşkes anlaşması ile ilgili maddeleri, Dışişleri Bakanlığı aracılığı ile 8 Kasım'da Ermeni ordusuna bildirdik. 26 Kasım'da başlayan barış görüşmeleri, 2 Aralık'ta sona erdi ve 2 Aralık gecesi Gümrü Antlaşması imzalandı.

Gümrü Antlaşması, Ulusal Hükümet'in yaptığı ilk antlaşmadır. Bu antlaşma ile Ermenistan, Osmanlı Devleti'nin 1877 Savaşı'nda yitirmiş olduğu yerleri Ulusal Hükümet'e bırakmış, böylece saf dışı edilmiştir.

Gürcistan'la Olan İlişkiler

Doğudaki durumlarda önemli değişiklik olması yüzünden, bu antlaşma yerine, daha sonra yapılan 16 Mart 1920 günlü Moskova Antlaşması ile 13 Kasım 1921 günlü Kars Antlaşması geçmiştir.

1920 yılı Temmuz ayında Batum'u İngilizler boşaltınca Gürcüler hemen ele geçirdiler. Bu durum, Birestlitovsk ve Trabzon Antlaşmalarına aykırı olduğundan, 25 Temmuz 1920'de protesto edilmişti.

8 Şubat 1921'de Ankara'da güven mektubunu sunmuş olan Gürcü Elçisi ile de Türkiye-Gürcistan Antlaşması için görüşme başlamıştı. En sonu, 23 Şubat 1921'de verdiğimiz kesin bir ültimatom üzerine Ardahan, Artvin ve Batum'un bizce işgal edilmesi kabul edildi. Bundan on beş gün sonra Batum'a girdik. Bu yerler, Türkiye'ye katılmayı dört gözle bekleyen halkın alkışları arasında işgal edildi.

Daha sonra Moskova Antlaşması gereğince Batum boşaltıldı ama ele geçirdiğimiz öteki yerlerin anayurda bağlılığı pekiştirildi.

Trakya'daki Durum

Baylar, Doğu Trakya'da, Anadolu ve Rumeli Müdafaa-i Hukuk Cemiyeti, Trakya-Paşaeli Merkez Kurulu bir kurultay topladı ve bu kurultay, Trakya'nın yönetimini, Trakya-Paşaeli Merkez Kurulu'na verdi.

Trakya'da Kolordu Komutanı bulunan Cafer Tayyar Bey, bu merkez kurulunun üyesi olmakla birlikte, Edirne Milletvekili olarak da meclisimize üye seçilmişti.

Trakya Merkez Kurulu'na ve Kolordu Komutanı'na verdiğimiz yönerge, Trakya alınyazısının bütün ülkenin alınyazısına bağlı olduğu ve onunla birlikte düşünülebileceği ilkesine dayanıyordu.

Üstün kuvvetlerin saldırısına uğranılırsa, sonuna değin dayanılacak ve Trakya bütünüyle düşman eline geçse bile, ileri sürülecek herhangi bir çözüm yolu tek başına kabul olunamayacaktır.

Komutan Cafer Tayyar Bey, yabancıların verdiği güvence üzerine, yapılan çağrıyı kabul ederek İstanbul'a gitmiş; ancak dönüşünden sonra durumu bize bildirmişti.

Yunan ordusu Anadolu'da, Batı Cephesi'nde yaptığı genel saldırıda başarı elde ettikten sonra, 20 Temmuz 1920'de Tekirdağ'a bir tümen çıkardı. Oradan da Edirne doğrultusunda yürümeye başladı.

Cafer Tayyar Bey, kendi kuvvetleriyle ilişki kurmayarak, Havsa yakınlarında atla dolaşırken düşmana tutsak olmuştur. Ondan sonra komuta ve yönetimden yoksun kalan Birinci Kolordumuz büsbütün dağıldı. Birliklerin bir bölümü de Bulgaristan'a sığındı. Sonuç olarak, Trakya baştanbaşa Yunanlıların eline geçti.

İkinci Konya Ayaklanması

Baylar, Anadolu ortasında çıkartılan iç ayaklanmaların, Yunan ordusu karşısında bulunan kuvvetlerimiz ve yaptığımız düzenleme üzerinde kötü etkileri, düşmanlarca umulan sonucu vermedi

Delibaş adında bir haydut, beş yüz kadar asker kaçağını başına topladı. 2 Ekim 1920 gecesi Çumra'yı bastı. 3 Ekim sabahı da Konya'ya girdi ve hükümete el koydu. Konya Valisi Haydar Bey ve Komutan Avni Bey, Konya'da bulunan pek az sayıda er ve jandarma ile Alâettin Tepesi'nde, ayaklanmalara karşı savunmada bulundular; ama başarılı olamadılar.

Baylar, bu ayaklanmalara karşı Afyonkarahisar'dan ve Kütahya'dan gönderdiğimiz Derviş Bey komutasındaki kuvvetlerimiz Konya kuzeyinde, Meydan İstasyonu yakınında ayaklananlarla karşılaştı. Ankara'dan da bir süvari alayı ve bir dağ topu ile, o zaman İçişleri Bakanı bulunan Refet Bey komutasında gönderilen kuvvet, Meydan İstasyonu'ndan ilerleyen Derviş Bey kuvveti ile birleşti. Adana Cephesi'nden de bir kuvvet Karaman'a doğru gönderildi.

Konya üzerine yürüyen kuvvetler, 6 Ekim 1920'de Konya'yı kurtardı. Oradan kaçan ayaklanıcılar Koçhisar, Akseki, Bozkır ve Manavgat yönlerine doğru gittiler. Ulusal kuvvetlerimiz, Bozkır, Seydişehir ve Beyşehir'i de ayaklanıcılardan temizledi. Ayaklanıcıların döküntülerinden kimileri bize sığındılar, kimileri de Antalya ve Mersin yörelerine doğru kaçtılar. Delibaş, Mersin bölgesinde Fransızlara sığındı.

Gediz Saldırısı

Batı Cephesi Komutanı, iki piyade tümeni ile Ethem Bey'in Gezici Kuvvetlerini Gediz'deki Yunan tümeninin üzerine gönderebilecekti. Bundan parlak bir sonuç alınacağını kuvvetle umuyordu.

Genelkurmay Başkanlığı, Batı Cephesi Komutanlığı'nın bu önerisini kabul etmedi. Çünkü düşman ordusu bütünü ile bizim odumuzdan kuvvetli idi. Biz, daha odumuzu kurmuş ve düzene sokmuş değildik. Cephanemizin azlığı da ağırdan almamızı gerektiriyordu.

Genelkurmay Başkanı bu Gediz saldırısının yapılmamasında diretti. Batı Cephesi Komutanlığı ile yazışmakla anlaşamadı. Ankara'dan Eskişehir'deki Batı Cephesi Karargâhına kendisi gitti. Genelkurmay başkanı İsmet Paşa ile Batı Cephesi Komutanı Ali Fuat Paşa'nın bu buluşmaları sonucunda Ali Fuat Paşa, durumu yerinde bir daha inceledikten sonra karar vermek üzere, saldırıyı geri bırakmıştı. Ama birkaç gün sonra Cephe Komutanlığı'nca verilen bilgiden saldırıya karar verildiği anlaşılmıştır.

Baylar, o günlerde bu saldırının yararlı olacağı üzerine her yerde ve Meclis'te ateşli bir propaganda yapılıyordu: "Düşman tümeni Gediz'de ayrı olarak bulunuyor. Biz, onu orada yok ederiz. Parlak bir durum elde ederiz. Gerçekte düşman ordusu da kaçmaya hazırdır." sözleriyle Gediz saldırısının gerekliliği nerdeyse genel bir kanı durumuna getirilmek isteniyordu.

En sonunda, Batı Cephesi Komutanı Altmış Bir ve On birinci Tümenler ve Kuvayi Seyyare (Gezici Kuvvetler) ile 24 Ekim 1920'de Gediz'deki düşmana saldırdı.

Baylar, dalgalı, düzensiz ve komutasız bazı savaşlardan sonra, bildiğiniz üzere, Gediz'de yenildik.

Yunan ordusu, bu saldırıya karşılık olmak üzere, 25 Ekim 1920 günü Bursa Cephesi'nden saldırıya geçti. Yenişehir'i, İnegöl'ü ele geçirdi. Uşak'tan Dumlupınar sırtları ilerisinde bulunan birliklerimize saldırdı. Birliklerimiz, Dumlupınar sırtlarına dek çekildi. Böylece, cephenin her yanında yeniden genel bir yenilgiye uğradık. Her yerde dedikodu ve haklı haksız eleştiriler başladı.

Ethem ve kardeşleri bütün suçu cephe komutanı ve savaşa katılan tümenlere yükleterek, kendilerinin güç durumda bırakılmış oldukları yolunda propaganda yaptırıyorlar ve "Ordu Komutanı'nın, yanılgılarını kapatmak için suçu bize yüklüyor." diyorlardı.

Ordu Komutanı ise; Kuvayi Seyyare'nin hiçbir iş yapmadığını, yapmaya da gücü yetmediğini ve savaşta verilen buyruklara uymadığını, her zaman tehlikeden uzak bulunduğunu ileri sürüyor ve kanıtlıyordu.

Baylar, artık Ali Fuat Paşa'nın Batı Cephesi'ne komuta edemeyeceği kanısına varmıştık. O günlerde Moskova'ya da bir elçilik kurulu göndermemiz gerekiyordu. Öyleyse, Fuat Paşa büyükelçi olarak Moskova'ya gidebilirdi. Kısa bir gerekçeden sonra, yeni alabileceği görevi söyledim. Beğenerek kabul etti.

O günün gecesi, İsmet ve Refet Paşaları çağırdım. Batı Cephesi Komutanlığına İsmet Paşa'yı, Güney Cephesi Komutanlığına da Refet Paşa'yı atamayı düşünmüştüm. O gece İsmet ve Refet Paşalarla yeni durumu ve görevlerini kararlaştırdık. Onlara, çabucak düzenli ordu ve büyük süvari gücü oluşturmalarının emrini verdim.

Çerkez Ethem ve Tevfik Kardeşlerin İsyanı

İsmet Paşa'nın cephede çalışmaya başlamasından sonra, Ethem Bey, hastalığını ileri sürerek Ankara'ya geldi ve burada uzun süre oturdu. Onun cephede bulunmadığı zamanlarda, kardeşi Yüzbaşı Tevfik Bey, Ethem Bey'in vekili olarak, Gezici Kuvvetlerinin başında bulunuyordu.

Gezici Kuvvetler Komutanlığı, Karacaşehir de kendine bağlı olmak üzere gizlice "Karakeçeli" adında bir birlik kurmuştu. Bundan Batı Cephesi Komutanlığının bilgisi yoktu. Böyle bir birliğin var olduğu, 17 Kasım 1920'de bir rastlantı ile öğrenildi. Cephe Komutanlığı'nın, bu birlikle ilgili bilgiler verilmesi ve birliğin denetlemeye hazır bulundurulması yolundaki buyruğunu, Ethem Bey yerine getirmedi. Cephe Komutanlığının, sivil işlere, geri hizmetlere karışılmaması için verdiği genel buyruğa aykırı olarak Gezici Kuvvetler Komutanlığı, tersine Kütahya bölgesinde, her şeye karışmayı ve eylemlerini arttırdı.

Cephe Komutanı, Ethem Bey Gezici Kuvvetinin öteki Gezici Kuvvetlerden ayırt edilmesi için "Birinci Gezici Kuvvet" adıyla adlandırılmasını istedi. Ethem Bey ve kardeşi, bunu dikkate almak şöyle dursun, bu buyruğa karşın kendi kendine "Genel Gezici Kuvvetler ve Kütahya Bölgesi Komutanı" biçiminde bir komuta durumu ortaya çıkardı.

"Genel Gezici Kuvvetler Komutan Vekili Tevfik" imzalı bir rapora karşı Cephe Komutanı, durumu inceledikten sonra verdiği genel emirde demişti ki: " Hainliği ne denli gerçek olursa olsun, kesinlikle hiçbir köy yıkılmayacak; halktan hiçbir kimse, hiçbir birlik tarafından, hiçbir suçtan ötürü asılmayacaktır. Casuslukları ve başka hainlikleri anlaşılmış adamların, gözaltında, İstiklâl Mahkemelerine gönderilmeleri gerekir."

Genel Gezici Kuvvetler Komutan Vekili Tevfik Bey, bu buyruğa da karşı geldi.

Batı Cephesi Komutanlığı elbette ordusunun bütçesini düzenleyecekti. Bu amaçla, 22 Kasım 1920'de bütün cephe birliklerinden düzgün birer sayım çizelgesi istendi. Cephe birliklerinin hepsinden karşılık geldi. Gezici Kuvvetler, istenilen sayım çizelgesini göndermedi. Bu konuda cepheden yapılan sorguya gelen karşılıkta, Tevfik Bey diyordu ki:

"Gezici Kuvvetler ne bir tümen, ne de düzenli bir kuvvet durumuna getirilemez... Bu serserilerin başına ne bir subay, ne de hesap memuru konulamayacağı gibi, kabul de ettirilemez. Çünkü subay gördüler mi, Azrail görmüşçesine ayaklanıyorlar. Gezici Kuvvetler'in, eskiden olduğu gibi gelişigüzel yönetilmesi zorunludur."

Baylar, tam bu günlerde düşmanın, Bursa Cephesi ilerisinde, İznik yakınlarında bir eylemi sezildi. Cephe Komutanı oraya giderek hemen önlem almak zorunda kaldı. Onun için 28 Kasım 1920'de Gezici Kuvvetler Komutan Vekili Tevfik Bey'e karşılık verirken: "Bugün Bilecik'e gidiyorum. Dönüşte sizinle yüz yüze nerede görüşebilirim?" diye sormuştu. Cephe Komutanına, karşılık verilmemişti. Cephe Komutanının İznik'teki duruma karşı önlemler aldığı ve düzenlemeler yaptığı sırada, Gezici Kuvvetler Komutanlığı'ndan savaş raporları gönderilmemiştir.

Baylar, bu görüşmelerden kolaylıkla anlaşılmaktadır ki

Ethem ve Tevfik kardeşler, ulusal hükümete karşı ayaklanmaya karar vermişler.

Bu kararlarını uygulamak için Tevfik Bey, cephede nedenler ararken ve cepheyi bırakarak kuvvetlerini geride toplarken, Ethem Bey ve milletvekili olan kardeşi Reşit Bey ve daha birtakımları da Ankara'da siyasa yönünde çalışıyorlardı.

Ayaklanma plânlarını başarıyla uygulayabilmek için buna engel sayılan Batı Cephesi'ndeki ordunun başında bulunan komutanı, değerden düşürerek ve görevden uzaklaştırarak, orduya etkin olmak istiyorlardı.

Baylar, ben hem cephede hem Ankara'da her bakımdan gereken önlemleri aldırmıştım. Ethem ve kardeşlerinin ayaklanmasından hiç çekinmiyordum. Ayaklanırlarsa bastırılıp cezalandırılacaklarına kuşkum yoktu. Onun için çok serin ve geniş davranıyordum. Elden geldiğince kendilerini öğütle yola getirmeye çalışıyordum.

Bu düşünce iledir ki Ankara'da bulunan Ethem ve Reşit Beyleri ve kimi kişileri yanıma alarak Eskişehir'e gitmeye ve orada İsmet Paşa ile de birleşerek yüz yüze konuşmaya ve anlaşmaya, 2 Aralık 1920'de karar verdim. Ethem Bey'in benimle birlikte gitmekten çekineceğini kestiriyordum.

Gerçekten ertesi gün Ethem Bey hasta olduğunu söyleyerek birlikte gelemeyeceğini bildirdi. 3 Aralık akşamı özel bir trenle Eskişehir'e gitmek üzere yola çıktık. Ethem ve kardeşi Reşit Beylerle birlikte yanımızda başka arkadaşlar da vardı.

4 Aralık 1920 sabahı erkenden, tren Eskişehir'e vardı. İsmet Paşa'nın, o sırada Bilecik'te bulunduğu önceden anlaşılmış olduğundan, Eskişehir'de durmayıp Bilecik istasyonuna gitmeye karar vermiştik. Eskişehir'de trenin niçin durup yoluna gitmediğini sordum. Yaverlerim, arkadaşların sabah kahvaltısı yapmak için lokantaya gittiklerini ve şimdi gelmek üzere bulunduklarını söylediler. Biraz sonra, yapılan araştırmadan anlaşıldı ki herkes hazırdır,

ama Ethem Bey'in kaçırılmış. "Öyleyse, dedim, Ethem Bey olmaksızın bizim Bilecik'e gitmemizde bir yarar yoktur. İsmet Paşa'yı Eskişehir'e çağırırız"

İsmet Paşa da telgraf başında özel görüşmeden sonra Eskişehir'e gelmek üzere yola çıktı. 4 Aralık 1920 akşamı Eskişehir'de buluştuk. Orada bekleyen arkadaşlarla hep birlikte bir lokantada yemek yedik. Ethem Bey yoktu. İsmet Paşa, Gezici Kuvvetler Komutan Vekili olarak Tevfik Bey'in başkaldırır davranışını anlattı. Reşit Bey, çok sert ve saldırgancasına konuşmaya başladı. Kardeşlerinin birer yiğit olduklarını, hiç kimsenin buyruğu altına giremeyeceklerini ve bunu herkesin böylece kabul etmek zorunda olduğunu korkusuzca söylüyordu.

Bunun üzerine ben, dedim ki: "Bu dakikaya değin, sizinle eski bir arkadaşınız olarak ve sizden yana bir sonuca ulaşmak için, içten gelen bir duygu ile görüşüyordum. Artık bu dakikadan sonra arkadaşlık ve yakınlıkla ilgili durumum sona ermiştir. Şimdi karşınızda Türkiye Büyük Millet Meclisi'nin ve Hükümeti'nin Başkanı bulunmaktadır. Devlet Başkanı kimliğiyle, Batı Cephesi Komutanına durumun gerektirdiğini yapmak için yetkisini kullanmasını buyuruyorum."

Hemen, İsmet Paşa da dedi ki: "Buyruğum altında bulunan komutanlardan herhangi biri bana karşı gelmiş olabilir. Benim onu yola getirmeye ve cezalandırmaya gücüm yeter. Bu konuda şimdiye dek kimseye karşı güçsüzlüğümden söz etmiş ve hiç kimsenin beni ilgilendiren bu görevi kolaylıkla yapmaya yardımcı olmasını rica etmiş değilim. Ben durumun gerektirdiğini yaparım."

Benim ve İsmet Paşa'nın bu sıkı tutumu karşısında Reşit Bey, hemen sığınır gibi bir durum aldı ve ileri gitmekte ivedilik gösterilmemesini istedi ve kardeşlerinin yanına giderse bir çözüm yolu bulabileceğini söyledi.

Bundan bir sonuç çıkmayacağı, amacının kardeşlerini uyarmak ve zaman kazanmak olduğu besbelli idi. Yine de Reşit Bey'in bu önerisini kabul ettik. Ertesi gün İsmet

Paşa'nın hazırlatacağı özel bir trenle Kütahya'daki kardeşlerinin yanına gitmesine izin verildi.

Gerçekte sorun çözülememişti. Ethem Bey ve kardeşleri zaman kazanmak için bizi oyalamaya çalışıyorlardı. Ellerinde özel şifreler bulunan birtakım görevlileri Konya, Ankara ve Haymana yörelerine göndererek yeniden silâh ve hayvan toplamaya başladıkları saptandı.

Reşit Bey, Kütahya'ya gidip döndükten sonra hiç yanıma gelmemişti. Kendisini yanıma getirttim. Ne istediklerini sordum. "Cephe Komutanlarını değiştiriniz." dedi. "Yerine koyacak adamlarımız yoktur." dedim. "Beni atayınız, ben daha iyi yaparım." dedi. "Cephe Komutanlarını değiştirmek önemli bir iştir. Genel durumumuzu sarsar. Böyle bir öneriyi kabul etmek kolay ve uygun değildir." diye yanıt verdim.

Baylar, Ethem Bey'le haberleşen Demirci Efe, bize karşı özel bir tavır aldı. Bu, anlaşılır anlaşılmaz, Güney Cephesi'nde bulunan Refet Bey komutasındaki süvariler, hemen Demirci Efe üzerine gönderildi. 15 Aralık 1920'de Dinar yakınında, İğdecik köyünde bir gece baskını ile Efe'nin kuvvetleri daşıtılmış; kendisi beş on kişiyle kaçmıştı. Efe, çok sonra bize sığınarak bağışlanmıştır.

22 Aralık 1920 günü, Reşit Bey ile bakanlardan ve milletvekillerinden on beş kadar arkadaşı hükümet konağı'ndaki odama çağırdım. Toplantıya gelenlere, yaşanan olumsuzlukları, gereken belgeleri de göstererek açık bir biçimde anlattım. Reşit Bey, söylediklerimin hiçbirini yadsımadı. Düşman saldırılarına karşı tek kuvvetin, Ethem Bey'in kuvveti olduğunu kabul ettirmeye çalıştı ve bu kuvvetin artırılmasını istedi.

Ben ülke alınyazısının kişilere bağlı kuvvetlere değil, ancak Büyük Millet Meclisi'nin yasalarına bağlı, düzenli birliklere bırakılmasının gerekli olduğunu belirttim.

Reşit Bey, ileri sürülen gerçekleri uygun buluyormuş gibi davrandı. Bunun üzerine, son bir deneme olmak üzere, Reşit Bey'in kimi arkadaşlarla birlikte kardeşlerinin yanına gidip öğüt vermesi kabul edildi.

Bundan sonra, işin bir çözüme bağlanması için, şimdiye değin yaptığım kişisel girişimlere son vereceğimi de öğüt vermeye gidecek olan kurula söyledim.

Bir süre sonra Reşit Bey'le Kütahya'ya giden kurulun görevine son verildi. Milletvekilleri de Ankara'ya döndüler, Reşit Bey dönmedi. Cephe Komutanlarına başkaldıran, Büyük Millet Meclisini uğraştıran Ethem ve kardeşlerine karşı savaşılmasını emrettim.

Kuvvetlerimiz, yürüyüş buyruğunu alır almaz, Kütahya'da bulunan ayaklanmış Ethem kuvvetleri üzerine yürüdüler. 29 Aralık 1920 günü Kütahya'ya girdiler. Ayaklanan Ethem, kuvvetleri hiçbir yerde durmayı ve direnmeyi göze alamadan Gediz üzerine çekildiler. Ethem kuvvetlerini kovalayan birliklerimiz, 5 Ocak 1921 günü Gediz'i ele geçirdiler. Ethem ve kardeşleri de düşmandan yana geçip, kendilerine yaraşan yeri aldılar. Böylece Çerkez Ethem olayı kapanmış oldu.

Birinci İnönü Zaferi

6 Ocak 1921 günü Yunan ordusunun tümü cephelerimizden saldırıya geçtiler. İznik'ten, Gediz üzerinden Uşak'a dek bir çizgi tasarlayınız. Bu çizginin Gediz kuzeyinde kalan parçası iki yüz kilometredir. Gediz'den Uşak'a olan parçası da yaklaşık olarak otuz kilometredir. Düşman üç tümenle bu kesimin kuzey ucundan Eskişehir üzerine doğru yürüdü.

Bizim Gediz'de bulunan önemli kuvvetlerimiz, bu düşman tümenini karşılamak zorundaydı. Karşıladı, yendi. Böylece Devrim Tarihimize **"Birinci İnönü Zaferi"**'ni yazdı.

Londra Konferansı'na Katılmamız

Baylar, 27 Ocak 1921'de Sadrazam Tevfik Paşa'dan açık olarak şu teli aldım: "25 Ocak'ta Paris'te toplanan kurulun aldığı kararlar gereğince Doğu Sorunu'nun çözümünü görüşmek üzere 21 Şubat'ta Londra'da İtilâf Devletleri delegeleriyle Osmanlı ve Yunan Hükümetleri delegelerinden kurulacak bir konferans, toplantıya çağrılacaktır. Yürürlükteki antlaşmada, olaylar dolayısıyla zorunlu görülecek değişiklikler yapılacaktır. Padişah Hükümeti'ne gönderilecek çağrı için, Mustafa Kemal Paşa'nın ya da Ankara'ca yetki verilmiş delegelerin Osmanlı Delegeler Kurulu arasında bulunmaları koşulu ileri sürülmüştür. Bu kararları İtilâf Devletlerinin İstanbul temsilcileri bildirdi. Görevlendireceğiniz delegeler, buradan seçeceğimiz kişilerle birleşerek yola çıkacaklardır. Kararınızı ve bu telin karşılığını bekliyorum."

Baylar, kısacası (*uzun süren yazışmalardan sonra*) Tevfik Paşa ve arkadaşlarıyla ilkede, görüşte, anlayışta uzlaşmaya varılamıyordu. En sonunda iş mecliste görüşüldü.

Meclise iki öneride bulundum. Birisi, yurdun ve ulusun tutumunu ve amacını İstanbul'a açık olarak bildirmek; ikincisi de, ayrıca çağrılırsak Londra'ya bağımsız bir kurul göndermekti. Her iki önerim kabul edildi. Meclis'in görüşü ve kararı Tevfik Paşa'ya telyazısı ile bildirildi.

Baylar, Dışişleri Bakanı bulunan Bekir Sami Bey'in başkanlığı altında bağımsız bir delegeler kurulu oluşturuldu. Bu kurul, Londra Konferansı'na özel olarak çağrıldığımızda katılmak üzere ve geçecek zamandan yararlanmak amacıyla Antalya üzerinden Roma'ya gönderildi.

Kurulumuz, İtalya Dışişleri Bakanı Kont Sforza aracılığıyla, resmi olarak çağrıldıkları kendilerine bildirildikten sonra Londra'ya gitmiştir.

Londra Konferansı, 27 Şubat 1921'den 12 Mart 1921'e kadar sürdü.

Baylar, Londra'ya gitmiş olan Delegeler Kurulumuz, İkinci İnönü Zaferi'nden sonra geri geldi. Konferans olumlu bir sonuca bağlanmamış. Ama Dışişleri Bakanı Bekir Sami Bey, kendiliğinden İngiltere, Fransa ve İtalya devlet adamlarıyla konuşarak her biriyle ayrı ayrı birtakım sözleşmeler imzalamış bulunuyordu.

Bütün düşüncelerin özeti, yıkımdan, kıyımdan aşağılık durumdan ve tutsaklıktan kurtulmak için Londra'da yaptığı sözleşmeler sınırı içinde ulusal savaşa son vermeyi öneriyordu.

Bekir Sami Bey'in bu düşünceleri bende olumlu etki yaratmamıştı. İleri sürdüğü düşünceler ve bunların dayandığı mantık, kendisiyle görüşmeyi ve tartışmayı bile gereksiz ve yararsız saydırmıştı.

İkinci İnönü Zaferi

Baylar, Londra Konferansı'na katılan Delegeler Kurulumuz daha yolda iken, Yunanlılar bütün ordusuyla bütün cephelerimize saldırdılar.

Yunan ordusunun, Bursa ve doğusunda önemli bir grubu; Uşak ve doğusunda da başka bir grubu vardı. Bizim kuvvetlerimiz de Eskişehir'in kuzeybatısında, Dumlupınar'da ve doğusunda toplanmıştı.

Bundan başka Yunanlılar'ın, İzmit'te bir tümenleri; bizim de ona karşı, Kocaeli grubumuz bulunuyordu. Yunanlılar'ın Menderes boyundaki birliklerine karşı da birliklerimiz vardı. Yunan ordusunun Bursa ve Uşak grupları 23 Mart 1921 günü ilerlemeye bağladılar. İsmet Paşa komutasında bulunan Batı Cephesi birlikleri, Eskişehir'in kuzeybatısında toplanmıştı.

Karar, savaşı İnönü mevzilerinde kabul etmekti. Ona göre önlemler alınıyor ve düzenlemeler yapılıyordu. Düşman, 28'de sağ kanadımıza saldırdı. Çok önemli başarılar elde ediyordu. 29-30 Mart günleri sert çarpışmalarla geçti. Bu çarpışmalar, düşmanın yararına sonuçlandı.

Bundan sonra sıra bize geliyordu. İsmet Paşa, 31 Mart günü karşı saldırıya geçti ve düşmanı yenerek 31 Mart'ı, 1 Nisan'a bağlayan gece, geri çekilmek zorunda bıraktı. Böylece devrim tarihimizin bir sayfası, **İkinci İnönü Zaferi**'yle yazılmış oldu.

Güney Cephesi'ndeki Eylemler

Güney Cephesi Komutanı Refet Paşa'nın buyruğu altında bulunan üç piyade tümeni, Dumlupınar'da hazırlanmış bir mevzide bulunuyordu. Bir süvari tümeni ile bir süvari tugayı da mevzinin sol kanadında bulunuyordu. Güney Cephesi Komutanı'nın aldığı görev bu mevzide düşmanı durdurmaktı.

Uşak doğusundan ilerleyen düşman güçleri, Dumlupınar mevzilerine saldırdılar. 26 Mart'ta birliklerimiz, mevzilerini bırakmak zorunda kaldı. Güney Cephesi kuvvetleri ikiye bölündü.

Doğu yönünde ilerleyen düşmana karşı, Fahrettin Paşa kuvvetleri, çeşitli yerlerde çarpışa çarpışa geri çekildi. Düşman, Afyonkarahisar'ı işgal ettikten sonra, Çay-Bolvadin hattına değin ilerledi ve orada durduruldu.

İlk serbest kalan tümenler, hemen Güney Cephesi Komutanı Refet Paşa'nın buyruğuna verilerek cepheye gönderilmiştir. Refet Paşa'nın buyruğu altına verilen kuvvetler, saldırılarında başarı kazanamadılar; tersine, çok yitik verildi. Düşman, üstünlük sağlayarak Dumlupınar mevzisine yerleşti. Refet Paşa'nın kuvvetleri ise, Dumlupınar'ın on kilometre kuzeydoğusuna çekildi.

Refet Paşa'nın komutasındaki orduda kendisine karşı güven kalmadığı anlaşıldı. Bunun üzerine ben, Fevzi ve İsmet Paşaları alarak Refet Paşa'nın yanına gittim. Durumu yakından inceledim ve işi hemen şöylece çözdüm. (Refet Paşa'nın) komutası altındaki Güney Cephesi'ni, Batı Cephesi'ne başlayarak İsmet Paşa komutasına verdim. Kendisine, Ankara'da bir görev verilmek üzere, oraya dönmesi gerektiğini bildirdim.

Refet Paşa, Ankara'ya döndükten sonra ben, onu Milli Savunma Bakanlığı'na atamak istedim. Refet Paşa bu isteği kabul etmedi, verdiği yanıtta dedi ki: "Öyleyse ben de Milli Savunma Bakanlığı'nı kabul etmem." "O sizin bileceğiniz iştir." dedim ve bıraktım. Gerçekten kabul etmedi ve izin alarak Kastamonu ormanlarında "Ecevit" denilen yerde bir süre dinlenmeye çekildi.

Refet Paşa'nın Milli Savunma Bakanlığı'na getiriliği bundan sonra ortaya çıkan başka bir durum üzerine olmuştur.

Mecliste Kurulan Siyasal Gruplar

Baylar, Birinci Büyük Millet Meclisi'ne ulusça üye seçilirken, Anadolu ve Rumeli Müdafaai Hukuk Cemiyeti'nin yönetim kurulu üyeleri de ikinci seçmenler arasında bulundular. Biliyorsunuz, Erzurum ve Sivas Kongreleri'nde saptanan ilkeler, son İstanbul Mebuslar Meclisi'nce kabul edilip berkitilerek Misakı Milli (**Ulusal Ant**) adı altında özetlenmişti.

Mecliste birlikte çalışmanın sağlanıp düzenlenmesinde güçlükler doğmaya başladı. En önemsiz konularda bile oylar dağılıyordu. Kimi kişiler, 1920 yılı ortalarında birtakım örgütler kurmaya kalkıştılar.

Gerçekten sayıları çok, üyeleri az olan bu gruplar birbiriyle yarışmaya kalkışmışlar ve birbirlerini dinlememek yüzünden mecliste hemen hemen bir kargaşa doğurmaya başlamışlardı.

Misakı Milli ile saptanmış olan ilkelerde her bakımdan görüş ve amaç birliği olduğu halde, anayasa ile konulan ilkeler üzerinde tam birlik sağlanmış görünmüyordu. Grupları birleştirmek ya da gruplardan birini güçlendirerek iş görmek için, dolaylı olarak çok çalıştım. Sonunda, Anadolu ve Rumeli Müdafaa-i Hukuk Grubu adıyla bir grup kurmaya karar verdim.

Bu grup için yaptığım programın başına bir ana madde koydum. Grup, devletin ve ulusun örgütlerini, Anayasaya uygun olarak şimdiden yavaş yavaş saptamaya ve hazırlamaya çalışacaktır.

Baylar, bütün grupları ve Meclis üyelerinin çoğunu çağırarak bu iki ilke üzerinde birleşmelerini sağladım. Bildirdiğim bu ana madde ve bundan sonra grubun iç tüzüğüyle ilgili maddeler, 10 Mayıs 1921 günü yapılan toplantıda kabul olundu. Grup Genel Kurulu'nca seçilmem üzerine, grubun başkanlığını da üzerime almıştım.

Baylar, ülkede nasıl bir Anadolu ve Rumeli Müdafaa-i Hukuk Cemiyeti varsa, mecliste de onun bu ad altında bir siyasal grubu kurulmuş oldu. İstanbul'daki Mebuslar Meclisi'nin yapmaktan çekindiği iş, ancak onların dağılmasından on dört ay sonra Ankara'da yapılmış oldu. Bu grup, Birinci Büyük Millet Meclisi'nin çalıştığı sürece hükümetin iş görmesine yardımcı olabilmiştir.

Sakarya Meydan Savaşı

Baylar, İkinci İnönü Savaşı'ndan sonra, üç ay sonra, 10 Temmuz 1921 gününde, Yunan ordusu yeniden cephemize karşı, genel saldırıya geçti.

Bizim ordumuz başlıca, Eskişehir'de ve Eskişehir kuzeybatısındaki İnönü mevzilerinde ve Kütahya - Altıntaş dolaylarında bulunuyordu. Afyonkarahisar yöresinde ise birer tümenimiz vardı.

Yunan ordusu da Bursa'da bir ve Uşak doğusunda iki kolordusunu toplu bulunduruyordu. Menderes'te de bir tümeni vardı.

Yunanlıların bu saldırısı üzerine yapılan ve Kütahya - Eskişehir Savaşları adıyla anılan bir sıra savaşlar oldu. Ordumuz, 25 Temmuz 1921 akşamı büyük bölümüyle Sakarya'nın doğusuna çekilmişti.

İkinci İnönü Savaşı'ndan sonra genel seferberlik yapmış olan Yunan ordusu; insan, tüfek, makineli tüfek ve top sayısı bakımından bizim ordumuzdan önemli derecede üstündü.

Yunan ordusunun bütün gücüyle yaptığı bu saldırı karşısında, bizim askerlik yönünden temel ödevimiz, ulusal savaşımın başından beri izlediğimiz taktik şu idi: Her Yunan saldırısı karşısında kaldıkça bu saldırıyı, direnerek ve uygun hareketler yaparak durdurmak ve boşa çıkarmak, yeni orduyu kurmak için zaman kazanmaktı." Son düşman saldırısı karşısında da bu temel ödevi gözden uzak tutmamak gerkirdi.

Bu düşünce ile 18 Temmuz 1921 günü İsmet Paşa'nın Eskişehir'in Karacahisar'da bulunan karargâhına giderek durumu yakından inceledikten sonra, İsmet Paşa'ya genel olarak şu yönergeyi vermiştim:

"Orduyu, Eskişehir kuzey ve güneyinde topladıktan sonra, düşman ordusuyla araya büyük aralık bırakmak gerekir ki orduyu derleyip toparlayıp güçlendirebilelim. Düşman hiç durmadan ilerlerse hareket üssünden uzaklaşacak ve yeniden destek örgütleri kurmak zorunda kalacak; her halde birçok zorluklarla karşılaşacaktır. Buna karşılık, bizim ordumuz toplu bulunacak ve daha elverişli koşullar içinde olacaktır. Bu yolda hareketimizin en büyük sakıncası, Eskişehir gibi önemli yerlerimizi ve birçok topraklarımızı düşmana bırakmaktan dolayı, kamuoyunda doğabilecek manevi sarsıntıdır. Ama az zamanda, elde edebileceğimiz başarılı sonuçlarla, bu sakıncalar kendiliğinden ortadan kalkacaktır. Askerliğin gereğini duraksamadan uygulayalım. Başka türden sakıncalara karşı koyarız."

Ordunun Başına Geçmemi İstiyorlar

Baylar, düşündüğüm manevi sakıncalar gerçekten hemen görüldü. İlk duyarlıklar mecliste belirdi. Özellikle karşı olanlar, karamsarlık dolu söylevlerle yaygaraya başladılar: "Ordu nereye gidiyor, ulus nereye götürülüyor? Bu gidişin elbette bir sorumlusu vardır, o nerededir? Onu göremiyoruz! Bugünkü acıklı ve korkunç durumun gerçek sorumlusunu ordunun başında görmek isterdik..." diyorlardı.

Bu anlamda söz söyleyen kimselerin hedef aldıkları kişinin, ben olduğum kuşku götürmezdi.

En sonu, Mersin Milletvekili Selâhattin Bey, kürsüden

benim adımı söyleyerek: "Ordunun başına geçsin!" dedi. Bu öneriye katılanlar çoğaldı. Buna karşı olanlar da vardı.

Bir kez, benim eylemli olarak ordunun başına geçmemi önerenlerin düşünce ve amaçlarını ikiye ayırabiliriz. Benim ve benimle birlikte birçoklarının o zaman anladığımıza göre, birtakım kişiler, artık ordunun büsbütün yenildiği, durumun düzeltilemeyeceği, kısaca amacın, güttüğümüz ulusal amacın yitip gittiği yargısına varmışlardı. Bu nedenle duydukları öfke ve sertliği benim üzerimde yatıştırmak istiyorlardı

Eylemli olarak komutanlığı üstüme almamı sakıncalı görenlerin de düşüncesi şuydu:

Ordunun, bundan sonraki herhangi bir savaşta başarı kazanamayıp yeniden geri çekilmesi beklenmedik bir şey değildir. Bu durumlarda ben eylemli olarak ordunun başında bulunursam, genel inanışa göre, son umudum da yitirilmiş olduğu gibi bir anlayış doğabilir. Oysa genel durum, son önlem ve son çareye başvurulmasını ve son kuvvetlerin gözden kaçırılmasını gerektirecek nitelikte değildir. Bundan dolayı, son umudun kalabilmesi için benim doğrudan doğruya savaşı yönetmem zamanı gelmemiştir.

Benim ses çıkarmayışım, komutayı eylemli olarak ele almaya can atmayışım, sanki yıkımın kesin ve yakın olduğu düşünce ve görüşünü genelleştirdi. Bunu anlar anlamaz hemen kürsüye çıktım. 4 Ağustos 1921 günü, üyelerin bana karşı gösterdikleri yakınlık ve güvene teşekkür ettikten sonra Türkiye Büyük Millet Meclisi Başkanlığı'na şöyle bir önerge verdim:

"Meclis sayın üyelerinin genel olarak beliren istek ve dilekleri üzerine Başkomutanlığı kabul ediyorum. Bu görevi, kendi üzerime almaktan doğacak yararların çarçabuk elde edilebilmesi, ordunun maddi ve manevi gücünün en kısa zamanda artırılıp pekiştirilmesi ve yönteminin bir kat daha sağlamlaştırılması için, Türkiye Büyük Millet Meclisi'nin yetkilerini, eylemli olarak kullanmak koşuluyla üzerime alıyorum. Yaşadığım sürece, ulusal

egemenliğe en gerçek bir hizmet edici olduğumu, ulusa bir kez daha göstermek için, bu yetkinin üç ay gibi kısa bir süre ile sınırlandırılmasını ayrıca dilerim."

Mustafa Kemal

Baylar, bu önergem doğruluktan yanaymış gibi görünerek öneride bulunanların, gizli düşüncelerini açığa vurmalarına yol açtı. Hemen karşı çıkışlar başladı. "Bir kez, Başkomutanlık sanını veremeyiz. O, Büyük Millet Meclisi'nin manevi kişiliğindedir. Başkomutan Vekili, denilmelidir." dediler.

İkinci olarak da: "Meclisin yetkisini kullanmak gibi bir ayrıcalığın verilmesi, hiçbir zaman söz konusu olamaz." düşüncesini ileri sürdüler.

Ben, padişah ve halifelerce kullanılmış eski bir sanı takınamayacağımı ileri sürerek görüşümde direndim. Görüşme, 5 Ağustos 1921 günü de sürdü. O gün kimi milletvekillerinin duraksamalarının iki noktada toplandığı anlaşıldı. Birincisi, meclis varlığının herhangi bir biçim ve yolla iş göremez duruma getirilmesi; ikincisi de üyelerden herhangi biri için keyfe göre, baskılı işlem yapılması idi.

Bu konuda açıklamada bulunduktan sonra, bana Başkomutanlık verilmesiyle ilgili olan 5 Ağustos 1921 günü yasa kabul edildi. Bu yasanın ikici maddesine göre bana verilmiş olan yetki şu idi:

Başkomutan, ordunun maddi ve manevi gücünü büyük ölçüde artırmak ve yönetimini bir kat daha sağlamlaştırmak için, Türkiye Büyük Millet Meclisi'nin bununla ilgili yetkisini meclis adına eylemli olarak kullanılabilir.

Bu maddeye göre benim vereceğim buyruklar yasa olacaktı. Yasanın kabul edilmesi üzerine verdiğim söylevin bir iki cümlesini yinelememe izin vermenizi rica ederim. O cümleler şunlardı:

Baylar, zavallı ulusumuzu tutsak etmek isteyen düşmanları, ne olursa olsun yeneceğimize olan iman ve güvenim, bir dakika olsun sarsılmamıştır. Bu dakikada, bu tam inancımı yüce kurulunuza karşı, bütün ulusa karşı ve bütün dünyaya karşı ilân ederim.

Ulusal Vergi Buyrukları

Baylar, Başkomutanlığı eylemli olarak üzerime aldıktan sonra, birkaç gün Ankara'da çalıştım. Başkomutanlık Karargâhı'nı kurdum Ordunun insan ve taşıt bakımından gücünün artırılması, yiyeceğinin ve giyeceğinin sağlanıp yoluna konulması ile ilgili önlemleri almak ve gereken düzenlemeleri yapmakla uğraştım.

Bu sözünü ettiğim şeyleri sağlamak için, 7 ve 8 Ağustos 1921 günlerinde, "Ulusal Vergi Buyruğu" adı altında yaptığım genel bildirimleri yayımladım. Bunlar:

1. Her ilçede birer "Ulusal Vergi Kurulu" kurdum.

2. Yurtta her ev, birer kat çamaşır, birer çift çorap ve çarık hazırlayıp Ulusal Vergi Kurulu'na verecekti.

3. Tüccar ve halk elinde bulunan çamaşırlık bez, kaput bezi, patiska, pamuk, yıkanmış ve yıkanmamış yün ve tiftik, erkek elbisesi dikmeye elverişli her türlü kışlık ve yazlık kumaş, kalın bez, kösele, vaketa, (İnek derisi, bir tür meşin) taban astarlığı, sarı ve siyah meşin, sahtiyan, dikilmiş ve dikilmemiş çarık, potin, demir kundura çivisi, tel çivi, kundura ve saraç ipliği, nallık demir ve yapılmış nal, mıh, yem torbası, yular, belleme, kolan, kaşağı, gebre, semer ve urganlardan yüzde kırkına, parası sonra ödenmek üzere el koydum.

4. Eldeki buğday, saman, un, arpa, fasulye, bulgur, nohut, mercimek, kasaplık hayvanlar, şeker, gaz, pirinç, sabun, yağ, tuz, zeytinyağı, çay ve mum stoklarından da yine yüzde kırkına, parası sonra ödenmek üzere el koydum.

5. Ordu için alınan taşıtlardan geriye kalanlarının da ayda bir kez ve parasız olarak yüz kilometrelik bir uzaklığa dek askeri ulaştırma işlerinde taşıma yapılmasını zorunlu kıldım.

6. Halkın elinde bulunan savaşa elverişli bütün silâh ve cephanenin üç gün içinde verilmesini istedim.

7. Benzin, vakum, gres yağı, makine yağı, donyağı, saatçi ve taban yağları, vazelin, otomobil ve kamyon lastiği, lastik yapıştırıcı, buji, soğuk tutkal, Fransız tutkalı, telefon makinesi, kablo, pil, çıplak tel, yalıtkan ve bunlara benzer gereçlerin ve asit sülfürik stoklarının yüzde kırkına el koydum.

8. Demirci, marangoz, dökümcü, tesviyeci, saraç ve arabacılarla bunların işliklerinin iş çıkarma güçlerinin; kasatura, kılıç, mızrak, eyer yapabilecek ustaların adlarıyla sayılarının ve durumlarının saptanmasını sağladım.

9. Halkın elinde bulunan dört tekerlekli yaylı araba, dört tekerlekli at ve öküz arabaları ile kağnı arabalarının bütün donatımı ve hayvanları ile birlikte; binek ve top çeker hayvanlar, katırlar, yük hayvanlarının, deve ve eşeklerin yüzde yirmisine el koydum.

Baylar, buyruklarımın ve bildirimlerimin yerine getirilmesi için kurduğum İstiklâl Mahkemeleri'ni Kastamonu, Samsun, Konya, Eskişehir bölgelerine gönderdim. Ankara'da da bir mahkeme bulundurdum.

Cephe Karargâhına Gidiş

Ondan sonra Baylar, 12 Ağustos 1921 günü, Genelkurmay Başkanı Fevzi Paşa ile birlikte Polatlı'daki cephe karargâhına gittim.

Düşman ordusunun cephemize doğru ilerleyerek sol kanadımızdan kuşatacağı yargısına varmıştık. Bu görüşe dayanarak hiç çekinmeden gerekli önlemleri aldırdım ve düzenlemeleri yaptırdım.

Düşman ordusu, 23 Ağustos 1921 günü, gerçekten cephemize doğru ilerlemeye ve saldırmaya başladı. Savunma hattımız yer yer kırılıyordu. Bu durum karşısında ben:

"Savunma hattı yoktur. Savunma alanı vardır. O alan bütün yurttur. Yurdun her karış toprağı, yurttaşın kanıyla ıslanmadıkça düşmana bırakılamaz. Onun için küçük büyük her birlik, bulunduğu mevziden atılabilir; ama küçük

büyük her birlik, ilk durabildiği noktada yeniden düşmana karşı cephe kurup savaşı sürdürür. Yanındaki birliğin çekilmek zorunda kaldığını gören birlikler ona uymaz. Bulunduğu mevzide sonuna dek dayanmak ve direnmekle yükümlüdür." diye buyruk verdim.

İşte ordumuzun her bireyi, bu kurala göre her adımda en büyük özveriyi gösterip düşmanın üstün kuvvetlerini yok ederek, yıpratarak sonunda onu, saldırıyı sürdürme gücünden ve yeteneğinden yoksun bir duruma getirdi.

Sakarya ırmağı doğusunda düşman ordusunun sol kanadına ve daha sonra cephenin önemli yerlerinde karşı saldırıya geçtik. Yunan ordusu yenildi ve geri çekilmek zorunda kaldı. 13 Eylül 1921 günü, Sakarya ırmağının doğusunda düşman ordusundan hiçbir iz kalmadı. Böylece, 23 Ağustos gününden 13 Eylül gününe değin, bugünler de içinde olmak üzere, yirmi iki gün yirmi iki gece aralıksız süren büyük ve kanlı **Sakarya Savaşı**, yeni Türk Devleti'nin tarihine, dünya tarihinde pek az olan, büyük bir meydan savaşının örneğini yazdı.

Baylar, bir kaza sonucu olarak sol kaburga kemiklerimden birisinin kırılmış olmasına bakmadan, görevimi yerine getirmeye bütün varlığımla çalıştığımı sanırım. Sakarya Savaşı'nın sonuna değin askeri bir rütbem yoktu. Savaştan sonra, Büyük Millet Meclisi bana "Mareşal" rütbesiyle, "Gazi" unvanı verdi.

Ankara Antlaşması

Baylar, Sakarya Zaferi'nden sonra, Batı ile yaptığımız olumlu ve verimli ilişkilerimizi Ankara Antlaşması oluşturur. Bu Antlaşma, Ankara'da, 20 Ekim 1921'de imza edilmiştir

Bekir Sami Bey başkanlığındaki delegeler kurulunun gittiği Londra Konferansı'ndan sonra Yunanlılar'ın yaptıkları saldırı, bildiğiniz gibi kırılmış ve İkinci İnönü zaferi kazanılmıştı. Rusya ile Moskova Antlaşması imzalanmış ve doğudaki durumumuz açıklığa kavuşmuştu.

İtilâf Devletleri'nden de ulusal ilkelerimizi kabul edebileceklerle anlaşmanın istenir olacağı düşünülüyordu. Fransa Hükümeti, eski bakanlardan Bay Franklen-Buyon'u özel olarak Ankara'ya göndermişti. 9 Haziran 1921 günü Ankara'ya gelen Bay Franklen-Buyon ile iki hafta kadar görüşmeler yaptım. Birbirimizi tanımakla geçen özel buluşmadan sonra, 13 Haziran 1921 Pazartesi günü, Ankara istasyonundaki özel konutumda yaptığımız ilk toplantıda ben, bizim için temel noktanın Misakı Milli'nin kapsamı olduğu ilkesini ortaya koydum.

Bay Franklen-Buyon, Sevr Anlaşmasının ortada bulunduğunu söyledikten sonra, Londra'da Bekir Sami Bey'le Bay Briyan'ın yaptıkları anlaşmayı temel saymanın ve Misakı Milli'ye (Ulusal Ant'a) aykırı noktalar üzerinde tartışmanın uygun olacağını söyledi.

Ben, "Eski Osmanlı İmparatorluğundan yeni bir Türkiye Devleti doğmuştur. Bunu tanımak gerekir. Bu yeni Türkiye, her bağımsız ulus gibi haklarını tanıtacaktır. Sevr Antlaşması, Türk ulusu için öylesine uğursuz bir ölüm kararıdır ki onun bir dost ağzından çıkmamasını isteriz. Bu görüşmelerimiz sırasında da Sevr Antlaşması'nın adını anmak istemem. Sevr Antlaşmasını kafasından çıkarmayan uluslarla, güven ilkesine dayanan işlemlere girişemeyiz. Bize göre böyle bir antlaşma yoktur. Bekir Sami Bey'in gittiği yoldan gidersek biz de onun gibi yanlış iş yapmış oluruz. Avrupa'nın Misakı Milli'yi bilmemesi düşünülemez." dedim.

Uzun süren görüşmeler ve tartışmalarda, Misakı Milli'nin maddeleri baştan sona değin, birer birer okunarak görüşüldü ve tartışıldı. Üzerinde en çok durulan madde, yabancılara verilmiş kapitülasyonların kaldırılması, tam bağımsızlığımızın tanınması ile ilgili madde oldu.

Ben, "Tam bağımsızlık, bizim bugün üzerimize aldığımız görevin özüdür. Bu görev, bütün ulusa ve tarihe karşı yüklenilmiştir. Bu görevi yüklenirken, ne ölçüde yapılabileceği üzerinde hiç kuşkusuz, çok düşündük. Bizden öncekilerin yaptıkları hatalar yüzünden bağımlı hale geldiğimizi belirttim. Bu yanlışlığı sürdürmek, kesinlikle, ülkenin ve ulusun bütün onurundan ve bütün yaşama yeteneğinden ayrılması ve uzaklaşması sonucunu doğurabilir. Biz, yaşamak isteyen, özsaygı ve onuruyla yaşamak isteyen bir ulusuz. Bir yanlışlığı sürdürmek yüzünden bu niteliklerden yoksun kalmaya katlanamayız. Bilgin, bilgisiz bütün ulus bireyleri, hepsi belki işin içindeki güçlükleri iyice kavramaksızın, bugün yalnız bir nokta çevresinde toplanmış, sonuna dek kanını akıtmaya karar vermiştir. O nokta, tam bağımsızlığımızın sağlanması ve sürdürülmesidir.

Tam bağımsızlık demek, elbette siyasa, maliye, ekonomi, adalet, askerlik, kültür gibi her alanda tam bağımsızlık ve tam özgürlük demektir. Bu saydıklarımın herhangi birinde bağımsızlıktan yoksunluk, ulusun ve ülkenin gerçek anlamıyla bütün bağımsızlığından yoksunluğu demektir.

Baylar, gerçekten, Bay Franklen-Buyon'un kesin karar alarak imzaladığı Ankara Antlaşması, daha önce söylediğim gibi, büyük ve kanlı Sakarya Savaşı'ndan 37 gün sonra, 20 Ekim 1921'de oluşmuş bir belgedir.

Bu anlaşma ile siyasa, ekonomi, askerlik ve öbür alanlarda, tek bir konuda bağımsızlığımızdan hiçbir şey yitirmeksizin, yurdumuzun değerli parçalarını işgalden kurtarmış olduk. Bu antlaşma ile ulusal isteklerimizi, ilk kez olarak, Batı devletlerinden biri söylemiş ve onaylamış oldu.

Sevr Antlaşması: 10 Ağustos 1920'de İtilaf Devletleri ile Osmanlı Hükümeti arasında yapılmıştır. Önemli maddeleri şöyledir:

* İstanbul Türklerde kalacak. Ancak, azınlıkların hakları gözetilmezse, bu karar değişecektir.

* Boğazlar, savaşta ve barışta tüm devletlerin gemilerine açık tutulacak. Boğazların yönetimi, ayrı bayrağı, ayrı polisi olan bir kurulun eline verilecek.

* Türkiye, Ermenistan'ı tanıyacak. Bu devletin sınırlarını Amerikan Cumhurbaşkanı çizecek.

* Fırat nehrinin doğusunda, Kürdistan adıyla bir devlet kurulacak.

* İzmir Türklerde kalacak, yönetimi Yunanlılarda olacak.

* Osmanlı ordusu 50.700 kişi olacak.

Ankara Antlaşmasının önemli maddeleri:

* Fransa ve Türkiye Büyük Millet Meclisi Hükümeti arasındaki savaş sona erecek.

* Türk ve Fransız tutuklular özgür bırakılacak.

* Güney sınırı Kilis ve Nuseybin, Türkiye'de kalacak şekilde çizilecek.

* İskenderun ve Antakya için özel bir yönetim sistemi uygulanacak.

Pontus Sorunu

Baylar, 1840 yılından beri, Rize'den İstanbul Boğazı'na değin Anadolu'nun Karadeniz bölgesinde eski Yunanlılığın diriltilmesi için çalışan bir Rum topluluğu vardı. Bu örgüt üyeleri, zaman zaman, ayrı ayrı haydut çeteleri kurarak çalışıyorlardı.

Birinci Dünya Savaşı sırasında dışardan gönderilip dağıtılan silâh, cephane, bomba ve makineli tüfeklerle Samsun, Çarşamba, Bafra ve Erbaa Rum köyleri sanki bir silâh deposu durumuna gelmişti.

Ateşkes Antlaşmasından sonra bütün Rumlar, Yunanlılık ulusal amacı ile her yerde şımardığı gibi, bağımsız bir Pontus hükümeti kurmak isteğine kapıldılar. Bu amaçla genel bir ayaklanma hazırladılar.

Amasya ve Samsun dolayları Rum metropoliti Yermanos'un yönetiminde, düzenli bir program ile çalışmaya başladılar. Kimi yabancı hükümetler, Pontus'un kurulmasına yardım edeceklerine söz verdiler. Samsun ve dolaylarındaki Rumlar'ın nüfusunu artırmak için de Rusya'daki Rum ve Ermenileri, Batum'da topladılar. Onları, silâhlarla donatarak, kıyılarımıza çıkarmaya başladılar.

Bunları, ülkemiz içinde, Samsun'da kimi yabancı temsilciler koruyor ve silâhlandırıyorlardı. Bu çeteler, "Göçmenleri Besleme" adı altında yabancı hükümetlerce yedirilip giydiriliyor ve askerlik yönünden eğitiliyorlardı.

4 Mart 1919 günü İstanbul'da Pontus adıyla yayımlanan bir gazetenin başyazısında: "Trabzon ilinde Rum Cumhuriyeti'nin kurulmasına çalışmak amacıyla yayımlandığı" açıklanmıştı.

Yunanistan'ın kurtuluş gününe rastlayan 7 Nisan 1919 günü, her yerde ve özellikle Samsun'da gösteriler yapıldı.

Türkiye'de bu işler olurken Batum'da da 18 Aralık 1919'da "Pontus Rum Hükümeti" adıyla bir hükümet kurulmuştu. 19 Temmuz 1920'de de Batum'da, Karadeniz, Kafkas, Güney Rusya Rumları, Pontus sorunu üzerine bir kurultay topladılar.

Bu kurultayın raporu, İstanbul'daki Rum Patrikliğine gönderildi. Pontusçular, 1920 yılı sonlarına doğru çalışmalarını büsbütün artırarak iyice açığa vurdular. Bizi, sağlam önlemler almak zorunda bıraktılar.

Pontus haydutlarının kuvveti, başlangıçta 6-7 bin silâhlı kişiden oluşurken, daha sonra her yerden katılanlarla 25.000'i buldu. Ufak birliklere ayrılan Pontus çetecilerinin işi, Müslüman köylerini yıkmak, Müslüman halka karşı, ağır suçlar, cinayetler işlemekten başka bir şey değildi.

Biz, Anadolu'ya çıkar çıkmaz, Türk halkının dikkatini çektik, onları uyardık. Akla gelen tehlikelere karşı önlemler almaya başladık.

Merkezi Sivas'ta bulunan Üçüncü Kolordu, yalnız çeşitli bölgelerde gözüken çeteleri izleyip tepelemekle uğraştı. Trabzon bölgesinde dolaşan "Köroğlu" adındaki Rum çetesiyle "Eftalidi" çetesini ve öbür çeteleri, merkezi Erzurum'da bulunan On Beşinci Kolordu izleyip tepeliyordu. Bir yandan da Pontus haydutlarının halka baskı kurduğu, korku yarattığı yerlerde, halk silâhlandırılarak ulusal örgütler kuruldu.

Çetin Bir Sınava Hazırlanırken

Baylar, dünya bir sınav alanıdır. Türk ulusu yüzyıllardan sonra yine çetin bir sınav karşısında bulunuyordu. Biz büyük bir önemle dünya önünde vereceğimiz sınava hazırlanırken, bir yandan da gözlemcilerin durumlarını, ruh ve düşüncelerini gözden uzak tutmamayı her zaman yararlı buluyorduk. Bu amaçla önce Dışişleri Bakanı Yusuf Kemal Bey'i sonra da İçişleri Bakanı Fethi Bey'i Avrupa'ya göndermiştik.

İstanbul üzerinden Avrupa'ya gidecek olan Yusuf Kemal Bey'e İstanbul'la ilgili kimi özel görevler de verilmişti. Yusuf Kemal Bey, İzzet Paşa ve arkadaşlarıyla görüştü.

Ama ne yazık ki İzzet Paşa ve arkadaşları Dışişleri Bakanı'nı oyalayıp aldattılar. Yusuf Kemal Bey'in, Paris ve Londra'da yaptığı konuşmalardan olumlu bir sonuç çıkmadı. Yalnız İtilâf Devletleri Dışişleri Bakanlarının yakın bir zamanda toplanacakları, bize barış önerisinde bulunacakları anlaşıldı.

Yusuf Kemal Bey, daha Türkiye'ye dönmeden, İtilâf Devletleri Dışişleri Bakanları, 22 Mart 1922 tarihinde Türkiye ve Yunan Hükümetlerine ateşkes anlaşması yapmalarını önerdiler. Yunanlılar bu öneriyi hemen kabul ettiler. Bu öneri geldiği zaman ben cephede bulunuyordum.

24 Mart gecesi Bakanlar Kurulu ile Sivrihisar'da birleşip verilecek yanıt notasını görüşerek saptamaya karar verdik.

Baylar, Sivrihisar'da ateşkes önerisiyle ilgili olan notanın yanıtı kararlaştırıldıktan sonra, Bakanlar Kurulu Ankara'ya döndü. Ama biz, daha bu yanıtı vermeden, Paris'te toplanan Bakanlar Konferansı'nın, 26 Mart 1922 günlü ikinci bir notası alındı. Bu nota, İtilâf Devletlerinin barış ilkeleri ile ilgili önerilerini kapsıyordu.

Baylar, İtilâf Devletlerinin ateşkes önerisiyle ilgili olan ilk ve ikinci ayrıntılı notalarındaki koşullar görüldükten sonra, bu devletlerin, İstanbul Hükümeti ile birlik olarak bize karşı, yok edici girişim ve çalışmalarda bulundukları yargısına vardık. Buna karşı, durumun çok ağır olduğunu düşünerek önemli ve büyük bir savaşa hazırlanmak gerekiyordu.

Her iki notaya, 5 Nisan 1922 günü verdiğimiz yanıtta: Ateş kesmeyi ilke olarak kabul ettiğimizi, ama ateşkesle birlikte Yunanlılar'ın işgal ettikleri yerleri hemen boşaltmaya başlamalarını, boşaltma işleminin dört ayda bitirilmesini içeren notamızı İtilaf Devletleri'ne verdik. Fakat onlar, bizim isteklerimizi kabul etmediler

Başkomutanlık Yasası'nın Uzatılması

Baylar, bizim Başkomutanlığımız ile ilgili 5 Ağustos 1921 günlü çıkartılan yasa, birinci kez, 31 Ekim 1921'de; ikinci kez, 4 Şubat 1922'de; üçüncü kez, 6 Mayıs 1922'de uzatıldı. Her uzatılığında karşıcıların türlü türlü eleştirileri ve dokunaklı sözleriyle karşılaşıldı, özellikle üçüncü kez uzatılışı.

6 Mayıs 1922 gününden önceki günlerde, zamanı geldiği için, yasa süresinin uzatılması Meclis'te söz konusu olmuş. Ben rahatsızlığım dolayısıyla Meclis'te bulunamamıştım. 5 Mayıs günü akşamı konutuma gelen Bakanlar Kurulu üyeleri durumu anlattılar:

Meclisteki karşıcılar, benim Başkomutanlıkta kalmamı istememişler. Tartışmalı görüşmelerden sonra iş oya konulmuş, gereken çoğunluk sağlanamamış; yani Başkomutanlık Yasası süresinin uzatılması kabul edilmemiş. Bakanlar Kurulu üyeleri, özellikle Genelkurmay Başkanı ve Milli Savunma Bakanı çok üzülmüşler.

Meclis'in gösterdiği bu durum karşısında görevde kalmalarının bir yararı olmayacağını ileri sürerek çekilmeye kalkıştılar. Bakanlar Kurulu üyelerine yirmi dört saat daha beklemelerini rica ettim.

6 Mayıs 1922'de Meclisin gizli oturumunda açıklamalar yaptım. Açıklama yapmadan önce, Başkomutanlığa

karşı söz söylemiş kişilerin görüşlerini, tutanaklardan incelemiştim. Nihayet oturumun sonunda yeniden oylama yapıldı, Başkomutanlık yasası üç ay daha uzatıldı. Üç ay sonra ise süresiz uzatıldı.

Baylar, İkinci Grup adını takınan karşıcılar, olumsuz direnmelerini uzun süre denediler. 8 Temmuz 1922'de çıkan yasa ile Bakanlar Kurulu Başkanı'nın ve Bakanların doğrudan doğruya Meclis'çe gizli oyla seçilmelerini sağladılar. Böylelikle ben Bakanlar Kurulu Başkanlığı'ndan uzaklaştırılmış oldum. Bakanların da benim göstereceğim adaylar arasından seçilmesi hükmü yasadan kaldırılmış oldu.

Rauf Bey'i Bakanlar Kurulu Başkanlığı'na getirdiler. Karşıcı grup bundan sonra saldırıya geçti. Rauf Bey, 12 Temmuz 1922 gününden 4 Ağustos 1923 gününe değin bu görevi sürdürdü.

Baylar, karşıcıların Mecliste orduya karşı açtıkları akım sürüp gidiyordu. Boyuna ve ateşli ateşli ordunun saldırı yeteneği olmadığından ve artık sorunu siyasa yoluyla çözüp sonuçlandırmanın zorunlu olduğundan, etkili bir biçimde söz ediyorlardı.

Büyük Saldırıya Geçme Kararı,

Gerçekte ordumuzun gereksinimlerini ve eksiklerini tamamlamak üzereydik. Ben daha haziran ortalarında saldırıya karar vermiştim. Bu kararımı yalnız Cephe Komutanı ile Genelkurmay Başkanı ve Milli Savunma Bakanı biliyorlardı.

Düşman ordusunun kuruluşunda üç kolordu ve birtakım bağımsız birlikler bulunuyordu. Biz, Batı Cephesi'ndeki kuvvetlerimizi iki ordu olarak düzenlemiştik. Bizim bütün birliklerimiz on sekiz tümenden oluşuyordu.

Yunan ordusu, makineli tüfek, top, uçak, taşıt, cephane ve teknik gereç bakımından daha üstün bir durumda bulunuyordu. Öte yandan bizim ordumuzun da süvari sayısı bakımından üstünlüğü vardı.

Düşündüğümüz, ordularımızın ana kuvvetlerini düşman cephesinin bir kanadında ve elden geldiğince dış kanadında toplayarak, yok edici bir meydan savaşı yapmaktı.

Bunun için ana kuvvetlerimizi düşmanın Afyonkarahisar yakınlarında bulunan sağ kanat grubu güneyinde ve Akarçay ile Dumlupınar karşısına dek olan yerde toplamaktı. Düşmanın en can alacak ve önemli noktası orası idi. Çabuk ve kesin sonuç almak, düşmanı bu kanadından vurmakla olabilirdi.

Batı Cephesi Komutanı İsmet Paşa ve Genelkurmay Başkanı Fevzi Paşa bu bakımdan gereği gibi incelemeler yapmışlardı. Hareket ve saldırı plânımız çok önceden saptanmıştı.

Ankara'dan ayrılıp 23 Temmuz 1922 akşamı Batı Cephesi Karargâhı'nın bulunduğu Akşehir'e gittim. Harekât plânı üzerinde görüşürken, Genelkurmay Başkanı'nın da bulunmasını uygun gördük. Ben, 24 Temmuz'da Konya'ya gittim. 27'de yine Akşehir'e döndüm.

Genelkurmay Başkanı Fevzi Paşa da 25 Temmuz'da Akşehir'e gelmişti. 27 gecesi birlikte yaptığımız görüşme sonunda, 15 Ağustos'ta saldırıya geçmek üzere hazırlıkların tamamlanmasını kararlaştırdık.

28 Temmuz 1922 günü öğleden sonra düzenlediğimiz bir futbol maçını görmelerini ileri sürerek ordu komutanları ve kimi kolordu komutanlarını Akşehir'e çağırdık. 28 Temmuz gecesi komutanlarla genel olarak saldırı üzerinde görüştüm.

30 Temmuz 1922 günü Genelkurmay Başkanı ve Batı Cephesi Komutanı ile yeniden görüşerek, saldırının nasıl yapılacağını ve ayrıntılarını saptadık. Ankara'dan çağırdığımız Milli Savunma Bakanı da 1 Ağustos 1922 günü öğleden sonra Akşehir'e geldi. Ordu hazırlığının tamamlanmasında Milli Savunma Bakanlığı'na düşen işler saptandı. Sonra ben Ankara'ya döndüm. Batı Cephesi Komu-

tanı, 6 Ağustos 1922'de ordularına gizli olarak saldırıya hazırlık buyruğu verdi.

Baylar, Ankara'da saptanması gereken birtakım durumlar vardı. Daha, saldırı buyruğu verdiğimi Bakanlar Kurulu'na tümüyle bildirmemiştim. Artık onlara resmi olarak bildirmenin zamanı gelmişti. Yaptığımız bir toplantıda iç ve dış durum ile askeri durumu görüşüp tartıştıktan sonra, saldırı konusunda Bakanlar Kurulu ile görüş birliğine vardık.

Önemli başka bir sorun daha vardı. Karşıcılar ordunun çürüdüğü, kıpırdayacak durumda olmadığı; böyle karanlık ve belirsizlik içinde beklemenin, yıkımla sonuçlanacağı yolundaki propagandalarını iyice kızıştırmışlardı. Onları da pek yakında yapacağım saldırı konusunda ve altı yedi günde düşmanın ana kuvvetlerini yeneceğime olan güvenim üzerinde aydınlatmayı gerekli gördüm, bunu da yaptıktan sonra Ankara'dan ayrıldım. Genelkurmay Başkanı benden önce, 13 Ağustos 1922'de cepheye gitmişti.

Ben, birkaç gün sonra yola çıktım. Gidişimi belirli birkaç kişiden başka bütün Ankara'dan gizledim. Benim Ankara'dan ayrılacağımı bilenler, burada imişim gibi davranacaklardı. Dahası, benim Çankaya'da çay partisi verdiğimi de gazetelerde yayımlayacaklardı. Bir gece otomobille Tuz Gölü üzerinden Konya'ya gittim. Konya'ya varır varmaz, telgrafhaneyi gözaltına aldırarak, Konya'da bulunduğumun hiçbir yere bildirilmemesini sağladım.

20 Ağustos 1922 günü öğleden sonra Batı Cephesi Karargâhı'nda, yani Akşehir'de bulunuyordum. Kısa bir görüşmeden sonra, 26 Ağustos 1922 sabahı düşmana saldırmak için Cephe Komutanına buyruk verdim.

Başkomutanlık Savaşı

20 Ağustos 1922 gecesi, Birinci ve İkinci Ordu Komutanlarını da Cephe Karargâhı'na çağırdım. Genelkurmay Başkanı ile Cephe Komutanı önünde, saldırının nasıl yapılacağını harita üzerinde, açıkladım. Saldırımız, baskın biçiminde yapılacaktı.

Bunun gerçekleşebilmesi için de yığınağın ve düzenlemenin gizli kalmasına önem vermek gerekiyordu. Bundan ötürü her türlü hareket gece yapılacak, birlikler gündüzleri köylerde ve ağaçlıklar altında dinleneceklerdi.

Cephe Karargâhını 24 Ağustos 1922'de Akşehir'den saldırı cephesi gerisindeki Şuhut kasabasına getirdik. 25 Ağustos 1922 sabahı da Şuhut'tan savaşları yönettiğimiz Kocatepe'nin güneybatısındaki çadırlı ordugâha gittik. 26 Ağustos sabahı Kocatepe'de bulunuyorduk. Sabah saat, 5.30'da topçu ateşimizle saldırı başladı.

Baylar, 26 ve 27 Ağustos günlerinde, yani iki gün içinde, Afyon'un güneyinde 50 ve doğusunda 20-30 kilometre uzunluğunda bulunan berkitilmiş düşman cephelerini düşürdük. 30 Ağustos'ta 1922'de yaptığımız savaş Başkomutanlık Savaşı'nda düşmanın ana gücünü yok ettik ve tutsak ettik. Düşman ordusu Başkomutanı General Trikupis de tutsaklar arasındaydı. Böylece tasarladığımız kesin sonuç beş günde alınmış oldu.

Ateşkes Önerisi

Baylar, büyük başarılarla gelişen saldırımızı resmi bildirimlerde çok önemsiz eylemler gibi gösteriyorduk. Amacımız, durumu elden geldiğince dünyadan gizlemekti. Çünkü düşman ordusunu tümüyle yok edeceğimize güvenimiz vardı. Bunu anlayıp düşman ordusunu yıkımdan kurtarmak isteyeceklerin yeni girişimlerine olanak tanımamayı uygun görmüştük.

Gerçekten bizim tutumumuzu sezdikleri zaman ve

saldırımızdan hemen sonra başvuranlar olmuştur. Örneğin, saldırıda bulunduğumuz sırada Bakanlar Kurulu Başkanı olan Rauf Bey'den, İstanbul'dan ateşkes anlaşması ile ilgili yazı geldiği yolunda, 4 Eylül 1922 günlü bir tel almıştım. Verdiğim yanıt şudur: "Anadolu'daki Yunan ordusu kesin olarak yenilmiştir. Yunan ordusunun yeniden sağlam bir direnmede bulunması artık düşünülemez. Anadolu için herhangi bir görüşmeye gerek kalmamıştır. Ateşkes antlaşması ancak Trakya için söz konusu olabilir. Bunun için, Eylülün onuna değin Yunan hükümeti, resmi olarak başvurursa, buna yanıt verilirken aşağıdaki koşullar öne sürülmelidir:"

1-Ateşkes Antlaşması'nın imzalandığı günden başlayarak 15 gün içinde Trakya, 1914 sınırlarına dek, hiçbir koşul ileri sürülmeden, Türkiye Büyük Millet Meclisi Hükümeti'nin sivil görevlilerine ve ordu birliklerine bırakılmış olacaktır.

2- Yunanistan'da tutsak bulunan yurttaşlarımız 15 gün içinde İzmir, Bandırma ve İzmit limanlarında bize verilecektir.

3- Yunan ordusunun üç buçuk yıldan beri Anadolu'da yaptığı ve yapmakta bulunduğu yıkımları ödemeyi Yunan hükümeti üstlenecektir.

Bana gönderilen bir telyazısında İzmir'deki İtilâf Devletleri Konsoloslarına benimle görüşmelerde bulunmak yetkisinin verildiği bildiriliyor; hangi gün ve nerede buluşabileceğim soruluyordu. Buna verdiğim yanıtta, 9 Eylül 1922'de Kemalpaşa'da görüşebileceğimizi bildirmiştim. Gerçekten dediğim günde ben Kemalpaşa'da bulundum. Ama görüşmeyi isteyenler orada değildi. Çünkü ordularımız İzmir rıhtımında ilk verdiğim hedefe, Akdeniz'e ulaşmış bulunuyorlardı.

Ordularımız, İzmir ve Bursa'yı geri aldıktan sonra Trakya'yı da Yunan ordusundan kurtarmak için İstanbul ve Çanakkale'ye doğru yöneldi. Bu sıralarda, İstanbul'daki Fransız Olağanüstü Komiseri General Pele benimle görüşmek üzere İzmir'e geldi. "Yansız Bölge" adıyla andığı bir bölgeye ordularımızın girmemesinin uygun olacağını öğütledi.

Ben, ulusal hükümetimizin böyle bir bölge tanımadığını, Trakya'yı da kurtarmadıkça ordularımızın durdurulamayacağını söyledim. General Pele, Franklen-Buyon'un benimle görüşmek üzere, gelmek istediği yolunda almış olduğu özel bir teli bana gösterdi. Kendisini İzmir'de kabul edeceğimi söyledim.

Biz Franklen-Buyon'la görüşürken, İtilâf Devletleri Dışişleri Bakanları imzasıyla, 23 Eylül 1922 günlü bir nota geldi. Bu nota, temel olarak, iki sorunu kapsıyordu. Biri, savaşın durdurulması; öbürü konferans ve barış ile ilgiliydi.

Mudanya Konferansı

29 Eylül 1922 günü bu notaya verdiğim kısa bir yanıtta, Mudanya Konferansı'nı kabul ettiğimi bildirdim. Ama Meriç Nehri'ne dek Trakya'nın hemen bize geri verilmesini istedim.

3 Ekim'de toplanmasının uygun olacağını söylediğim Mudanya Konferansı'na İsmet Paşa'yı delege atadığımı bildirdim. Bu notaya hükümetçe de 4 Ekim 1922 günü ayrıntılı bir yanıt verildi. Bu yanıtta konferans yeri için İzmir önerildi. Boğazlar sorunu dolayısıyla Rusya, Ukrayna ve Gürcistan Cumhuriyetlerinin de çağrılması istendi ve başka sorunlar üzerindeki görüşlerimiz de kısaca bildirildi.

Mudanya'da, İsmet Paşa'nın başkanlığı altında; İngiltere delegesi General Harington, Faransa delegesi General Şarpi, İtalya delegesi General Mombelli'nin katıldıkları konferans toplandı. Bir hafta kadar süren tartışmalı görüşmelerden sonra, 11 Ekim'de "Mudanya Ateşkes Anlaşması" imzalandı. Böylece Trakya anayurda katıldı.

Mudanya Ateşkes Antlaşması:

* Ateşkes Antlaşması 14 Ekim gecesi yürürlüğe girecek.

* Türk ve Yunan Savaşı sona erecek. Yunan askeri gücü Doğu Trakya'dan hemen çekilmeye bağlayacak ve onbeş gün içinde bölgeyi boşaltacak.

* Türkiye Büyük Millet Meclisi Hükümeti'nin jandarma birlikleri, Trakya'ya geçecek buranın iç güvenliğini sağlayacak. Jandarma sayısı subaylarla birlikte 8.000 kişiyi geçmeyecek.

* Devir teslim sırasında ortaya çıkacak olayları önlemek için İtilaf Devletleri'nin askeri birlikleri bulunacak.

* Türk silahlı güçleri, barış imzalanıncaya kadar Trakya'ya geçmeyecek, Çanakkale'de ve Kocaeli'nde saptanan çizgide bekleyecek.

ÜÇÜNCÜ BÖLÜM

Barış Konferansı, Sınırların Belirlenmesi, Türk Devleti'nin Kuruluşu Yönetimi ve Yapılan Köklü Devrimler

Barış Konferansına Göndereceğimiz Delegeler

Baylar, İzmir'den Ankara'ya dönüşümde Barış Konferansına gönderilebilecek delegeler kurulu söz konusu oluyordu. Bakanlar Kurulu Başkanı Rauf Bey, Dışişleri Bakanı Yusuf Kemal Bey, Sağlık Bakanı Rıza Nur Bey, barış konferansına gidecek delegeler kurulunun doğal üyeleri gibi görülüyordu. Oysa ben daha bu konuda kesin görüşümü ve kararımı saptamamıştım. Ancak Rauf Bey'in başkanlışı altında bulunacak kurulun, bizim için başarı kazanacağına güvenemiyordum.

Mudanya Konferansı sona ermişti. İsmet Paşa ile Genelkurmay Başkanı Fevzi Paşa Bursa'da bulunuyorlardı. Kendileriyle görüşmek üzere Bursa'ya gittim. Bursa'da kaldığım günlerde İsmet Paşa'nın delegeler kurulu başkanlığı yapıp yapamayacağını, bir daha inceledim. Mudanya Konferansı'nı nasıl yönettiğini ayrıntılarıyla anlamaya çalıştım.

İsmet Paşa'nın kendisine, düşüncelerimi sezinletecek hiçbir söz söylemeden olumlu olarak kararımı verdim. İsmet Paşa'nın Delegeler Kurulu Başkanı olması için, Dışişleri Bakanı Yusuf Kemal Bey'e özel ve gizli olarak kapalı bir tel çektim. Kendisinin Dışişleri Bakanlığı'ndan çekilmesini ve yerine İsmet Paşa'nın seçilmesine aracı olmasını rica ettim.

İsmet Paşa'ya Dışişleri Bakanı olacağını ondan sonra da Barış Konferansı'na Delegeler Kurulu Başkanı olarak gideceğini söyledim. Paşa birdenbire şaşırdı. Asker olduğunu ileri sürerek özür diledi. En sonunda, önerimi bir buyruk sayarak kabul etti.

Yine Ankara'ya döndüm. Bu sırada, 28 Ekim 1922'de, İtilâf Devletleri, bizi Lozan'da toplanacak Barış Konferansı'na çağırdı. İtilâf Devletleri, hâlâ İstanbul'da da bir hükümet olduğunu tanımak istiyor ve onu da bizimle birlikte konferansa çağırıyordu.

Padişahlığın Kaldırılması

Bu ortaklaşa çağrılma olayı padişahlığın kaldırılması işini kesin olarak sonuçlandırdı. Gerçekten 1 Kasım 1922 günü, yasa gereğince halifelik ile padişahlık birbirinden ayrıldı. İki buçuk yılı aşan bir zamandan beri, eylemli olarak erkini yürüten ulusal egemenlik berkitildi. Halifelik açık hakları olmaksızın bir süre daha bırakıldı.

1 Kasım 1922 gününden önce meclis çevrelerinde karşıcılar, benim padişahlığı kaldıracağım yolunda telâşlı ve heyecanlı propaganda yapıyorlardı. Ben, Rauf Bey, Refet Paşa ve Fuat Paşa ile görüştüm, kendilerine kısaca şu yanıtı verdim: "Söz konusu ettiğiniz sorun, bugünün işi değildir. Meclis'te kimilerinin korkup ivediliğe ve heyecana kapılmasına da yer yoktur."

Sadrazam Tevfik Paşa ve arkadaşları da konferansa delege göndermek istiyorlardı. Tevfik Paşa, bana, 17 Ekim 1922 günü bir telgraf çekti. Tevfik Paşa, bu telde; kazanılan zaferin, İstanbul ile Ankara arasındaki anlaşmazlığı ve ikiliği kaldırmış ve ulusal birliğimizi sağlamış olduğunu yazıyordu.

Yani Tevfik Paşa demek istiyordu ki: "Ülkede düşman kalmadı. Padişah yerindedir. Hükümet onun yanındadır. Ulusa düşen, bu makamın vereceği buyruklara uymaktır." Tevfik Paşa, daha sonra 29 Ekim 1922 günlü telyazısiyle ve sadrazam unvanını kullanarak doğrudan doğruya Meclis Başkanlığı'na başvurdu. Söz konusu iş dolayısıyla, 30 Ekim 1922 günü mecliste görüşmeler başladı; pek çok milletvekili söz söyledi. İstanbul'daki Osmanlı hükümetlerini eleştirdiler:

Baylar, Osmanlı İmparatorluğunun yıkıldığını, yeni bir Türkiye Devleti'nin doğduğunu, anayasa gereğince egemenlik haklarının ulusta olduğunu belirten bir önerge düzenlendi. Seksenden çok arkadaşa imza ettirildi. Bu önergede benim de imzam vardır.

Bu önerge okunduktan sonra, Mersin Milletvekili Albay Selâhattin Bey'le, İzmir'de asılan Ziya Hurşit, Padişahlığın kaldırılmaması kanısında bulunduklarını açıkça belirttiler.

31 Ekim 1922 günü Meclis toplanmadı. O gün Müdafaa-i Hukuk Grubu toplantısı oldu. Bu toplantıda, Osmanlı egemenliğinin kaldırılmasının zorunlu olduğu üzerinde konuştum. 1 Kasım 1922 günü, Meclis toplantısında bu konu üzerinde uzun tartışmalar yapıldı.

Meclis'te de ayrıntılı bir konuşma yapmak gereğini duydum. İslâm ve Türk tarihinden söz açarak, halifelikle padişahlığın ayrılabileceğini, ulusal egemenlik katının Türkiye Büyük Millet Meclisi olabileceğini, tarihsel olaylara dayanarak anlattım.

Bundan sonra, bu sorun ile ilgili önergeler üç komisyona; Anayasa, Din İşleri, Adalet Komisyonlarına verildi. Bu üç komisyon üyelerinin bir araya gelip, bizim güttüğümüz amaca göre, sorunu çözmek elbette güçtü.

Üç komisyon bir odada toplandı. Başkanlığa Hoca Müfit Efendi seçildi. Sorunu görüşmeye bağladılar. Biz, çok kalabalık olan bu odanın bir köşesinde tartışmaları dinliyorduk. İstenilen sonuca varması zor görünüyordu. Bunu anladık. Karma Komisyon Başkanı'ndan söz aldım. Önümdeki sıranın üstüne çıktım. Yüksek sesle şunları söyledim:

"Efendim, dedim; egemenliği hiç kimse, hiç kimseye, bilim gereğidir diye, görüşmeyle, tartışmayla veremez. Egemenlik, güçle, erkle ve zorla alınır. Osmanoğulları, zorla Türk ulusunun egemenliğine ve saltanatına el koymuşlardı. Bu zorbalıklarını altı yüzyıldan beri sürdürmüşlerdi. Şimdi de Türk ulusu bu saldırganlara artık yeter diyerek ve bunlara karşı ayaklanarak, egemenliğini ve saltanatını, kendi eline eylemli olarak almış bulunuyor. Bu bir oldubittidir. Söz konusu olan, ulusa saltanatını, egemenliğini bırakacak mıyız, bırakmayacak mıyız sorunu değildir. Sorun, zaten gerçekleşmiş bir olayı, yasa ile saptamaktan başka bir şey değildir. Bu, ne olursa olsun yapılacaktır. Burada toplananlar, meclis ve herkes sorunu doğal bulursa, umarım ki uygun olur. Yoksa yine gerçek, yöntemine göre saptanacaktır; ama belki birtakım kafalar kesilecektir. İşin bilimsel yönüne gelince, hoca efendilerin üzülmelerine ve kaygılanmalarına hiç yer yoktur. Bu konuda bilimsel açıklamalarda bulunayım" dedim ve uzun uzadıya birtakım açıklamalar yaptım. Bunun üzerine, Ankara milletvekillerinden Hoca Mustafa Efendi: "Bağışlayınız efendim; biz sorunu başka bakımdan ele almıştık; açıklamalarınızdan aydınlandık." dedi. Sorun, karma komisyonca bir çözüme bağlanmış oldu.

Yasa tasarısı ivedilikle saptandı. O gün, meclisin ikinci oturumunda okundu. Açık oya konulması önerisine karşı kürsüye çıktım. Dedim ki: "Buna gerek yoktur. Ülkenin ve ulusun bağımsızlığını sonsuz olarak koruyacak ilkeleri yüce meclisin oybirliği ile kabul edeceğini sanırım." "Oylansın!" sesleri yükseldi. En sonu başkan oya koydu ve "Oybirliği ile kabul edilmiştir." dedi. İşte Baylar, Osmanlı egemenliğinin çökme ve ortadan kalkma töreninin son evresi böylece bitmiştir.

17 Kasım 1922 günlü resmi bir telyazısının ilk cümlesi şu idi: "Vahdettin Efendi, bu gece saraydan kaçmıştır

General Harington'un Bildirisi: 17 Kasım 1922

Bir tanesini ek olarak sunduğum resmi bildiride yazıldığı gibi, Padişah Hazretleri İngiltere'nin koruyuculuğuna sığınarak bir İngiliz savaş gemisiyle İstanbul'dan ayrılmıştır.

General Harington

Abdülmecit Efendi'nin Halife Seçilmesi

Baylar, kaçan halife, Türkiye Büyük Millet Meclisi'nce halifelikten çıkarıldı; yerine sonuncu halife olan Abdülmecit Efendi seçildi.

Meclis'çe yeni halife seçilmeden önce, İstanbul'daki görevlimiz Refet Paşa'ya, Abdülmecit Efendi ile görüşmesini; dahası, elinden, Türkiye Büyük Millet Meclisi'nin halifelik ve padişahlık üzerine aldığı kararı, tümüyle kabul ettiğini bildirir bir de belge alarak göndermesini yazdım. Bu yazdıklarım yapılmıştır.

18 Kasım 1922 günü İstanbul'da Refet Paşa'ya kapalı bir tel ile verdiğim yönergede, başlıca şu noktaları yazmıştım: "Abdülmecit Efendi, Müslümanların Halifesi unvanını kullanacaktır. Bu unvana, başka unvan ve söz eklenmeyecektir. Müslümanlık dünyasına duyurulmak üzere düzenleyeceği bir bildiriyi, bize şifre ile bildirilecektir. Onaylandıktan sonra yayımlanacaktır. Bu bildiri başlıca şunları kapsayacaktır:

a- Türkiye Büyük Millet Meclisi'nin kendisini halifeliğe seçmesinden ötürü sevindiği açıkça belirtilecektir.

b- Vahdettin Efendi'nin yaptıkları bir bir sayılarak kınanacaktır.

c- Türkiye Devleti'nin, Büyük Millet Meclisi'nin ve hükümetinin kendisine özgü nitelikleri ile yönetim biçiminin, Türkiye halkı ve bütün Müslümanlık dünyası için en yararlı ve en uygunu olduğu belirtilecektir.

ç- Türkiye ulusal halk hükümetinin geçmişte gördüğü işler ve değerli çalışmaları övücü bir dille anılacaktır.

d- Yukarıda sözü edilenlerden başka siyasa sayılabilecek bir görüş ve düşünceye yer verilmeyecektir.

Abdülmecit Efendi'ye, Türkiye Büyük Millet Meclisi'nin, 18 Kasım 1922 günü kendisini halifeliğe seçtiğini 19 Kasım 1922'de bildirdim.

Refet Paşa, çektiğimiz tellere verdiği yanıtta, Abdülmecit Efendi'nin imzasının üstüne, Müslümanlar'ın Halifesi ve Mekke ile Medine'nin Kulu unvanını koyacağını; Cuma selâmlığında halifelere özgü kaftan giyeceğini ve Fatih'inkine benzer bir sarık takınacağını, yayımlayacağı bildiride Vahdettin Efendi için bir şey söylemeyeceğini bildirdi.

Refet Paşa'ya verdiğim yanıtta: Cuma töreninde Fatih'in kılığına girmesini doğal bulmadığımı, Vahdettin'in adı anılmaksızın eski halifenin manevi kişiliğinin ve zamanında düşülen kötü durumun söz konusu edilmesi gerektiğini bildirdim.

Refet Paşa, şifreli bir telyazısında, "Abdülmecit Efendi, Peygamberin Halifesi ve Kutsal Mekke ile Medine'nin Kulu unvanının altında Aldülaziz Han Oğlu Abdülmecit imzasını kullanılmıştır."diyordu.

Baylar, önemsiz ayrıntılar gibi görülse de ben, kişisel egemenliğin kaldırılmasından sonra, başka unvanla yine bu nitelikte bir makam sayılması gereken halifeliğin de kaldırılmış bulunduğunu kabul ediyordum. Bunun uygun zaman ve fırsatta söylenmesini doğal buluyordum. Halife seçilen Abdülmecit Efendi'nin bu gerçeği hiç anlamadığı düşünülemez.

Bir Yurt Gezisi-Halkla Yakından Görüşme

Baylar, padişahlığın kaldırılışı, halifelik makamının yetkisiz kalışı üzerine, halkla yakından görüşmek, ruh durumunu ve düşünce eğilimini bir daha incelemek önemliydi.

Bundan başka, meclis, son yılına girmiş bulunuyordu. Yeni seçim dolayısıyla Anadolu ve Rumeli Müdafaa-i Hukuk Cemiyeti'ni bir siyasal parti durumuna getirmeye karar vermiştim. Bu konuda da halkla karşı karşıya gelip görüşmeyi uygun ve yararlı buluyordum. Zaferden sonra, eğitimle uğraşmaya başlamış olan ordumuzu da yakından görmek istiyordum. Bu nedenlerle, Batı Anadolu'da bir gezi yapmak üzere, 14 Ocak 1923 günü Ankara'dan ayrıldım.

Eskişehir'den başlayarak İzmit, Bursa, İzmir, Balıkesir'de halkı uygun yerlerde toplayarak uzun söyleşiler yaptım. Bana diledikleri gibi serbest sorular sormalarını halktan istedim. Sorulan sorulara, yanıt olmak üzere, altı saat, yedi saat süren konuşmalar yaptım.

Her yerde halkın anlamak istediği şeylerin önemlileri şunlardı:

Lozan Konferansı ve sonucu,

Ulusal egemenlik ve halifelik makamı, bunların ilişkileri,

Bir de kurmak istediğimi öğrendikleri siyasal parti.

Lozan Konferansı görüşmelerini, olduğu gibi, her yerde özetliyordum. Olumlu sonuç alınacağına olan inancımı da söyleyerek ulusu kaygıdan kurtarmaya çalıştım.

Halkın ulusal egemenlik ile halifelik makamının durumlarını ve birbiriyle olan ilişkilerini öğrenmek istemekte ve bunun için kaygılanmakta hakkı vardı. Ben, Meclis 1 Kasım 1922 günlü kararıyla, kişisel egemenliğe dayanan hükümet biçiminin, 16 Mart 1920'den başlamak üzere ve sonsuz olarak, tarihe karıştığını belirttim.

Gerçekten gerici grup, Afyonkarahisar Milletvekili Hoca Şükrü'nün imzasıyla, *İslâm Halifeliği ve Büyük Millet Meclisi* adıyla bir kitapçık yayımladı. Bu kitabın Ankara'da 15 Ocak 1923'te yayımlandığı ve bütün Meclis üyelerine dağıtıldığı bana İzmit'te bildirildi.

Bu gerici grup, "Halife Meclis'in, Meclis Halife'nindir." gibi bir uydurma sözle Millet Meclisi'ni, halifenin danışma kurulu ve halifeyi, Meclis'in ve dolayısıyla devletin başkanı gibi kabul ettirmek istemişlerdir.

Baylar, halife bulunan kişiyi umuda düşürecek kimi içten bağlılık gösterileri de vardı. Şunu bilginize sunayım ki hem Şükrü Efendi Hoca, hem de onu ve imzasını ileri süren siyasacılar, sultan ya da padişah unvanını taşıyan bir devlet başkanı yerine, unvanı halife olan bir hükümdar koyarak konuşmuşlar ve savlarda bulunmuşlardı.

Halifelik konusunda halkın kuşku ve kaygısını gidermek için her yerde gereği kadar konuştum ve açıklamalarda bulundum. Kesin olarak dedim ki: "Ulusumuzun kurduğu yeni devletin alın yazısına, işlerine, bağımsızlığına; unvanı ne olursa olsun hiç kimseyi, karıştırmayız! Ulusun kendisi, kurduğu devleti ve onun bağımsızlığını koruyor ve sonsuza dek koruyacaktır!"

Başka bir noktayı da halkın gözünde iyice canlandırmak için şunları söyledim: Tutalım ki Türkiye bir zamanlar için söz konusu görevi kabul etsin. Bütün Müslümanları bir noktada birleştirerek yönetmek ülküsüne yürüsün, başarı da sağlasın! Pek güzel ama uyruğunuz ve yönetiminiz altına almak istediğiniz uluslar: "Bize büyük hizmetler ve yardımlar yaptınız, sağ olunuz, ama biz bağımsız kalmak istiyoruz, bağımsızlığımıza ve egemenliğimize kimsenin karışmasını uygun görmeyiz, biz kendi kendimizi yönetebiliriz." derlerse! Öyleyse Türkiye halkının bütün çalışmaları ve özverileri yalnız "sağ olunuz!" denilmesi ve dua almak için mi göze alınacaktır?

Baylar, halka sordum: Bir Müslüman devleti olan İran ya da Afganistan halifenin herhangi bir yetkisini tanır mı, tanıyabilir mi? Haklı olarak tanıyamaz, neden? Çünkü tanır ise, devletin bağımsızlığını, ulusunun egemenliğini ortadan kaldırır da onun için.

Ulusa şunu öğütledim: Kendimizi dünyanın egemeni sanmak aymazlığı artık sürüp gitmemelidir. Dünyadaki gerçek yerimizi, dünyanın durumunu tanımamız gerekir. Aymazlara uyduğumuz için ulusumuzu sürüklediğimiz yıkımlar yetişir! Bile bile bu acıklı durumu sürdüremeyiz!

Halk Partisini Kurma Girişimi

Baylar, 7 Aralık 1922'de Ankara basını aracılığı ile "Halk Partisi" adında halkçılık ilkesine dayanan bir parti kurmak istediğimi, parti programının hazırlanması konusunda bütün yurtseverleri, bilim adamlarını yardıma çağırdım.

Kimi kişilerin yazılı olarak bildirdikleri düşüncelerden ve halkla yaptığım konuşmalardan çok yararlandım. 8 Nisan 1923'te, görüşlerimizi dokuz ilkede topladım. İkinci Büyük Millet Meclisi'nin seçimi sırasında yayımladığım bu program, partimizin kuruluşuna temel olmuştur.

Bu program bugüne değin yaptığımız ve sonuçlandırdığımız bütün sorunları içine alıyordu. Bununla birlikte, programa yazılmamış kimi önemli sorunlar da vardı: Cumhuriyetin ilânı, halifeliğin kaldırılması, Din İşleri Bakanlığı'nın kaldırılması, medrese ve tekkelerin kaldırılması, şapka giyilmesi gibi kimi konulara bu programda yer vermiştim.

Yayımladığım programı bir siyasal parti için yetersiz ve kısa bulanlar oldu. "Halk Partisi'nin programı yoktur." dediler. Oysa "İlkeler" adıyla anılan programımız, temel konuları kapsıyordu.

Meclis'teki Karşıcıların Çeşitli Saldırıları

Baylar, üç milletvekili, Milletvekili Seçimi Yasası'nda değişiklik yapılması ile ilgili bir önerge hazırlamışlardı. Bu önergede yazılı olanları öğrenmiştim. Erzurum Milletvekili Süleyman Necati, Mersin Milletvekili Selâhattin ve Samsun Milletvekili Emin Beyefendilerin hazırladıkları yasa tasarısı, beni yurttaşlık haklarından yoksun etmek amacını güdüyordu. Bu önergenin on dördüncü maddesine göre:

Büyük Millet Meclisi'ne üye seçilebilmek için, Türkiye'nin bugünkü sınırları içindeki yerler halkından olmak ya da kendi seçim bölgesinde yerleşmiş olmak gerekir. Ondan sonra göçmen olarak gelenler bir yere yerleştirildikleri günden beş yıl geçmedikçe seçilemeyeceklerdi.

Ne yazık ki benim doğum yerim, bugünkü sınırlar dışında kalmış bulunuyor. Herhangi bir seçim bölgesinde beş yıl oturmuş da değilim. Doğum yerim, bugünkü ulusal sınırımızın dışında kalmıştır. Ama bunda hiçbir suçum yoktur. Eğer düşmanlar amaçlarına ulaşmış olsalardı, bu tasarıya imza atan bayların doğum yerleri de sınır dışında kalabilirdi.

Eğer beş yıl sürekli olarak bir seçim bölgesinde oturmamış isem, o da bu yurt uğrunda yaptığım ödevler yüzündendir. Eğer bu maddenin istediği niteliği kazanmaya çalışsaydım, İstanbul'u kazandırmakla sonuçlanan Arıburnu ve Anafartalar'daki savunmalarımı yapmamam gerekirdi.

Eğer bir yerde beş yıl oturmak zorunda bulunsaydım, benim Bitlis'i ve Muş'u aldıktan sonra Diyarbakır'a doğru yayılan düşmanın karşısına çıkamamam gerekirdi. Bu bayların istediği nitelikleri kazanmak isteseydim, bugünkü "ulusal sınır" dediğimiz sınırı çizmemem gerekirdi.

Ben sanıyordum ki bu çalışmalarımdan dolayı ulusumun sevgisini ve yakınlığını kazandım. Bunun için bu sevgi ve yakınlıklara karşılık, yurttaşlık haklarından yoksun bırakılacağımı hiç aklıma getirmezdim. Sanıyorum ve sanıyordum ki dış düşmanlar canıma kıyarak da beni yurdumdaki işimden ayırmaya çalışacaklardır.

Ama hiçbir zaman düşünüp söyleyemezdim ki yüce Meclis'te iki üç kişi bile olsa, özdeş anlayışta bulunabilsin. Bunun içindir ki ben anlamak istiyorum; bu baylar gerçekten seçim bölgeleri halkının düşüncelerini ve duygularını mı yansıtıyorlar?

Yine bu baylara soruyorum, beni yurttaşlık haklarından yoksun etmek yetkisi bu baylara nereden verilmiştir? Bu kürsüden bu bayların seçim bölgeleri halkına ve bütün ulusa soruyorum ve karşılık istiyorum!

Bu sözlerim basında yer aldı. Seçmenler ve halk, Meclis Başkanlığı'na protesto yazıları yağdırdı. Yurdun bütün seçim bölgelerindeki seçmenler ve yasa tasarısına imza atan milletvekillerinin seçim bölgeleri halkı, onları ve onlarla görüş birliğinde olanları kınamakta gecikmediler.

Yeniden Seçim Yapılması Kararı

Baylar, siyasal olayların geliştiği günlerde, Birinci Türkiye Büyük Millet Meclisi'nin karışık ruh durumu, gerçekten düşünülmeye değer bir nitelik aldı. Artık meclis yenilenmedikçe, ulusun ve ülkenin ağır bir sorumluluğu gerektiren işlerinin yürütülemeyeceğine kuşku kalmamıştı. Bunun zorunlu olduğuna ben de inandım.

Bir gece Başbakan Rauf Bey'e, istasyondaki konutunda, Bakanlar Kurulunu toplantıya çağırmasını, benim de geleceğimi telefonla bildirdim.

Rauf Bey'in konutunda toplanan Bakanlar Kurulu'na, Meclis'in yenilenmesini, Meclis'e önermek gerektiğini söyledim. Kısa bir tartışmadan sonra, Bakanlar Kurulu ile görüş birliğine vardık.

Gene o gece, Meclis'teki Anadolu ve Rumeli Müdafaa-i Hukuk Grubu Yönetim Kurulunu da, Bakanlar Kurulu toplantısına çağırdım. Görüşmeler ve tartışmalar ertesi güne değin sürdü. Böyle olmakla birlikte bu kurulla da anlaştık.

Konu, 1 Nisan 1923'te Meclis'e götürüldü. Yüz yirmiye yakın üye, bir önerge ile Meclis'e, seçimlerin yenilenmesi için bir yasa tasarısı sundu. Meclis, yeniden seçim yapılması ile ilgili yasayı oybirliği ile kabul etti.

Yeni seçimlere daha önceden ilan ettiğimiz dokuz ilke ile girdik. Ulus, ilkelerimize ve bana karşı gruptan olanları seçmedi. Bazı seçim bölgelerinde kendi başlarına seçilmek isteyenler de başarılı olamadılar. Birinci Ordu Komutanı olan Nurettin Paşa da seçilemedi.

Lozan Barış Antlaşması

Lozan Barış Antlaşması nerede ve ne zaman yapıldı? *İsviçre'nin Lozan kentinde 21 Kasım 1922 tarihinde başladı, 4 Şubat 1923'e kadar sürdü. Bir antlaşma sağlanamadı. Bir süre ara verildi. 23 Nisan 1923 tarihinde yeniden başlayan toplantı, 24 Temmuz 1923'te imza edilerek sonuçlandı.*

Lozan Konferansı genel toplantısı 21 Kasım 1922 günü başlamıştır. Bu konferansta, İsmet Paşa'nın başkanlığında Trabzon Milletvekili Hasan Bey ile Sinop Milletvekili Rıza Nur Bey delegeler kurulunu oluşturuyordu.

Delegeler kurulumuz Kasım 1922 başlarında, Lozan'a gitmek üzere Ankara'dan ayrıldı.

Baylar, iki dönemli olup, sekiz ay süren Lozan Konferansı ve sonucu dünyaca bilinmektedir.

Bir süre Ankara'da, Lozan Konferansı görüşmelerini izledim. Görüşmeler ateşli, tartışmalı geçiyordu. Türk haklarını tanıyan olumlu sonuç görülmüyordu. Ben bunu pek olağan buluyordum. Çünkü Lozan Barış masasında söz konusu edilen sorunlar, yalnız üç dört yıllık yeni evreye bağlı kalmıyordu. Yüzyıllık hesaplar görülüyordu. Bu denli eski, bu denli karışık, bu denli bulaşık hesapların içinden çıkmak, elbette pek yalın ve kolay olmayacaktı.

Baylar, bilirsiniz ki yeni Türk Devleti'nden önceki Osmanlı Devleti, kapitülasyonların tutsağı idi. Hıristiyan halkın ayrıcalıkları vardı. Osmanlı Devleti'nin, Osmanlı ülkesinde bulunan yabancıları yargılama hakkı yoktu; kendi uyruklarından aldığı vergiyi yabancılardan alması yasaktı; devletin varlığını kemiren ve kendi sınırları içinde bulunan topluluklara karşı önlemler alması yasak edilirdi.

Osmanlı Devleti'nin, kendisini kuran Türk ulusunun insanca yaşamasını sağlayacak yollara başvurması da yasak edilmişti. Ülkeyi bayındırlaştıramaz, demiryolu yaptıramazdı; dahası, okul bile yaptırmakta özgür değildi. Bu gibi durumlarda hemen yabancılar engel olurlardı.

Osmanlı hükümdarları ve yakınları, parıltılı büyük gösterişler içinde yaşayabilmek için, ülkenin bütün kaynaklarını kuruttuktan başka, ulusun her türlü gelirini karşılık göstererek ve devletin onurunu, şerefini ayaklar altına alarak birçok borçlara girmişlerdi.

O denli ki devlet bu borçların faizlerini bile ödeyemeyecek duruma gelmiş, dünya gözünde batmış sayılmıştı. Mirasçısı olduğumuz Osmanlı Devleti'nin dünya gözünde hiçbir değeri, erdemi ve onuru kalmamıştı.

Konferansta görüşmeler, 4 Şubat 1923 günü kesildi. İki aya yakın süren görüşmelerin özeti olarak: İtilâf Devletlerinin delege kurulları, Delegeler Kurulumuza bir barış tasarısı verdiler. Bu tasarı, anlam ve öz bakımından bağımsızlığımızı zedeleyen koşulları içeriyordu. Bunun için, tasarıyı kabul etmemek zorundaydık.

Delegeler kurulumuz, anlaştığımız noktaları imza edelim, öteki anlaşmadığımız konuları ayıralım, sonra görüşelim önerisinde bulundu, ama bu önerimiz kabul edilmedi, konferans ertelendi.

Her devletin delegeler kurulu, kendi ülkesine gittiği gibi, bizim kurulumuz da Ankara'ya döndü. Ben de Batı Anadolu'da yapmakta olduğum geziden dönüyordum. 18 Şubat 1923 günü, İsmet Paşa ile Eskişehir'de birleşerek Ankara'ya birlikte geldik.

Ankara'ya gelişimizden sonra, İsmet Paşa, Bakanlar Kurulu'nda durumu anlattı ve yeni yönerge istedi. Meclis'in görüşünü öğrenmek gerekli görüldü. Sorun Meclis'e getirildi. Bu konuda Meclis'te günlerce ve günlerce görüşmeler ve tartışmalar yapıldı.

Karşıtlar, Delegeler Kurulumuza ve İsmet Paşa'ya amansız düşman kesilmişlerdi. Sözde barış olmuşken İsmet Paşa yapmamış geri dönmüş. Delegeler Kurulu, Bakanlar Kurulu'nun yönergesine aykırı iş görmüş...

27 Şubat 1923 günü başlayan saldırılar, 6 Mart 1923 gününe değin ateşli, coşkulu bir biçimde sürdü. Muhalefet milletvekilleri İsmet Paşa'ya düşman kesilmişlerdi. Kimi basın organları da muhalefeti körüklüyordu.

***

Baylar, İsmet Paşa 24 Temmuz 1923 günü anlaşmayı imzaladı. Kendisini kutlamak zamanı gelmişti. O gün şu teli yazdım:

Lozan'da Delegeler Kurulu Başkanı, Dışişleri Bakanı İsmet Paşa Hazretleri'ne.

"Ulusun ve hükümetin yüce kişiliğinize vermiş olduğu

yeni görevi başarı ile sonuçlandırdınız. Ülkeye yararlı sıra sıra işlerle örülü olan ömrünüzü bu kez de tarihsel bir başarıyla taçlandırdınız. Uzun savaşmalardan sonra yurdumuzun barışa ve bağımsızlığa kavuştuğu bu günde parlak başarılarınız dolayısıyla sizi, sayın arkadaşlarımız Rıza Nur ve Hasan Beyleri ve çalışmalarınızda size yardım eden bütün Delege Kurulu üyelerini teşekkürlerle kutlarım."

Lozan Barış Antlaşması, Türk Ulusuna karşı yüzyıllardan beri hazırlanmış ve Sevr Antlaşması ile tamamlandığı sanılan büyük bir tarihten silme girişiminin yıkılışını bildirir önemli bir belgedir. Osmanlı tarihinde benzeri görülmemiş bir siyasal zafer eseridir.

Baylar, Delegeler Kurulumuz görevini bitirdikten sonra, Ankara'ya dönmek üzere yolda bulunuyordu. Herkes Delegeler Kurulu'nu yakından alkışlamak için can atıyordu. O günlerde Bakanlar Kurulu Başkanı Rauf Bey, Meclis İkinci Başkanı Ali Fuat Paşa ile birlikte Çankaya'ya yanıma geldiler.

Rauf Bey, İsmet Paşa ile karşı karşıya gelmek istemiyordu. O geldiği zaman Ankara'da bulunmamak için, seçim bölgemde dolaşmak üzere Sivas'a doğru bir geziye çıkmayı düşünüyordu.

Ben, İsmet Paşa'yı, bir hükümet başkanına yaraşırcasına kabul etmesinin ve görevini iyi bir biçimde sonuçlandırdığı için onu, sözle de övmesinin ve kutlamasının uygun olacağını söyledim.

Rauf Bey: "Kendimi tutamıyorum, yapamayacağım." dedi ve geziye çıkma isteğinde direndi. Bakanlar Kurulu Başkanlığı'ndan çekilmesi koşulu ile geziye çıkmasını kabul ettim.

Rauf Bey, Bakanlar Kurulu Başkanlığı'ndan çekildi. İçişleri Bakanı bulunan Ali Fethi Bey, Bakanlar Kurulu Başkanlığına seçildi. (13 Ağustos 1923) Ali Fuat Paşa da bir süre sonra, 24 Ekim 1923'te Meclis İkinci Başkanlığı'ndan çekildi. Geçmiş hizmetlerini göz önüne alarak kendisini tümgeneralliğe yükselttik ve karargâhı Konya'da bulunan İkinci Ordu Müfettişliği'ne atadık.

Kâzım Karabekir Paşa da daha önce Meclis'ten ayrılmış ve ordu müfettişi olarak, Birinci Ordu'nun başına geçmiş bulunuyordu.

Lozan Antlaşmasının kısaltılmış önemli maddeleri:

a) Sınırlar: *Güney sınırı Fransızlarla yapılan Ankara Antlaşmasına göre belirlendi. İngiltere ile Türkiye'nin kendi aralarındaki görüşmelerine bırakıldı. Batı sınırı, "Misakı Milli'ye" göre çizildi. Batı Trakya, Yunanistan'da kaldı. Meriç Nehri, iki ülke arasında sınır kabul edildi. İmroz, Bozcaada ve Tavşan adası ülkemizde kaldı, ötekiler Yunanistan'a bırakıldı.*

b) Azınlıklar: *Türkiye'de yaşayan tüm insanlar, Türkiye vatandaşı sayıldı. Anadolu'da yaşayan Rumlar ile Yunanistan'da yaşayan Türkler değiştirildi. Ancak İstanbul'da yaşayan Rumlar ile Batı Trakya'da yaşayan Türkler, değişim dışı bırakıldı.*

c) Boğazlar: *Boğazların iki yakası da askersizleştirildi. Boğazlardan gemilerin geçmesini düzenlemek üzere uluslararası bir kurul oluşturuldu. Barış zamanında tüm gemilerin geçişine izin verildi. Savaş zamanındaki geçişlere kısıtlama getirildi.*

d) Devlet Borçları: *Osmanlı İmparatorluğunun Batılı devletlerden aldığı borçlar, imparatorluktan ayrılan devletlere taksitlerle ödenmesi kabul edildi. (Bu borçların son taksiti, 1954 yılında ödendi.)*

e) Kapitülasyonlar: *Adli, mali, ekonomi ve yönetim alanında verilmiş olan tüm kapitülasyonlar kaldırıldı. Türkiye'deki yabancı ticaret kurumlarının belli bir süre sonra Türk yasalarına uyması zorunluluğu getirildi.*

f) Savaş Tazminatı: *Türkiye, Yunanistan'dan Kurtuluş Savaşı'nda Anadolu'da yaptığı yıkımın karşılığı olarak Karaağaç'ı sınırı içine kattı..*

Yeni Türkiye Devleti'nin Başkenti Ankara

Baylar, Lozan Antlaşmasından sonra yurdumuz, tümüyle düşman elinden kurtuldu. Artık yeni Türkiye Devleti'nin başkentini yasa ile saptamak gerekiyordu. Bütün düşünceler, yeni Türkiye'nin başkentinin Anadolu'da ve Ankara kenti olması gerektiğinde toplanıyordu.

Devletin başkentini bir an önce saptayarak iç ve dış kararsızlıklara son vermek gerekiyordu. Gerçekten, bilindiği gibi, başkentin İstanbul olarak kalacağı, ya da Ankara'ya taşınacağı sorunu üzerinde öteden beri içeride ve dışarıda kararsızlıklar görülüyordu. Basında çeşitli demeçlere ve tartışmalara rastlanıyordu. Bu arada, İstanbul'un yeni milletvekillerinden kimileri, Refet Paşa başta olmak üzere, İstanbul'un başkent olarak kalmasını çok istiyorlardı.

Ankara'nın gerek iklim, ulaşım araçları, iletişim yeteneği, gerekse kuruluş ve örgütler bakımından hiç de uygun ve elverişli olmadığını söylüyorlardı. Bundan dolayı, başkent seçiminde daha önceden verilmiş kararımızı resmi olarak ve yasa ile saptamak gerekti.

Dışişleri Bakanı İsmet Paşa, 9 Eylül 1923 günlü bir maddelik yasa tasarısını Meclis'e önerdi. Altında daha on dört kadar kişinin imzası olan bu yasa önerisi, 13 Ekim 1923 günü uzun görüşme ve tartışmalardan sonra, pek büyük bir çoğunlukla kabul edildi. Yasa maddesi şudur: Türkiye Devleti'nin başkenti, Ankara kentidir.

Fethi Bey Hükümeti'ne Karşı Eleştiriler

Baylar, aradan çok geçmeden Meclis'te Fethi Bey'in başkanlığındaki Bakanlar Kurulu'na ve özellikle Fethi Bey'in kendisine karşı sataşmalar ve eleştiriler başladı. Kimi milletvekillerinde bakan olmak isteği ve dileği artmıştı. İş başındaki bakanları beğenmiyorlardı. Bazı milletvekilleri de, Bakanlar Kurulu'na karşı olan akımları körükleyerek kendi amaçlarına göre yararlanmaya çalışıyorlardı

Fethi Bey dikkatini ve gücünü Bakanlar Kurulu Başkanlığı görevinde toplayabilmek için İçişleri Bakanlığı'ndan çekildi. Yine o gün, Meclis İkinci Başkanlığı da Ali Fuat Paşa'nın çekilmesiyle boşaldı.

Mecliste, bizimle görüş ayrılığı olan, bağımsız ve gizli olarak çalışan bir grup belirdi. Bu grup, parti üyelerine kendi görüşlerini benimsetmede başarılı olmaya başladı. Örneğin, İçişleri Bakanlığı'na Erzincan Milletvekili Sabit Bey'in ve Meclis İkinci Başkanlığı'na da İstanbul'da bulunan Rauf Bey'in, meclisçe seçilmesini sağladı. Oysa ben, Sabit Bey'in İçişleri Bakanı olmasını uygun görmemiştim. Rauf Bey'in de Meclis İkinci Başkanlığına seçilmesini doğru bulmuyordum.

Çünkü Rauf Bey, Meclisin İkinci Başkanlığı'na gelmekle, Lozan Barış Antlaşması'nı yapan ve Bakanlar Kurulu'nda Dışişleri Bakanı olarak bulunan İsmet Paşa'ya karşı olduğunu göstermek istiyordu.

Baylar, yeni meclis, daha ilk zamanlarda gizliden gizliye karşıtlık yapan küçük bir grupça aldatılma durumuna düştü. Fethi Bey ve arkadaşları, hükümet görevlerini rahatça yapamayacak bir duruma getirildi. Fethi Bey, bu durumdan, bana birkaç kez yakındı ve Bakanlar Kurulu'ndan çekilmek istedi. Öbür bakanlar da onun gibi yakınıyorlardı.

Kötülük, hükümetin Meclisçe seçilmesinden doğuyordu. Bu gerçeği çoktan görmüştüm. Rauf Bey'in Meclis İkinci Başkanlığı'na, Sabit Bey'in de İçişleri Bakanlığına seçildiği gün Bakanlar Kurulu Çankaya'da toplandı.

Ben, Bakanlar Kurulu Başkanı Fethi Bey'in ve öbür bakanların çekilmeleri zamanının geldiğini ileri sürdüm. Sadece Bakanlar Kurulu üyesi olan Genelkurmay Başkanı Fevzi Paşa'nın kalmasını istedim. Toplantı sonunda, Bakanlar Kurulu istifalarını yazıp birlikte imzalayarak bana verdiler.

Baylar, bu çekilme yazısı, 27 Ekim 1923 Cumartesi günü öğleden sonra saat birde başkanlığımda toplanan Parti

Genel Kurulu'na bildirilmiş ve saat beşe doğru açılan Meclis'te okunmuştur.

Bakanlar Kurulu'nun çekildiği belli olur olmaz Meclis üyeleri, Meclis odalarında, evlerinde grup grup toplanarak, yeni Bakanlar Kurulu listeleri düzenlemeye başladılar. Ancak hiçbir grup, meclisçe kabul olunabilecek ve kamuoyunca iyi karşılanacak bir aday listesi saptayamıyordu.

Halk Partisi Yönetim Kurulu Başkanı Fethi Bey de, parti adına bir aday listesi düzenlemiş ve parti genel başkanı olduğum için düzenlenen listeyi bana sundu. Düzenlenen listeye göz gezdirdim. Bence uygun olduğunu, ama bu listede adları bulunan kişilerin de düşüncelerinin ve kabul edip etmeyeceklerinin sorulması gerektiğini söyledim.

Bu önerim uygun görüldü. Örneğin, Dışişleri Bakanlığına aday gösterilen Yusuf Kemal Bey'i çağırdık. Yusuf Kemal Bey, bu listeye giremeyeceğini bildirdi.

Bu ve buna benzer başka durumlardan anladım ki, Parti Yönetim Kurulunun da kabul edebileceği kesin bir aday listesi çıkaramayacaktır.

Çankaya'da Bir Akşam Yemeği

"Gece olmuştu. Çankaya'ya gitmek üzere Meclis'ten ayrılırken, koridorlarda beni beklemekte olan Kemalettin Sami ve Halit Paşalara rastladım. Benimle görüşmek için geç vakte değin orada beklediklerini anlayınca, akşam yemeğine gelmelerini, Milli Savunma Bakanı Kâzım Paşa aracılığıyla söylettim. İsmet Paşa ile Kâzım Paşa'ya ve Fethi Bey'e de benimle birlikte Çankaya'ya gelmelerini söyledim. Çankaya'da beni görmek üzere gelmiş olan Rize Milletvekili Fuat, Afyonkarahisar Milletvekili Ruşen Eşref Beylere rastladım. Onları da yemeğe alıkoydum.

Yemek yenirken: ***"Yarın Cumhuriyeti ilân edeceğiz!"*** dedim. Orada bulunan arkadaşlar, düşünceme katıldılar. Yemeği bıraktık. Hemen o dakikada nasıl davranılacağı üzerinde kısa bir program saptadım ve arkadaşları görevlendirdim.

O gece birlikte bulunduğumuz arkadaşlar erkenden ayrıldılar. Yalnız İsmet Paşa Çankaya'da konuk idi. Onunla yalnız kaldıktan sonra, bir yasa tasarısı hazırladık. Bu tasarıda, 20 Ocak 1921 günlü anayasanın devlet biçimini saptayan maddelerini şöylece değiştirdim: Birinci maddenin sonuna: "Türkiye Devleti'nin hükümet biçimi Cumhuriyettir." cümlesini ekledim.

Üçüncü maddeyi şöyle değiştirdim: "Türkiye Devleti, Büyük Millet Meclisince yönetilir. Meclis, hükümetin yönetim kollarını Bakanlar Kurulu aracılığıyla yönetir."

Böylece Anayasa'nın temel maddelerinden olan 8'inci ve 9'uncu maddeleri de, değiştirilerek ve açıklığa kavuşturuldu.

"Türkiye Cumhurbaşkanı, Türkiye Büyük Millet Meclisi Genel Kurulu'nca ve kendi üyeleri arasından bir seçim dönemi için seçilir. Başkanlık görevi, yeni Cumhurbaşkanının seçilmesine değin sürer. Eski başkan yeniden seçilebilir."

"Türkiye Cumhurbaşkanı, devletin başkanıdır. Bu kimliği ile gerekli gördükçe Meclis'e ve Bakanlar Kurulu'na başkanlık eder."

"Cumhurbaşkanı, Başbakanı Meclis üyeleri arasından seçer. Öbür bakanları da Başbakan, yine Meclis üyeleri arasından seçtikten sonra hepsini Cumhurbaşkanı Meclisin onayına sunar. Meclis toplantı halinde değilse, onaylama, Meclisin toplantısına bırakılır

29 Ekim 1923 Günü Cumhuriyet İlan Ediliyor

Baylar, 29 Ekim 1923 Pazartesi günü saat onda, Halk Partisi Grubu, toplanmıştı. Bakanlar Kurulu seçimi görüşmelerine bağlanmış. Fuat Paşa'nın Başkan olarak gösterildiği bir aday listesi okunmuş.

Bu listede İktisat Bakanlığı'na aday gösterilen yer Celal

Bey, seçilmemesini önermiş. Kozan Milletvekili Saip Bey, Meclis Başkanlığına Fethi bey, Bakanlar Kurulu Başkanlığı'na da İsmet Paşa seçilsin demiş. Rize Milletvekili Ekrem Bey, Başkan Paşa, bu konudaki düşüncelerini bildirsinler, aydınlanalım demiş.

Muş Milletvekili İlyas Sami Bey, "Sayın Başkanımız Gazi Paşa Hazretleri düşüncelerini söylesinler, bunalımın ortaya çıktığı gün giderilmesi daha yararlı olur. Duraksama bunalıma yol açar. Bir Bakanlar Kurulu Başkanı seçelim. Yirmi dört saatlik bir süre verelim, arkadaşlarını bulsun, güçlü bir hükümet kurulsun" demiş.

Tartışmalar uzamış gitmiş. Başkan, görüşmenin yeterliğini oya koymuş, görüşme yeter görüldükten sonra birtakım önergeler okunmuş. Önergelerden Kemalettin Sami Paşa'nın önergesi kabul olunmuş. Bu önergeye göre ben, Genel Başkan olarak sorunu çözmek için Genel Kurul'ca görevlendiriliyordum.

Görüşmeler sırasında ben Çankaya'da, bulunuyordum. Kemalettin Sami Paşa'nın önergesinin kabul edilince Çankaya'dan toplantı salonuna çağrıldım. Toplantı salonuna girer girmez doğru kürsüye çıktım, kısaca şu görüş ve öneriyi ileri sürdüm: "Bana bir saat kadar izin verin. Bulacağım çözüm yolunu bilginize sunarım." dedim. Bu öneri oylanarak kabul edildi. Baylar, bu bir saat içinde gereken kişileri Meclis'teki odama çağırarak onlara, 28 Ekim gecesi hazırladığım yasa önerisi taslağını gösterdim ve kendileriyle görüştüm.

Öğleden sonra saat bir buçukta Parti Genel Kurulu yeniden Fethi Bey'in Başkanlığında toplandı. İlk sözü ben aldım ve şu konuşmayı yaptım:

"Sayın arkadaşlar, çözülmesinde güçlüğe uğradığınız sorunun nedeni ve etmeninin bütün arkadaşlarca anlaşılmış olduğu kanısındayım. Eksiklik ve sakatlık, uygulamakta olduğumuz yöntem ve biçimdedir. Gerçekten, yürürlükteki anayasamız gereğince bir Bakanlar Kurulu kurmaya giriştiğimiz zaman, bütün arkadaşların her biri bakanları ve bakanlar kurulunu seçmek zorunda bulunuyor. Hepinizin birden bakanlar kurulu seçmek zorunda bulunmanızdan doğan güçlüğün giderilmesi zamanı gelmiştir. Geçen dönemde de böyle güçlüklerle karşılaşılıyordu. Görülüyor ki bu yöntem kimi zaman birçok karışıklıklara yol açıyor. Yüce kurulunuz, bu sorunun çözülmesi için beni görevlendirdi. Ben de bilginize sunduğum bu görüşten esinlenerek düşündüğüm biçimi saptadım. Onu önereceğim. Önerim kabul olunursa güçlü ve uyumlu bir hükümet kurulabilecektir. Devletimizin biçimini ve niteliğini saptayan ve hepimiz için erek olan anayasamızın kimi yerlerini açıklamak gereklidir. Öneri şudur dedikten sonra bilinen tasarıyı okutmak üzere yazmanlardan birine uzatarak kürsüden ayrıldım.

Önerimin niteliği anlaşıldıktan sonra tartışmalar başladı:

Konya Milletvekili Eyüp Sabri Efendi: "Millet Meclisi, anayasayı değiştirme yetkisine sahiptir. Kim ne derse desin, hükümetimizin biçimi cumhuriyet olacaktır." dedi.

Abdurrahman Şeref Bey: "Hükümet biçimlerini saymak gereksizdir. Egemenlik, sınırsız ve koşulsuz ulusundur." dedikten sonra, "kime sorarsanız sorunuz, bu, cumhuriyet'tir. Doğan çocuğun adıdır. Ama bu ad kimilerine hoş gelmezmiş, varsın gelmesin!" dedi.

Parti toplantısına son verildi ve hemen meclis toplantısı açıldı. Anayasa'nın değiştirilmesi ile ilgili tasarının ivedilikle görüşülmesi tutanağı okundu, oya sunuldu. Birçok milletvekilinin "***Yaşasın Cumhuriyet!***" diye alkışlanan sözleriyle yasa kabul edildi.

Daha sonra, cumhurbaşkanı seçilmesine geçildi. Yapılan oylamaya yüz elli sekiz kişi katılmış ve yüz elli sekiz üye, oybirliği ile beni Cumhurbaşkanı seçmişlerdir. Durum o gece bütün ülkeye bildirildi. Her yerde, gece yarısından sonra yüz bir kere top atılarak halka duyuruldu.

İlk hükümeti İsmet Paşa kurdu.

Halifeye Yaptırılmak İstenen Rol

Cumhuriyet'in ilânı üzerine İstanbul'da kimi kişiler ve kimi gazeteciler, halifeye bir rol yaptırmak isteğine kapıldılar. Halifenin görevden çekildiği ya da çekileceği üzerine gazetelerde söylentiler yayınlandı.

Tanin başyazarı, halifelik konusundaki görüş ve düşüncesini şu satırlarla saptıyordu: "Halifelik bizden giderse, beş on milyonluk Türkiye Devletinin Müslümanlık dünyası içinde hiç önemi kalmayacağını, Avrupa siyasası karşısında da en küçük ve değersiz bir hükümet durumuna düşeceğimizi yazıyor, her Türk, halifeliğe dört elle sarılmasını istiyordu.

Baylar, halifeliğe dört elle sarılmak zorunda bulunan bir yönetim biçiminin cumhuriyet olamayacağını söylemekle yetineceğim. Baylar, değindiğim bu gazete yayınları ve birtakım kişilerin durum ve davranışları özet olarak şöyle anlatılabilir: "Temel olan, ulusal egemenliktir. Ulusal egemenlik cumhuriyetin gelişmesidir. Türk ulusu, ulusal egemenliği elde etti; cumhuriyetin ilânı gereksizdir, yanlıştır. Türkiye'de en doğru yönetim, ulusal egemenlik ilkesinden ayrılmaksızın, cumhuriyet ilân etmeyip, devlet başkanlığında halife unvanıyla Osmanoğulları soyundan birini bulunduran meşrutiyet yönetimidir."

Baylar, böyle bir ilke üzerinde birleşmiş olan kişiler, sözleriyle, durumlarıyla, kendilerini göstermiş gibi idiler. Bu grubun başına Rauf Bey'in seçildiği yargısına varılabilirdi.

Rauf Bey: "Cumhuriyet'in ilânında ivedilik gösterilmiştir. Bunu yapanlar sorumsuz kimselerdir." diyerek arkadaşlarımızı ve partiyi bize karşı kışkırtıyordu.

Rauf Bey'in cumhuriyetin ilânı üzerine aldığı inanılmaz tavır, parti toplantısında da ele alındı. ve tartışıldı. Bu tartışmalar sırasında Rauf Bey, yanıldığını ve cumhuriyetçi olduğunu söyledi.

Halifeliğin Kaldırılmasının Zamanı Gelmişti

1924 yılı başında, büyük ölçüde bir ordu savaş oyunu yapılması kararlaştırılmıştı. Bu savaş oyununu İzmir'de yapacaktık. 1924 yılı Ocak ayı başında İzmir'e gittim. Orada iki aya yakın kaldım. İzmir'de iken, halifeliğin kaldırılması zamanının geldiği yargısına varmıştım.

O günlerde halife, iç ve dış yaşayışıyla ataları olan padişahların yolunu izler gibi görünüyordu. Cuma alayları düzenliyor, yabancı devlet temsilcileri yanına görevliler gönderiyor, ilişki kuruyor, gösterişli gezintiler yaparak, sarayında yedek subaylara varıncaya dek kabul ediyor ve onların yakınmalarını dinliyordu.

Savaş oyunu dolayısıyla İsmet Paşa ve Milli Savunma Bakanı Kâzım Paşa da İzmir'e gelmişlerdi. Genelkurmay Başkanı Fevzi Paşa da daha önce orada bulunuyordu. Hepimiz halifeliğin kaldırılması gerektiği görüşünde idik. Bununla birlikte Dinişleri ve Evkaf Bakanlıklarını da kaldırmak ve öğretimi birleştirmek kararına vardık.

1924 yılı Martı'nın birinci günü, meclisi açmam gerekiyordu. 23 Şubat 1924 günü Ankara'ya döndüm. Burada da gereken kişilere kararımı bildirdim.

Mecliste bütçe görüşmeleri sürüyordu. 1 Mart günü, Büyük Millet Meclisi'nin beşinci çalışma yılı dolayısıyla verdiğim söylevde özellikle şu üç noktaya değindim:

* Ulus, Cumhuriyet'in bugün ve gelecekte bütün saldırılardan kesin olarak ve sonsuzluğa değin korunmasını istemektedir.

* Kamuoyunun eğitim ve öğretimin birleştirilmesinden yana olduğu saptanmıştır, bunun, zaman geçirilmeden uygulanmasını gerekli görüyoruz.

* Müslümanlığı, yüzyıllardan beri, yapıldığı gibi, bir siyasa aracı olarak kullanılmaktan kurtarmanın ve yüceltmenin çok gerekli olduğu gerçeğini de görüyoruz.

2 Mart günü Parti Grubu toplantıya çağrıldı. Belirt-

tiğim bu üç sorun, ortaya atıldı ve görüşüldü. İlkeler üzerinde anlaşmaya varıldı.

Türkiye Cumhuriyeti'nde halkın işleriyle ilgili yasaları yapmaya ve yürütmeye yalnız Türkiye Büyük Millet Meclisi ile onun kurduğu hükümetin yetkili olduğu saptandı. Dinişleri ve Evkaf Bakanlığı kaldırıldı. Türkiye içindeki bütün bilim ve öğretim kurumları, bütün medreseler Milli Eğitim Bakanlığına bağlandı. Halife, görevinden çıkarıldı ve halifelik makamı kaldırıldı. Çıkarılan halife ve Osmanoğulları soyundan olanların hepsine, Türkiye Cumhuriyeti ülkesinde oturma hakkı süresiz olarak yasak edildi. Birtakım kişiler, bilginize sunduğum kararların alındığı son dakikalarda halifelik görevini üzerime almamı önerdiler. Bu gibilere hemen, gereken olumsuz yanıtı verdim.

Başarısızlığa Uğratılan Büyük Bir Komplo

Baylar, 1924 yılı Ekim ayının yirmi altıncı günü, geç vakit Birinci Ordu Müfettişi'nin, görevinden çekildiğini bana bildirdiler. İkinci Ordu Müfettişi Ali Fuat Paşa da görevinden çekilmişti.

Bir buçuk ay süren bir gezi sonunda, Ekim'in 18'inci günü Ankara'ya dönmüştüm. Birçok milletvekili arkadaşlar beni karşılamışlardı. Karşılayanlar arasında, Ankara'da bulunan Rauf ve Adnan Beyleri görememiştim. Bir komplo karşısında bulunduğumuzda hiç duraksamadım.

Bir yıldan beri, yani Rauf Bey'in Bakanlar Kurulu Başkanlığından çekildiğinden beri, Rauf Bey'le Kâzım Karabekir Paşa, Ali Fuat Paşa, Refet Paşa ve başkaları arasında bir düzen düşünülmüştür. Bunda başarı sağlayabilmek için orduyu ele almak gerekli görülmüştür.

Bu amaçla, Kâzım Karabekir Paşa Birinci Ordu Müfettişliğine, Ali Fuat Paşa da İkinci Ordu Müfettişliğine gitti. Cafer Tayyar Paşa'nın da bu düzende kendilerine katılabileceklerini umdular. Bir yıl, ordular üzerinde kendi görüşlerine göre çalıştılar ve orduları kendilerince hazırladıklarını sandılar. Çekilmeden önceki kimi komutanları kendileriyle birlik olmaya çekmek için çalıştılar.

Bu bir yıl içinde, cumhuriyetin ilânı, halifeliğin kaldırılması gibi işlerimiz, ortaklaşa düzen kuranları birbirine daha çok yaklaştırdı.

Bazı gazetelerle işbirliği yaptılar. Bu gazetelerle bize karşı imzasız saldırıya geçtiler. Kamuoyunda, ülkede genel bir kargaşa yarattılar. Hakkari bölgesinde başlayan Nasturi ayaklanmasını bastırmaya çalıştığımız bir sırada, İngiltere de hükümetimize bir ültimatom verdi. Meclis'i olağanüstü olarak toplantıya çağırdım.

İşte söz konusu ettiğimiz kişiler, bu çetin günlerde bir yabancı devletin bize saldırabileceği günlerde kendilerinin de bize saldırarak ereklerine kolaylıkla ulaşabilecekleri kuruntusuna kapıldılar. Savaşa hazır bir durumda bulundurmaya zorunlu oldukları ordularını başsız bırakıp, daha önce sevmediklerini söyledikleri siyasa alanına koştular. Baylar, komployu öğrendikten sonra, önlemini bulmakta güçlük çekmedik. 30 Ekim günü Meclis'te gensoru görüşmeleri başlamıştı.

O günün akşamı, yemeğe beklediğim Fuat Paşa gelmedi. Ama Başbakan İsmet Paşa ile Milli Savunma Bakanı Kâzım Paşa geldi. Çok kısa bir görüşme sonunda komploya karşı tutulacak yolu kararlaştırdık. Milletvekili olan Genelkurmay Başkanı Fevzi Paşa milletvekilliğinden hemen çekildi.Öteki komutanlarla da ayrı ayrı görüştüm. İkisi dışında tümü isteğimi yerine getirdi ve Milletvekilliğinden istifa ettiler. Kâzım Karabekir Paşa ile Ali Fuat Paşalara Milli Savunma Bakanı devir teslim işlemlerini yaptıktan sonra meclise gelip yasama görevine katılabileceklerini bildirdi. Böylece bize karşı kurulmuş olan bir komplo bozulmuş oldu.

Terakkiperver Cumhuriyet Partisi,

Baylar, cumhuriyetin ilânından, halifeliğin kaldırılmasından pek de hoşnut olmayanlar, bize karşı kurdukları komplo bozulunca, Meclis Başkanlığına bir gensoru önergesi verdiler. Hükümet karşıtları İsmet Paşa hükümetini eleştirdiler. Hükümet üyeleri de gerekli savunmayı yaptılar. Sonunda güven oylamasına gidildi. Hükümet, 19 oya karşı 148 oyla İsmet Paşa Hükümeti'ne Meclisin güveni bildirildi.

Bu gensoru olayından sonra karşıcı grup milletvekilleri "Terakkiperver Cumhuriyet Fırkası" adıyla bir parti kurdular. Gizli ellerin düzenlediği parti programını da ortaya attılar.

"Cumhuriyet" sözcüğünü söylemekten bile çekinenlerin; cumhuriyeti, doğduğu gün boğmak isteyenlerin, kurdukları partiye "Cumhuriyet", hem de "İlerici Cumhuriyet" adını vermeleri, nasıl ciddi ve nasıl içtenlikli bir davranış sayılabilir?

Rauf Bey ve arkadaşlarının kurdukları parti "tutucu" diye nitelendirilseydi, belki anlamı olurdu. Ama bizden daha çok cumhuriyetçi ve bizden daha çok ilerici olduklarını savlamaya kalkışmaları elbette doğru değildi.

"Parti, dinsel düşünce ve inançlara saygılıdır" sözlerini ilke edinmiş bayrak gibi kullanan kişilerden, iyi niyet beklenebilir miydi? Bu bayrak, yüzyıllardan beri, bilgisizleri, bağnazları ve boş inanlara saplanmış olanları aldatarak, özel çıkarlar sağlamaya kalkışmış kimselerin taşıdıkları bayrak değil mi idi? Türk ulusu yüzyıllardan beri, sonu gelmeyen yıkımlara, içinden çıkabilmek için, büyük özveriler isteyen pis bataklıklara, hep bu bayrak gösterilerek sürüklenmemiş miydi?

Cumhuriyetçi ve ilerici oldukları sanısını vermek isteyenlerin, yine bu bayrakla ortaya atılmaları; dinsel bağnazlığı coşturarak, ulusu, Cumhuriyete ilerlemeye ve yenileşmeye karşı kışkırtmak değil miydi? Yeni parti, dinsel düşünce ve inançlara saygı perdesi altında: "Biz halifeliği yeniden isteriz. Biz yeni yasalar istemeyiz. Bize Mecelle yeter. Medreseler, tekkeler, bilgisiz softalar, şeyhler, müritler, biz sizi koruyacağız; bizimle birlik olunuz! Çünkü Mustafa Kemal'in partisi halifeliği kaldırdı. Müslümanlığı zedeliyor. Sizi gâvur yapacak, size şapka giydirecek!" diye bağırmıyor muydu? Yeni partinin ilke edindiği sözler, bu gerici haykırışlarla dolu değil miydi?

Mecelle: Osmanlıların Medeni Kanunu. 1868-1876 yılları arasında hazırlanmıştır. Bir giriş on altı bölümden oluşur. İslam Hukuku ile Çağdaş Hukuk bağdaştırılmaya çalışılmıştır.

Baylar, olup bitenler de gösterdi ve tanıttı ki Terekkiperver Cumhuriyet Fırkası programı en hain kafaların ürünüdür. Bu parti, yurtta cana kıyıcıların, gericilerin sığınağı ve dayanağı oldu. Dış düşmanların yeni Türk Devleti'ni, körpe Türk Cumhuriyeti'ni yıkmayı öngören plânlarının kolaylıkla uygulanmasına yardım etmeye çalıştı. Gizli amaçlarla düzenlenmiş, genel ve gerici Doğu ayaklanmasının nedenlerini inceleyip araştırdığı zaman, onun önemli ve belirli nedenleri arasında Terekkiperver Cumhuriyet Fırkası'nın, dinsel konularda verdiği sözleri ve yaptığı kışkırtmaları vardır.

Baylar, yeni parti, adındaki "ileri" ve "cumhuriyet" sözcüklerinin tam karşıt anlamlarıyla gelişmiştir. Bu partinin ileri gelenleri, gerçekten gericilere umut ve güç vermiştir. Baylar, sonunda Hükümet ve Meclis, olağanüstü önlemler almayı gerekli gördü. Takriri Sükûn Yasasını çıkardı. İstiklâl Mahkemeleri'ni çalıştırdı. Ordunun savaşa hazır sekiz dokuz tümenini, ayaklananları yola getirmek için, uzun süre görevlendirdi. "Terakkiperver Cumhuriyet Fırkası" denilen dokuncalı siyasal kuruluşu kapattı.

Ayaklananlar yok edildi. Ama cumhuriyet düşmanları, büyük komplolarının sona erdiğini kabul etmediler. Alçakça, son bir girişim daha yaptılar. İzmir'de beni öldürmeye kalktılar. Cumhuriyet Mahkemelerinin ezici eli, bu kez de, cumhuriyeti, cana kıyıcıların elinde kurtarmayı başardı

Takriri Sükûn Kanunu: 4 Mart 1925'te çıkarılmıştır. Bu yasaya göre hükümet: "Gericiliğe, isyana, ülkenin toplumsal düzenini, iç güvenliğini bozmaya yönelik bütün örgütleri, girişimleri ve yayınları yasaklayabilecekti." Bu suçu işleyenleri İstiklal Mahkemesi'ne gönderecekti.

Ülkede Dirlik ve Düzenlik Kurmak İçin Yapılan Çalışmalar

Baylar, durumun ağırlaşması üzerine hükümetçe olağanüstü önlemler alınması gerektiği yolundaki görüşümüzü ilk belirttiğimiz zaman, bunu iyi karşılamayanlar vardı.

Takriri Sükûn Yasası'nı ve İstiklâl Mahkemeleri'ni, zorbalık aracı olarak kullanacağımız düşüncesini ortaya atanlar oldu. Biz alınan olağanüstü ama yasaya uygun önlemleri hiçbir zaman ve hiçbir biçimde yasa dışına çıkarmak için araç olarak kullanmadık; devletin yaşamasını ve bağımsızlığını sağlamak için kullandık. Biz o önlemleri, ulusun uygarlaşmasına ve toplumsal gelişmesine yararlı kıldık.

Aldığımız olağanüstü önlemlerin, uygulanmasına gerek kalmadığı görüldükçe, onların uygulanmasından vazgeçilmekte duraksamadık. Nitekim İstiklâl Mahkemeleri, iş bitince kaldırıldı.

Takriri Sükûn Yasası'nın yürürlükte ve İstiklâl Mahkemelerinin çalışmakta bulunduğu süre içinde yapılan işleri göz önüne getirecek olursanız, Meclis'in ve ulusun güven ve inancının tam yerinde kullanıldığı kendiliğinden anlaşılır.

Ülkede yapılan büyük ayaklanma ve cana kıyma düzenleri ortadan kaldırılarak, sağlanan dirlik ve düzenlik, elbette, kamuyu sevindirmiştir.

Baylar, ulusumuzun, giymekte bulunduğu ve bilgisizliğin, aymazlığın, yenilik ve uygarlık düşmanlarının simgesi gibi görülen "fes"i atarak, onun yerine, bütün uygar dünyanın kullandığı şapkayı giymesi ve böylece, Türk ulusunun uygar toplumlardan anlayış yönünden de hiçbir ayrılığı olmadığını göstermesi gerekiyordu. Bunu, Takriri Sükûn Yasası'nın yürürlükte bulunduğu sırada yaptık.

Bu yasa yürürlükte olmasaydı yine yapacaktık. Ama buna, yasanın yürürlükte oluğu da kolaylık sağladı. Gerçekten, Takriri Sükûn Yasası'nın yürürlükte bulunuşu, kimi gericilerin kamuoyunu geniş ölçüde aşılamasına olanak bırakmamıştır.

Baylar, tekke, ve zaviyelerle türbelerin kapatılması ve bütün tarikatlarla, şeyhlik, dervişlik, müritlik, çelebilik, falcılık, büyücülük, türbe bekçiliği vb. gibi birtakım unvanların yasak edilmesi ve kaldırılması da Takriri Sükûn Yasası yürürlükte iken yapılmış işlerdir. Bunlarla ilgili olarak yapılan uygulamaların, toplumumuzun, boş inanlara bağlı, ilkel bir topluluk olmadığını göstermesi bakımından, ne denli gerekli olduğunu çok iyi bilirsiniz.

Birtakım şeyhlerin, dedelerin, seyitlerin, çelebilerin, babaların ve emirlerin arkasından sürüklenen ve alınyazılarını ve canlarını, falcıların, büyücülerin, üfürükçülerin, muskacıların ellerine bırakan insanlardan oluşmuş bir topluluğa, uygar bir ulus gözüyle bakılabilir mi?

Ulusumuzun gerçek niteliğini, yanlış anlamda gösterebilen ve yüzyıllarca göstermiş olan bu gibi kurumlar, Yeni Türkiye Devleti'nde, Türk Cumhuriyeti'nde sürdürülebilir miydi? Buna önem vermemek, ilerleme ve yenileşme adına, en büyük ve düzeltilemez bir yanılgı olmaz mıydı? İşte biz, Takriri Sükûn Yasası'nın yürürlükte oluşundan yararlandıksa, bu tarihsel yanılgıyı işlememek için; ulusumuzun bağnaz ve ortaçağ anlayışlı olmadığını tanıtlamak için yararlandık.

Baylar, ulusumuzun toplumsal, iktisadi, kısacası, bütün uygarlıkla ilgili iş ve ilişkilerinde verimli sonuçlar sağlayan yeni yasalarımız da kadın özgürlüğünü güven altına alan ve aileyi sağlamlaştıran Yurttaşlık Yasası (Medeni kanun) da bu sözünü ettiğim dönem içinde çıkarılmıştır.

Şunu söylemeliyim ki biz, her araçtan, yalnız ve ancak bir görüş için yararlanırız. O görüş şudur: Türk ulusunu, uygar toplumlar içinde yaraştığı kata yükseltmek ve Türk Cumhuriyeti'ni sarsılmaz temeller üzerinde, her gün daha çok güçlendirmek. Bunun için de zorbalık düşüncesini öldürmek. . .

Türk Gençliğine Bıraktığım Kutsal Armağan

Baylar, sizi günlerce işlerinizden alıkoyan uzun ve ayrıntılı sözlerim, en sonu tarihe mal olmuş bir dönemin öyküsüdür. Bunda, ulusum için ve yarınki çocuklarımız için dikkat ve uyanıklık sağlayabilecek kimi noktaları belirtebilmiş isem kendimi mutlu sayacağım.

Baylar, bu söylevimle, ulusal varlığı sona ermiş sayılan büyük bir ulusun, bağımsızlığını nasıl kazandığını; bilim ve tekniğin en son ilkelerine dayanan ulusal ve çağdaş bir devleti nasıl kurduğunu anlatmaya çalıştım.

Bugün ulaştığımız sonuç, yüzyıllardan beri çekilen ulusal yıkımların yarattığı uyanıklığın ve bu sevgili yurdun her köşesini sulayan kanların karşılığıdır.

Bu sonucu, Türk gençliğine, güvenle bırakıyorum.

Ey Türk Gençliği! Birinci ödevin; Türk bağımsızlığını, Türk Cumhuriyeti'ni, sonsuzluğa değin korumak ve savunmaktır.

Varlığının ve geleceğinin biricik temeli budur. Bu temel, senin en değerli hazinendir. Gelecekte de seni bu kaynaktan yoksun etmek isteyen yurt içinde ve yurt dışında kötücüllerin bulunacaktır. Bir gün, bağımsızlığını ve Cumhuriyeti'ni savunmak zorunda kalırsan, ödeve

atılmak için, içinde bulunacağın durumun olanaklarını ve koşullarını düşünmeyeceksin! Bu olanak ve koşullar çok elverişsiz bir nitelikte belirebilir. Bağımsızlığına ve Cumhuriyeti'ne kıymak isteyecek düşmanlar, bütün dünyada benzeri görülmedik bir zafer kazanmış olabilirler. Zorla ve aldatıcı düzenlerle sevgili yurdunun bütün kaleleri alınmış, bütün gemi yapım yerleri ele geçirilmiş, bütün orduları dağıtılmış ve yurdun her köşesi fiilen işgal edilmiş olabilir. Bütün bu koşullardan daha acı ve daha korkunç olmak üzere, yurdunda, iş başında bulunanlar, aymazlık ve sapkınlık, üstelik, hainlik içinde olabilirler. Dahası, iş başında bulunan bu kişiler, kendi çıkarlarını, yurduna girmiş olan düşmanların siyasal erekleriyle birleştirebilirler. Ulus, yoksulluk ve sıkıntı içinde ezgin ve bitkin düşmüş olabilir.

Ey Türk geleceğinin çocuğu! İşte, bu ortam ve koşullar içinde bile ödevin, Türk bağımsızlığını ve Cumhuriyeti'ni kurtarmaktır! Bunun için gereken güç, damarlarındaki soylu kanda vardır.

ATATÜRK KALBİMDE

Küçücük yaşımda öğrendim seni,
Yüreğimde duydum sıcak sevgini...
Vatanım yolunda verdin ömrünü.
Bir meş'ale yaktın o sönmeyecek...
Ay-yıldızlı bayrak hiç inmeyecek.

Zorbanın düşmanı fakirin dostu,
Seninle yaşamak ne kadar hoştu.
Yüce Türk ulusu peşinden koştu.
Bir meş'ale yaktın o sönmeyecek...
Ay-yıldızlı bayrak hiç inmeyecek.

Yok olan ulusa bir devlet kurdun,
Ölümcül hastaya sen çare buldun.
Seninle yüceldi bu güzel yurdum.
Bir meş'ale yaktın o sönmeyecek...
Ay-yıldızlı bayrak hiç inmeyecek.

Köprüler atılsa yoldan dönmeyiz,
Ateşler küllense bizler sönmeyiz...
İzinden gitmesek hiç gönenmeyiz.
Bir meş'ale yaktın o sönmeyecek...
Ay-yıldızlı bayrak hiç inmeyecek.

Son yıllarda bize, bir şeyler oldu...
Softalar çoğaldı, yurduma doldu.
Şanlı Türk ordusu yurdu korudu.
Bir meş'ale yaktın o, sönmeyecek...
Ay-yıldızlı bayrak hiç inmeyecek.

İbrahim Şimşek

Gazi Mustafa Kemal Atatürk

NUTUK

(Söylev) Tam Metin

Günümüz Türkçesi ile basıma hazırlayan

İBRAHİM ŞİMŞEK

GÜNÜMÜZ TÜRKÇESİYLE TAM METİN 656 SAYFA